KB051714

이 책은 방일영 문화재단의 지원을 받아 저술·출판되었습니다.

2014년 10월 25일 초판 1쇄
2014년 11월 7일   2쇄
2014년 12월 26일   3쇄

글 김진

펴낸곳 늘품플러스

펴낸이 전미정

책임편집 손시한

디자인 하동현 윤종욱

출판등록 2008년 1월 18일 제2-4350호

주소 서울 중구 필동 1가 39-1 국제빌딩 607호

전화 02-2275-5326

팩스 02-2275-5327

이메일 go5326@naver.com

홈페이지 www.npplus.co.kr

ISBN 978-89-93324-72-3 03340

정가 13,500원

2015년
김정은 급변
터질 것인가

김진 중앙일보 논설위원 지음

북한 급변사태는 킹콩이다
2015년을 주목하라

"역사 속을 지나가는 신의 옷자락을 놓치지 않고 잡아채는 것이 정치가의 책무다."

19세기말 독일 통일을 주도한 철혈재상 비스마르크

김정은의 비정상적인 행태를 보면서 나는 머지 않아 북한에서 무슨 일이 벌어질 것 같다는 생각이 들었다. 그리고 자꾸 2015년에 시선이 끌렸다. 2015년이면 김씨 왕조 권력이 탄생한 지 70년이다. 봉건 왕국시대가 무너지고 근대 공화정이 탄생한 이래 70년을 버틴 독재정권은 없다.

세월도 세월이지만 자꾸 김정은의 할아버지와 아버지가 떠올랐다. 두 사람은 모두 감당하기 어려운 일을 저질렀다가 이듬해 심장마비로 죽었다. 김정은에게 2014년은 쉽지 않은 해였다. 고모부 장성택을 처형한 것은 2013년 말이지만 일당 제거 작업은 올해 봄까지 이어졌다. 여름과 가을엔 까다로운 질병과 싸워야 했다. 유엔은 자신을 법정에 세우려는데 남한·중국·미국과는 풀리는 일이 없었다. 김정은은 벼랑 끝에 서있다. 그는 2015년을 무사히 건널 것인가.

어릴 적 서방에서 교육을 받는데도 김정은은 가장 비非서방적인 기이한 행동을 보였다. 할아버지의 풍채를 닮으려고 급속도로 살을 찌웠다. 과도하게 비만한 몸을 이끌고 산과 바다로 현지지도를 다녔다. 곧 구멍이 날 것 같은 목선을 타고 최전방 섬에 갔다. 어느 날 새벽엔 고령의 사령관들을 불러 남한 침공 작전회의를 열었다.

지도자가 이상하니 정권에선 별스런 일들이 이어졌다. 썰렁한 가을날에 물놀이장 준공식이 열리고 군인들이 흙 배낭을 지고 스키장을 건설했다. 나이 많은 장성들이 병사들처럼 총을 쏘고 바다 수영을 해야 했다. 박근혜 대통령에게 온갖 욕을 퍼붓더니 정권 2인자라는 사람이 경호원들을 대동하고 갑자기 내려왔다.

김정은 정권을 지켜보면서 나는 2014년 봄 북한 급변사태 가능성에 대한 책을 쓰기 시작했다. 수년간 생각한 일들이 곧 현실로 닥칠지도 모른다는 생각에 더 이상 미룰 수가 없었다. 그 동안 분석한 것을 정리하고 관련 연구를 수집했으며 탈북 행동가들을 만났다. 물론 많이 부족하지만 나름대로는 급변사태와 통일 문제에 관한 해설서를 만들어보려 했다. 늦어도 2015년이 되기 전에 마쳐야 한다고 생각했다.

한국은 꽤 오랫동안 큰 일을 겪지 않았다. 한국전쟁은 60여년전이다. 학생들의 반독재 봉기, 군사 쿠데타, 18년 집권자의 피살, 광주 유혈사태는 50~30여년 전이다. 한국에서 정권은 평화적으로 바뀌고 민주주의는 공기처럼 주변에 있다.

북한의 도발도 뜸하다. 3차 핵실험은 2년도 안 됐지만 많은 이가 잊고 산다. 천안함과 연평도는 4년 됐다. 아득하게 여기는 이가 많다. 한국 사람들은 북한이 도발하면 잠시 놀라고 그렇지 않으면 신경을 끈다. 핵이 있는데도 그렇다.

외환위기와 금융위기는 끔찍한 것이었다. 하지만 외환은 17년, 금융은 6년이 지났다. 한국의 외환보유고는 4,000억달러에 육박한다. 금융위기 때 너무 놀라 세계는 위기대처 방법을 만들어 놓았다. 그런 고장은 재발할 걱정이 별로 없지만 다시 도지더라도 별 걱정이 없는 것이다. 저성장·고령화도 문제지만 모든 나라가 겪는 일이다.

이제 한국인에게 가장 중요한 외부 변수는 북한이다. 구체적으로는 김정은이다. 김정은 정권은 햄릿 같은 질문을 안고 있다. "사느냐 죽느냐, 산다면 어떻게 살고 죽으면 어떻게 죽느냐." 답변에 따라 한국인의 미래가 달라진다. 급변은 급변으로만 끝나지 않는다. 급변 후엔 통일 문제가 온다. 통일이 어떻게 되느냐에 따라 한반도가 달라지고 내 가족의 미래가 미낀다. 이것이 '북한 급변사태와 나의 운명'이라는 화두다.

어떤 이들은 이렇게 말할 것이다. "아니 내가 왜 그걸 신경 써야 되나. 북한은 70년이나 됐다. 전쟁을 하고도 버텼다. 김정일 때도 아무 문제 없었다. 김정은도 잘 하고 있다. 장성택 일당을 죽였다지만 그건 그들 내부의 일이다. 북한 정권이 왜 무너진단 말인가. 시간이 지나면 잘 될 거다. 결국 김정은도 개혁·개방하지 않겠는가. 그러면 남·북한이 잘 지내면 된다. 그러다 나중에 통일하면 된다. 왜 지금부터 걱정하나."

세상 일이 그렇게만 돌아가면 좋을 것이다. 그러나 그렇지 않으니 문제다. 희망과 현실은 다르다. 오래 버텼는데 지금 뭐가 문제냐고? 아니 그러면 69년을 버텼던 소련은 왜 해체됐나. 베를린 장벽은 왜 무너졌고, 동·서독은 왜 번개처럼 통일됐나. 장기독재니까 탄탄하다고? 아니 그러면 차우세스쿠는 왜 처형됐나. 왜 후세인은 목이 매달렸고 카다피는 개처럼 끌려 다녔나. 오래 돼 괜찮았다면 그 나라 국민들은 왜 갑자기 일어났나.

역사에 눈 감으면 미래가 깜깜하다. 역사는 분명히 보여주는데 사람들이 보지 못하면 불안하다. 국가나 개인이나 모두 불안하다.

역사를 보면 많은 나라에서 많은 이가 상황을 놓쳤다. 적잖은 이가 "설마"라고 했다. 큰소리도 있었다. 베를린 장벽이 붕괴되기 10개월 전 호네커 동독 공산당 서기장은 "장벽은 50년, 100년은 갈 것"이라고 했다.

하지만 역사는 항상 '설마'를 비켜갔다. 일어날 일은 일어나고 말았다. 곪을 대로 곪으면 상처는 반드시 터졌다. 적당히 없어진 고름은 없다. 소련·동독·루마니아에서, 이라크·리비아에서 고름은 그렇게 터졌다.

어쩌면 북한은 지구상의 마지막 환자다. 곪을 대로 곪고 있다. 김정은이 변하면 좋지만 그 게 어렵다. 북한은 구조적으로 개혁·개방이 불가능하다. 개혁·개방을 하면 정권이 위태롭다. 개인숭배와 절대부패 때문이다. 속았다는 걸 알면 인민이 봉기하는 것이다. 북한은 개혁·개방을 안 하면 나라가 힘들지만 개혁·개방을 하면 정권이 망한다. 그게 김정은 정권의 딜레마다. 그래서 이러지도 저러지도 못한다. 그런 사이에 정권은 점점 벼랑 끝으로 갈 것이다. 그곳에는 급변사태가 기다리고 있다.

미래를 정확히 예측하는 건 물론 불가능하다. 2015년에 아무런 급변이 없을 수도 있다. 그러나 변고가 없다고 문제가 없는 것은 아니다. 2015년부터 급변은 언제든 터질 수 있다. 카운트다운에 들어가는 것이다. 당장 급변의 열매는 없어도 씨앗은 뿌려진다. 2015년부터 한반도는 안개의 바다로 진입한다. 킹콩 섬에 다가가는 뉴욕의 화물선처럼….

킹콩은 괴물이 될 수도, 보물이 될 수도 있다. 영화는 비극으로 끝나지만 한반도에선 희극으로 만들 수 있다. 킹콩은 두려운 존재가 아니다. 한국인이 잘 다루면 보물이 될 수 있다. 킹콩이 보물이 되면 한국인에게는 통일이라는 신천지가 열릴 수 있다. 이 책은 킹콩에 관한 이야기다. 킹콩의 정체와 킹콩을 다루는 법, 그리고 킹콩이 가져다 줄 보물에 관한 이야기다.

비스마르크의 말을 빌리자면, 2015년부터 한반도에서는 신의 옷자락이 보일지 모른다. 그 옷자락을 잡아서 한반도 드라마를 만들 것인가 아니면 신을 그저 떠나 보낼 것인가. 그것은 온전히 한국인의 선택이다.

2014년 10월 말 서소문 중앙일보 사옥에서

Contents

1

한국인에게
가장 중요한 변수는…
북한 급변사태다

(1) 남한의 정치적 격변이나 경제위기는 아니다

인간의 생애에 가장 큰 영향을 미치는 변수는 물론 개인적인 것일 게다. 좋은 변수는 학업적 성취, 원만한 결혼과 가족의 형성, 호혜적인 인간관계 그리고 재산의 축적 같은 것이다. 반면 질병이나 사고, 사업이나 직장 생활의 실패, 인간관계의 파탄은 인생을 위협하는 나쁜 변수다. 좋은 것이든 나쁜 것이든 이런 변수들은 어디까지나 개인적인 문제다. 상당 부분 자신의 의지로 바꿀 수 있다.

그런데 인생에는 개인의 의지와 상관없는 외부 변수가 있다. 인간은 사회적 동물이기 때문이다. 공동체에 사회적 변수가 발생하면 개인의 삶은 다른 궤도로 접어들 수 있다. 이런 외부 변수는 경제 위기나 자연재해 아니면 정치적 격변이나 전쟁 같은 것이다. 한국의 경우 20세기 이후만 따지면 일제 식민지배 35년, 해방, 한국전쟁, 5·16 쿠데타, 유신 개발독재, 외환위기와 금융위기다.

그렇다면 2015년 이후에는 중요한 공동체적 변수가 무엇일까. 자신은 물론 수십 년간 자녀의 삶에도 지대한 영향을 미칠 일은 무엇일까. 그런 일은 과연 일어날까. 일어난다면 언제 어떤 형태일까.

최근 수십 년간 별다른 격동을 겪지 않은 국민에게는 이런 질문이 생소할지 모른다. 그들 나라에서는 안팎의 환경이 안정적이어서 국민들은 정치적 격변이나 전쟁 같은 걸 별로 의식하지 않는다.

그러나 한국인은 다르다. 한국인은 어느 민족보다 격동적인 현대사를 살아왔다. 이런 격동의 역사에는 구분이 있다. 1948년 건국 이래 1980년대까지 한국인에게 중요한 영향을 끼친 일은 전쟁과 정치적 격변이었다. 1950년 한국전쟁, 1960년 4·19 의거, 1961년 5·16 쿠데타, 1972년 박정희 대통령의 10월 유신, 1979년 10·26 박정희 피살, 1980년 광주 민주화 운동과 유혈사태 그리고 1987년 6월 항쟁 등이다.

정치적 안정이 달성된 1990년대 이후엔 그런 정치적 격변은 더 이상 없었다. 대신 두 차례 경제위기가 한국 사회를 흔들어놓았다. 1997년 외환위기와 2008년 글로벌 금융위기다. 민생적인 측면에서 보자면 두 차례 경제위기는 정치적 격변보다 심각한 것이다. 그래서 '한국인의 장래에 영향을 미칠 최대 변수'로 경제위기의 재발을 꼽는 사람들도 많을 것이다.

그러나 외환위기나 금융위기는 재발 가능성이 낮다. 그리고 다시 터지더라도 수습될 수 있다. 위기는 위기지만 치명적인 건 아니라는 얘기다. 우선 외환위기를 보자. 외환위기라는 것은 국가의 달러 보유가 부족해 외채를 갚지 못하는 채무 불이행default의 위험에 빠지는 것이다. 그런데 일단 한국은 창고에 달러가 넉넉하다. 2015년 한국의 외환보유고는 4,000억달러를 넘을 것으로 보이는데 이는 세계 7위 규모다.

1위는 중국인데 2014년 4조달러를 돌파했다. 이 거대한 달러 보유고를 이용해 중국은 세계 경제의 위기 때 소방수의 역할을 수행할 수 있다. 중국은 지금도 외환보유고의 3분의 1을 미국 국채에 투자하고 있다. 어떤 나라에서 외환위기가 발생했을 때 중국이 그 나라의 국채를 매입해주면 이는 효과적인 위기 탈출구가 될 수 있다.

외환보유고 말고 한국이 가지고 있는 또 하나의 방패가 통화 스와프currency swap다. 한국은 2014년 현재 6개국과 양자 협정을 맺고 있다. 중국·일본·호주·말레이시아·인도네시아·UAE다. 이 협정은 두 가지 기능을 가진다. 하나는 한국이 외환위기에 빠졌을 때 협정을 맺은 나라에 원화를 담보로 맡기고 그 나라가 보유하고 있는 달러나 그 나라의 화폐를 급히 빌려올 수 있는 것이다. 그 나라의 화폐는 달러로 바꿔 사용하면 된다. 다른 기능은 평상시 무역 거래에서 달러가 아니라 협정 상대국의 화폐로 결제할 수 있다는 것이다. 평소에 협정국은 그만큼 달러를 아낄 수 있는 것이다. 스와프 협정은 그래서 일종의 '마이너스 달러 통장'인 셈이다.

이런 장치 말고도 세계 금융시스템은 한 국가나 지역에서 외환위기가 발생했을 때 달러를 동원해 급한 불을 끌 수 있는 장치를 마련해두고 있다. 한·중·일 3개국은 아세안과 CMIChiang Mai Initiative를 맺었다. 기금은 1,200억달러 정도인데 한국은 192억달러를 부담하고 있다. 국제통화기금IMF도 중요한 구제 장치다. IMF는 신속하게 구제금융을 빌려준다. 물론 돈을 받는 나라들은 IMF의 요구에 따라 가혹한 제도 개선과 구조조정을 감수해야 한다. 하지만 채무 불이행의 충격에 비하면 이는 견딜 수 있는 것이다. 이런저런 점을 고려하면 한국이 다시 1997년처럼 재앙에 가까운 외환위기를 겪을 가능성은 매우 제한적이라고 할 수 있다.

2008년 세계 금융위기는 외환위기와는 또 다른 차원에서 심각한 것이었다. 한국은 잘못한 것도 없는데 미국 월가에서 시작된 충격파가 세계를 때리는 바람에 엄청난 시련을 겪었다. 한국인의 의지와 상관없이 외부 요인으로 위기가 닥칠 수 있다는 점에서 이는 특별하고 중대한 변수다.

하지만 여러 면에서 이런 세계 금융위기 역시 제한적인 변수가 되어가고 있다. 재발 가능성 자체가 낮은데다 재발하더라고 피해가 신속하게 복구될 수 있다. 어느 보일러 광고 문안을 적용해보면 "고장 날 걱정이 별로 없지만 고장 나도 별 걱정이 없다."

세계는 2008년의 위기로부터 교훈을 얻어 부실 금융 자본주의 시스템에 경각심을 가지게 됐다. 이런 경계심과 제도 보완으로 금융위기의 재발 가능성은 낮아졌다. 그리고 구난 시스템도 강화되었다.

2008년 금융위기 때 세계는 G-20 회의를 새로 만들었다. 그리고 주요 국가간 중앙은행의 긴밀한 협조를 통해 각국마다 구제 금융을 쏟아부었다. 선진국 중앙은행들은 무제한적인 발권력을 가지고 있다. 화폐를 찍어내 시중에 있는 각종 채권을 사들이는 방법으로 돈을 푸는 것이다. 2008년 금융위기 이후 수년간 미국의 연방준비위_{중앙은행}가 시중에 푼 돈은 약 3조달러에 이르는 것으로 알려지고 있다. 중앙은행들은 이렇게 일단 급한 불을 꺼놓고 오랜 시간에 걸쳐 채권의 상환이나 판매, 금리 인상 같은 방법으로 자금을 회수한다.

혹자는 이런 일시적인 경제위기 말고 점진적이고 구조적인 저성장을 중요한 변수로 꼽기도 한다. 한국이 지속적인 저성장의 시대로 접어든 건 명백한 사실이다. 정권 별로 평균 경제 성장률을 보면 박정희 9.3, 노태우 8.3, 김영삼 7.1, 김대중 4.8, 노무현 4.3, 이명박 2.9%다. 박근혜 정권은 첫해 2.8%를 기록했다. 박근혜 정부는 2014년에 3%대 중반을 목표로 삼았으나 세월호 참사 등이 저해 요인으로 등장했다.

저성장은 한국인의 삶에 중요한 영향을 미칠 것이다. 하지만 이는 선진국도 겪는 자연스러운 과정이다. 사회가 고령화하는 데에 따른 불가피한 현상이라고도 볼 수 있다. 따라서 변수라기보다는 일종의 환경이다. 결론적으로 외환위기, 글로벌 경제위기 그리고 저성장 같은 3대 경제적 현상은 '한국인의 삶에 영향을 미칠 충격적인 변수'로 보기 힘들다. 그렇다면 무엇이 그런 변수란 말인가.

(2) 북한의 급변사태다

한국인의 장래에 가장 커다란 영향을 끼칠 변수는 역시 북한에서 발생하는 급변사태다. 독일의 경우를 보면 이는 쉽게 이해될 수 있다. 1989년 11월 베를린 장벽이 무너지기 전까지 서독인의 삶은 안정적이었다. 서독은 세계 3위 경제대국이었고 정치적으로 평온했다. 소련의 위협이 있었지만 어디까지나 잠재적인 것이었다. 안보는 미국과 나토
NATO-북대서양조약기구가 지켜주었다.

이런 서독인에게 커다란 변화가 생긴 건 동독의 급변사태 때문이다. 베를린 장벽이 무너졌고 곧이어 동독의 사회주의통일당동독식 공산당 정권이 쓰러졌다. 그리고는 1년도 되지 않아 통일이 찾아왔다. 이후 서독인은 통일된 나라를 안정 궤도에 올려놓기 위해 시련을 이겨내며 새로운 길을 걸어가야 했다. 결과는 성공이었다. 지금의 독일은 옛날의 서독이나 동독이 아니다. 하나의 새로운 나라요 공동체다. 동독의 급변사태가 서독은 물론 독일인 전체의 삶을 바꿔놓은 것이다.

한국도 마찬가지가 될 것이다. 아니 서독보다 더한 충격을 받을

것이다. 서독은 분단 44년 만에 급변사태를 맞았다. 남한은 분단 70년을 겪고 있다. 분단의 병이 깊을 대로 깊어진 것이다. 더군다나 급변을 야기하는 상대국도 차원이 다르다. 동독에 비해 북한은 더 심각한 폭탄이다.

북한은 3년의 한국 전쟁을 치른 데다 습관처럼 되어버린 대남 도발로 호전성의 발톱이 매우 날카롭다. 정권은 절대 독재의 광기에 중독되어 있고 사회는 시각장애에 가까운 처절한 통제 속에 있다. 가난한 주민들은 벼랑 끝에 몰려 있다. 북한은 실패국가요 비정상적인 '폭탄국가'다. 그런 국가가 수차례 핵실험에 성공했는데 이런 핵 파워가 '핵미사일'로 이어지면 정권의 위험성은 극에 달한다. 이런 국가에서 터지는 급변사태는 동독보다 훨씬 심대한 파란을 일으킬 것이다.

북한 급변사태는 결국 김정은 권력에 급격한 변화가 발생하는 걸 의미한다. 북한은 세 가지 주체로 나눠볼 수 있다. 정권·주민 그리고 국가다. 주민이나 국가 자체에 먼저 급격한 사태가 발생할 가능성은 거의 없다. 북한은 강력한 노동당을 중심으로 70년 가까이 건재해온 국가체제다. 전쟁이 일어나 패전하지 않는 한 이런 나라가 갑자기 붕괴될 수는 없다.

주민에게 발생할 수 있는 대표적인 급변은 대규모 봉기나 대량 탈북이다. 그런데 정권의 통제가 철통같은 데다 주민은 저항력과 조직력이 없어 급변으로 이어질만한 무장봉기는 불가능하다. 대량 탈북도 마찬가지다. 정권 내에 난亂이 일어나지 않는 한 난민은 없다. 북·중 국경은 철저히 통제되고 있어 평상시에는 대량 탈북은커녕 소규모 집단 탈북도 매우 어렵다.

그래서 급변은 주민이나 국가가 아니라 지도자나 정권에서 터진다. 북한 정권에게 지금까지 급변이라고 부를 수 있는 사건은 두 개

정도였다. 1994년 김일성, 2011년 김정일 사망이다. 두 죽음 모두 예측되지 않은 것이다. 하지만 두 사건 모두 후계체제가 갖춰진 상태에서 발생했다. 그래서 체제 내에서 충격이 거의 없었다. 남한 국민의 입장에서 봐도 그렇다. 사태가 갑자기 오긴 했지만 영향력 측면에선 급변사태라고 할 수 없다. 남한에 비상이 걸리긴 했지만 그렇다고 남한 국민의 삶이 달라진 것은 없다. 북한으로부터 이렇다 할 도발도 없었다.

반면 김정은 권력에게 발생하는 급변은 다를 것이다. 김정은은 준비된 후계자가 없다. 그가 어느 날 갑자기 최고권력자에서 퇴출된다면 김씨 가문에서 그를 이을 사람이 사실상 없다. 형 김정남이 있지만 그가 마카오나 중국에서 평양으로 돌아와 그 자리에 앉는 건 불가능하다. 김정남은 권력을 접수할 아무런 준비가 되어있지 않다. 설사 일부 당이나 군부세력이 그를 옹립한다 해도 취약한 권력 때문에 제2의 급변이 일어날 가능성이 높다.

김정은이 퇴출되면 북한에는 김씨 왕조와는 다른 새로운 정권이 들어설 것이다. 당과 군부의 핵심세력이 집단지도체제를 이루는 게 가장 그럴듯한 시나리오다. 정권이 이렇게 바뀌면 남한의 정권교체와는 파장이 완전히 다를 것이다. 70년간 이어져온 김씨 가문의 왕조체제가 끝나고 성격이 다른 신 체제가 들어서는 것이기 때문이다.

북한이 지금 같은 비정상 국가로 존재하는 이유는 김씨 권력 때문이다. 김씨 일가의 수령·장군·원수·최고지도자를 신이나 왕으로 받드는 우상화 체제가 '기형畸形 북한'의 핵심 줄기다. 이 우상화 줄기가 김일성 주체사상과 어우러지면서 북한의 국가철학과 정치·경제·군사 체제를 결정하고 있다.

북한은 이런 우상화 줄기를 아예 헌법에 심어놓았다. 서문은 이렇게 시작한다. "조선민주주의인민공화국은 위대한 수령 김일성 동지의 사상과 령도를 구현한 주체의 사회주의 조국이다. 위대한 수령 김일성 동지는 조선민주주의인민공화국의 창건자이시며 사회주의 조선의 시조이시다."

김정은이 퇴출된다는 건이 우상화 줄기가 사라진다는 것을 의미한다. 김정은의 자리에 '국가보위비상위원회' 같은 집단지도체제가 등장하고 그 위원장에 어떤 인사가 앉는다 치자. 김원홍 국가안전보위부장이나 황병서 인민군 총정치국장 아니면 최용해 전 총정치국장이라고 가정하자. 북한이 그에게 장군님이란 호칭을 붙일 수 있을까. 아니다. 김씨 가문의 핏줄이 아닌 한 누구도 그런 우상화 칭호를 받을 수가 없다. 최고 권력이 바뀌면 북한은 서서히 우상화 국가에서 남미나 아프리카에 흔히 존재했던 집단 혁명지도위원회 체제 정도로 바뀌어갈 것이다.

김정은 정권의 급변사태가 중요한 것은 상황의 유동성 때문이다. 신 권력이 어느 방향으로 튈지 예측하기 힘든데다 새 권력이 안정을 확보할 때까지 제2의 급변이나 혼란이 일어날 가능성이 높다. 새 권력이 선택할 수 있는 길은 몇 가지다.

첫째는 기존의 벼랑 끝 전술이다. 내부의 반발이나 혼란을 잠재우기 위해 일정한 대남 도발을 강행해 긴장을 조성하는 것이다. 만약 핵무기의 실전 배치가 가능한 상태라면 핵을 흔들면서 위협의 전략으로 나갈 수 있다. 이처럼 외부에게는 도발적인 모습을 보이고 체제 내부에서는 통제를 강화하는 게 하나의 선택이다.

다른 하나는 북한의 국가 노선을 바꾸는 것이다. 시간이 걸리겠지만 새로운 권력은 대화와 개혁·개방이라는 노선으로 나아갈 수 있다. 물론 걸림돌은 많다. 대표적인 난관은 김씨 왕조의 신격화·우상화로부터 국가와 주민을 정상으로 돌리는 일이다. 체제 유지에 필요하다면 새 정권은 일정 기간 우상화 자체를 유지할 수도 있다. 하지만 결국 변화는 시간문제다. 급변사태 이후에 남한을 포함한 외부의 문물이 급격하게 흘러들면 우상화라는 모래성은 자연스레 무너질 것이다. 우상화의 붕괴는 커다란 사회적 동요로 이어질 수 있다. 주민과 사회의 충격을 최소화하면서 우상화 줄기를 제거하는 게 새 정권의 골치 아픈 과제가 될 것이다.

국가 노선을 변경하는 데에 있어 또 다른 장애물은 북한 내부의 갈등이다. 새 권력이 들어서면 국가의 노선을 둘러싸고 세력 간에 다툼이 일어날 가능성이 높다. 1980년대 후반 소련 공산당의 마지막 서기장 고르바초프가 개혁·개방에 나서자 소련에서는 1991년 8월 구체제를 지지하는 공산당 보수파 세력이 쿠데타를 일으켰다. 결국 쿠데타는 진압됐고 소련은 새로운 시대로 나아갈 수 있었지만 그 과정에서 혼란은 매우 컸다. 소련은 대국이어서 그런 혼란의 충격을 흡수할 수 있었다. 반면 북한은 정치·경제·사회적으로 매우 취약한 상태다. 그런 혼란은 북한 국가 전체를 흔들 수 있다.

압축하면 북한 급변사태는 김정은 정권의 퇴출과 새로운 권력의 등장이다. 이 급변이 남한에게 중요한 건 한국인의 삶과 국가의 진로에 큰 영향을 미치기 때문이다. 북한은 남한이 국경을 맞대고 있는 이웃 국가다. 게다가 북한 주민은 같은 한민족이다. 남한이 모른 척한다고 북한의 영향이 없어지는 게 아니다. 남한이 가만히 앉아있어도 급변의 태풍은 남한을 때린다. 남한이 적극적으로 움직이면 그 바람의 진로에 영향을 미칠 수 있다. 남한은 어느 쪽을 선택해야 하나. 당연히 후자다. 그래서 급변사태의 가능성과 양태를 연구하고 대처방안을 성실히 마련해야 하는 것이다.

(3) 급변사태는 좋은 것인가 나쁜 것인가

북한 급변사태 문제는 한민족, 나아가 인류 전체에게 철학적인 질문을 던진다. 모든 문제는 수십 년간 북한을 지배한 정권이 나쁜 정권이라는 데에서 출발한다.

좋은 정권이라면 문제 자체가 없다. 좋은 정권은 급변이 생길 이유도 없고 그런 급변이 일어나도록 상황을 방치하지도 않는다. 일어나기 전에 고친다. 그리고 설사 급변사태가 생겨도 별문제 없이 국가와 사회가 굴러가도록 되어 있다.

반면 나쁜 정권은 급변사태가 발생할 이유가 많고 그런 사태를 관리할 장치도 취약하다. 그래서 나쁜 정권은 급변사태란 면에서 봐도 좋은 정권보다 훨씬 위험하다. 그런데 더 중요한 건 나쁜 정권은 급변사태가 터지지 않아도 문제라는 것이다. 급변이 없이 지속되면 나쁜 정권에서는 악행이 축적되고 상황은 더 악화된다.

인류사에서 나쁜 정권은 많았다. 최근까지만 봐도 리비아 카다피와 이라크의 후세인, 아프가니스탄의 탈레반 정권이 있었다. 그래서 어떤 이들은 이렇게 말할 것이다. "나쁜 정권이란 건 늘 있는 건데 군이 북한이라고 급변사태를 특별히 주목할 이유가 있는가." 그런데 그렇다. 인류가 각별히 주목해야 하는 이유가 있다.

북한 정권은 여러 면에서 일반적인 나쁜 정권과는 차원이 다른 특별히 나쁜 정권이다. 봉건이 무너지고 근대가 이룩된 이후로 보면 더욱 그러하다. 3대 세습왕조라는 권력의 퇴행성, 이미 실패한 공산주의를 지구 상에서 마지막으로 쥐고 있는 반反 역사성, 우상화와 세뇌라는 인간 이성에 대한 난행亂行, 강제수용소에 압축되어 있는 탄압의 야만성, 핵 개발과 국가 테러라는 도발성…. 이런 것들로 인해 북한은 최악으로 변형된 나쁜 국가가 되고 있는 것이다.

같은 병의 환자라도 차원이 다른 특별한 병증을 보이는 환자는 의사들의 연구 대상이 된다. 마찬가지로 북한 정권과 북한의 급변사태 문제는 인류에게 좋은 실험이자 연구 대상이 될 것이다. 아니 되어야만 한다.

북한 급변사태를 둘러싸고는 지지와 반대가 있다. 지지는 북한 문제를 근본적으로 해결하기 위해서는 급변이 필요하다는 것이다. 지지론에는 적극적으로 급변사태를 유도해야 한다는 논리와 그렇게까지 할 것은 없고 급변사태를 기다리며 대비를 철저히 하자는 주장이 있다. 두 가지 주장 모두 급변이 불가피하며 멀지 않았다고 판단한다.

반대론은 급변사태는 효율적인 해결책이 되지 못한다는 것이다. 그러므로 이를 유도해서는 안되며 오히려 이런 게 발생하지 않도록 북한 정권을 지원해야 한다는 주장이다. 이런 시각을 가진 이들은 대체로 급변이 임박했다는 분석에 동의하지 않는다. 그리고 설사 금명간 급변사태가 터져도 이후 상황이 지지론자들의 주장처럼 낙관적으로 흘러가지는 않을 거라고 생각한다. 일종의 비관론인 것이다. 지지론과 반대론에서 제기하는 주장과 질문들은 다음과 같다. 양쪽 모두 도덕적인 문제와 현실적인 측면을 동시에 다루고 있다.

지지론

① 북한에서는 수십 년 동안 거악巨惡이 진행되어 왔다. 국가 상황은 점점 더 벼랑 끝으로 치달아 거악은 최악의 단계로 가고 있다. 인민의 고통과 신음이 하늘을 찌른다. 이런 걸 방치해도 인류의 도덕에 아무런 문제가 없는 거라면 더 이상 얘기할 것이 없다. 하지만 그렇지 않다면 뭔가 해결책을 찾아야 한다. 이제라도 김정은 정권이 반성해 개혁·개방으로 간다면 다시 생각해 볼 문제다. 하지만 본질상 이 정권은 그런 점진적 변화가 불가능하다. 그렇다면 급변사태로 김정은 정권이 무너지고 새 정권이 등장하는 게 좋은 것 아닌가. 그래야 조금이라도 변화의 계기가 생기질 않겠는가.

② 어차피 공산주의 노동당 일당 독재인데 새 정권이라고 나을 게 뭐가 있을 거냐는 시각도 있다. 하지만 개인숭배에 사로잡힌 왕조 정권하고는 뭐가 달라도 다를 것이다. 그리고 정권이 바뀌면 인민 의식도 달라진다. 이런 게 복합적으로 작용해 북한이란 국가에 변화가 생기는 것이다. 급변사태는 이런 모든 진화 과정의 출발점이 될 것이다.

③ 그럴 수 있는 개연성은 거의 없지만 만약 김정은 정권이 개혁·개방을 택해서 인민에 대한 통제를 완화한다고 치자. 이른바 연착륙이다. 그렇다면 모든 문제가 해결되나. 그동안 김씨 3대 정권이 저지

른 악행을 인류가 모른 척 덮어줄 수 있나. 그것은 도덕적인가. 유엔이 채택한 인권헌장에 맞는 것인가. 북한을 예외로 한다면 인류가 그동안 실시했던 전범재판이라든가 국제 형사재판은 뭔가. 김정은 정권이 개혁·개방을 하든 안 하든 반反인류 범죄는 법정에 세워야 하는 것 아닌가. 그것이 정의의 실현 아닌가. 유엔의 북한인권 특별조사위원회도 책임자를 법정에 세워야 한다고 건의하지 않았는가. 정의를 실현하기 위해선 연착륙이 아니라 동독·루마니아·리비아·이라크에서 일어난 경착륙hard landing이 효과적이다. 연착륙이 되면 범죄의 책임자들은 도피할 길을 찾는다.

④ 현실적으로도 급변사태는 필요한 것이다. 군사 · 경제 · 사회 등 모든 측면에서 분단 상태를 끝내고 조속히 통일을 이루는 게 국가이익에 좋다. 통일이 되면 군사적으로는 분단관리에 필요한 막대한 비용을 더 이상 지불하지 않아도 된다. 핵 무기를 포함해 북한의 군사적 위협과 도발이 사라지게 된다. 경제적으로는 북한의 값싸고 질 좋은 노동력과 지하자원을 이용해 한국 경제의 확장을 도모할 수 있다. 7,400만의 자유롭고 역동적인 경제가 대륙을 뚫고 나아가면 한국 경제는 차원이 달라질 것이다. 한국·중국·일본의 동북아 경제공동체도 가능해진다. 사회적으로는 남북통일이 되면 남한 내 이념 갈등이 상당 부분 사라질 것이다. 이른바 남남통일이 이뤄지는 것이다. 이런 모든 과정의 출발점이 급변사태. 현재의 정권은 희망의 결정적인 장애물이다.

⑤ 급변사태가 긴요한 것이라면 일어날 때까지 기다릴 게 아니라 외부 동력을 구사해 유도해야 하는 것 아닌가. 그렇게 하지 않으면

북한의 지옥 같은 상황은 상당기간 지속될 것이다. 짧으면 수년, 길게는 수십 년이 될 수도 있다. 그토록 오랫동안 문제를 미루는 건 병을 키우는 것과 같다. 인권 측면에서도 2,500만 북한 주민의 비非 문명적 상황을 연장시키는 건 인류에게 커다란 도덕적 짐이 될 것이다. 그러니 적극적으로 북한 인권·민주화 운동을 지원해서 정권의 붕괴를 유도해야 하지 않을까.

급변사태 반대론자들은 생각이 다르다. 똑같이 도덕적이고 현실적인 측면에서 분석하더라도 진단과 처방이 딴판이다. 그들은 이런 주장과 질문을 던진다.

반대론

① 북한에서 거악이 진행되고 있다고 하지만 보기에 따라 다르다. 물론 언론 자유를 비롯해 많은 자유가 구속되어 있기는 하다. 하지만 극도로 심각한 인권탄압은 소수에 해당된다. 고문을 당하거나 수용소에 갇히는 사람은 소수다. 이런 정도의 인권 구속은 많은 나라에서 있었다. 그리고 먹는 문제에서 인민이 고통을 당하고 있다고 하지만 그래도 그들은 살아간다. 넉넉하게 먹지는 못하지만 생존에는 불편함이 없다. 기아 문제는 일부 아프리카 국가에서도 여전하다. 식량은 외부에서 지원해주면 된다. 유엔을 비롯한 외부 세계가 인도적인 지원을 계속하면서 북한의 문제는 북한 국민 스스로가 해결하도록 하는 것이 낫다. 그냥 지켜보는 것이다. 그러면 세월이 어느 정도 해결하지 않겠나.

② 북한 정권은 감정적으로 인화성이 강하고 도발적이다. 더군다나 여러 상황이 벼랑 끝에 놓여있다. 이런 환경에서 김정은 정권이 무너지면 혼란이 불가피하다. 북한은 전쟁을 일으키거나 일정한 형태의 심각한 도발을 할 수도 있다. 만약 핵무기를 스커드 미사일에 싣는 데에 성공한다면 핵을 사용할 수도 있을 것이다. 북한이 감정적인 불균형 상태에 빠져 이런 도발을 감행하면 한반도에서 재앙이 발생할 수도 있다. 그러니 외부 세계가 북한을 관리해주어야 한다. 자극적으로 급변사태를 유도하는 일을 해서는 안 된다. 오히려 급변사태를 예방하는 걸 도와주어야 한다.

③ 한반도에는 더욱 복잡한 사정이 있다. 김정은 정권이 무너지고 북한에 혼란이 발생하여 중국이 개입하는 상황을 가정해보자. 중국은 북한 난민이 대규모로 국경을 넘어 들어와서 중국의 안정이 위협받는다는 이유를 댈 수 있다. 여기에 더해 만약 미군과 한국군이 북한에 진주한다면 중국은 한국전쟁의 정전 상태가 깨진 것으로 간주해 자신들도 군사적 행동에 들어갈 수 있다고 판단할지 모른다. 만약 급변으로 등장하는 북한의 새 정권이 중국의 개입을 요청하기라도 하면 한반도에서는 군사적 충돌이 발생할 가능성도 있다. 이런저런 복잡한 상황에서 북한이 실전 배치한 핵무기가 무대에 등장하면 동북아에서는 긴장의 더 큰 폭발이 있지 않겠나. 어떤 상황이 생기든 유엔 결의에 따라 당사국들이 행동하면 된다고 하지만 어디 국제적인 일이 그렇게만 풀리는가. 유엔 결의 없이도 미국은 이라크를 침공하지 않았나. 푸틴이 우크라이나의 크림 반도를 무력으로 합병한 것이 유엔 결의와 무슨 관련이 있나.

④ 남한 국민의 이익으로 봤을 때도 급변사태는 위험하다. 베를린 장벽의 붕괴와 독일 통일을 얘기하는 이들이 많은데 서독과 남한은 다르다. 서독에 비해 남한은 경제력도 많이 약하고 이념 문제를 둘러싼 갈등도 심하다. 이런 상태에서 북한 급변사태를 맞게 되면 한국의 경제와 사회가 심각한 위기에 처할 가능성이 있다. 국제사회의 지원이 있어도 제한적일 것이다. 1997년 외환위기를 기억하지 않는가. IMF는 구제금융을 주면서 혹독한 조건을 붙였다. 국제사회는 선량한 후원자가 아니다. 결국 믿을 건 자신뿐이다. 북한이라는 거대한 짐을 떠안아야 하는 건 남한 국민이다. 그렇지 않아도 저성장과 고령화에 시달리는데 북한의 인구 2,500만이라는 짐까지 지면 남한 젊은 세대의 미래는 불안해진다. 도덕은 중요하다. 하지만 도덕이 먹는 문제를 해결해주나. 어디 세상사가 도덕만으로 해결되나. 급변사태보다는 분단을 장기간 유지하다가 북한의 상황이 변하면 그때 자연스럽게 해결책을 모색하는 게 낫지 않나.

⑤ 외부가 적극적으로 개입했던 나라들을 보자. 정권이 무너지고 새 정권이 들어섰다고 그들 나라가 안정되고 국민이 행복한가. 아프가니스탄이나 이라크를 보라. 그들의 혼란상은 어떻게 설명할 것인가. 내부 봉기로 독재 정권이 무너진 나라들도 마찬가지다. 이집트와 리비아에서 국민의 삶이 나아졌다고 할 수 있나. 동구권도 비슷한 사례가 될 수 있다. 공산주의 유고 연방이 붕괴되자 여러 내전으로 얼마나 많은 사람이 죽었는가. 크림반도를 둘러싼 갈등도 마찬가지다. 하나의 질서가 깨지면 또 다른 문제가 발생하지 않는가. 독일은 매우 예외적인 경우다. 경제가 강하고 사회가 안정된 나라였다. 북한 정권이 무너졌다고 모든 일이 독일처럼 순조롭게 진행된다는 보장

이 있는가.

　지지론 5개, 반대론 5개 도합 10개의 주장을 살펴보았다. 구체적으로는 다른 주장도 있겠지만 크게 봐서 10개의 범위를 벗어나지는 않을 것이다. 이 10개의 주장을 고민하고 분석하면서 이 책은 전개될 것이다.

　그런데 잠깐, 10개의 주장보다 더 중요하고 시급한 문제가 있다. 분석과 상관없이 급변사태가 터져버리면 어떻게 할 것인가. 급변을 유도하는 게 옳으냐 그르냐를 따질 것도 없이 일이 생기면 어찌할 텐가. 머지않은 장래에, 특히 2015년이나 아니면 내년 또는 내후년에, 급변이 터지면 어떻게 할 것인가. 갑자기 김정은 정권이 무너지면 어떻게 할 것인가. 그때 급변이 좋은지 나쁜지 따지는 건 아무런 의미가 없을 것이다. 그래서 가장 중요한 질문은 급변사태가 곧 터지는지 여부다. 나머지 문제는 천천히 생각해도 된다.

2

급변사태 온다, 안 온다…
어느 쪽이 맞나

급변사태가 되려면 단순한 혼란 정도가 아니라 권력에서 최소한 김정은이 퇴출되는 상황이 되어야 한다. 자신의 건강이 붕괴하거나, 인민봉기나 측근의 도발로 제거되든가 아니면 감금되든지 여하튼 김정은이 퇴장하고 다른 사람이나 세력이 권력을 잡는 것이다. 그렇다면 수년 내에 북한에서 이런 사태가 일어날 것인가. 여기에 대해선 누구도 단정해서 말할 수 없을 것이다. 왜냐하면 급변이란 단어 자체가 불가측성을 내포하기 때문이다. 언제 어디서 또는 어떻게 일어날건지 예측할 수 있다면 그건 급변이 아니다. 급변은 말 그대로 급하게 일어나는 것이다. 급변은 누구도 단정할 수 없다. 하지만 단정하는 것과 어떤 가능성을 매우 높게 전망하는 건 다른 일이다. 북한 급변사태도 마찬가지다. 단정은 못해도 전망은 할 수 있다. 현재 북한 정권이 처해있는 상황, 세계사적으로 비슷한 정권에서 벌어졌던 사례, 김정은을 겨누고 있는 각종 위협의 형태, 정권에서 일어나는 여러 조짐 … 이런 것을 분석해보면 대강의 감을 잡는 게 불가능한 일은 아니다.

상황을 분석하면 나오는 게 전망이다. 상황이 어머니라면 분석은 아버지요 전망은 자식이다. 그런데 상황은 하나인데 분석은 다양할 수 있다. 결과적으로 전망도 다르다. 어머니는 하나인데 아버지가 하나가 아니어서 피가 다른 자식이 여럿 생기는 것과 같다.

이런 일이 생기는 건 분석을 하는 주체가 인간이기 때문이다. 인간에게는 이성과 함께 감성도 있다. 그래서 분석의 시각에 자신의 희망이 들어가는 걸 부인할 수 없다. 급변이 좋은 게 아니라고 생각하는 이들은 자꾸 가능성을 낮게 보는 쪽으로 기울어진다. 반면 급변사태는 좋은 것이며 긴요하다고 확신하는 이들은 급변사태가 임박했다는 쪽으로 시선을 돌린다. 모두가 그렇지는 않지만 다수가 그렇다. 양쪽 희망으로부터 자유로울 수 있는 이들은 많지 않다.

희망뿐 아니라 '이익'이란 요소도 끼어들 수 있다. 급변사태가 자신에게 이익이라고 여기면 그 가능성을 높게 볼 수 있다. 반대로 불리하다고 생각하면 가능성에 회의적일 수가 있다. 종합적으로 급변사태에 대한 전망은 경험·이성·감성·이익이 혼합되어 있다고 할 수 있다.

나는 급변이 머지않았다고 판단한다. 특히 2015년부터 2017년까지 3년 안에 급변이 터질 가능성이 매우 높다고 생각한다. 그것이 이 책을 쓰는 이유다. 그런데 나는 급변은 좋은 것이며 빨리 와야 한다고 생각하는 사람이기도 하다. 그렇다면 나도 급변 시기를 전망하는 데에 있어 감성적으로 희망의 유혹을 강하게 느끼는 것 아니냐는 질문을 받을 수 있다. 감히 말하건대 나의 대답은 'NO'다. 유혹과 함께 나에게는 그런 위험을 경계할 수 있는 환경도 있기 때문이다.

일반인은 대부분 생업에 시간과 관심을 빼앗기므로 북한 같은 묵직한 시사 문제에 신경을 쓸 겨를이 별로 없다. 하지만 일반인과 달리 나는 정치담당 논설위원이어서 북한 문제를 고민하는 것 자체가 생업이다. 나는 기자 시절부터 남한의 대북 정책과 북한·통일 문제를 접할 기회가 많았다. 평양을 방문해 김정일을 직접 본 적이 있고 금강산과 개성에도 다녀왔다. 일반인과 달리 북한이란 존재가 일찍부터 인생에 깊숙이 들어왔던 것이다.

물론 이 정도의 배경이 객관성을 보장해주는 건 아니다. 비슷한 배경을 가지고 있는 사람, 아니 하루 24시간 1년 365일 북한 문제만 연구하는 학자들에게서도 '희망의 유혹에 빠지는' 사례가 적지 않기 때문이다. 하지만 나는 결론적으로 희망의 유혹에 빠지지 않으려고 노력하는 사람으로 분류되기를 바란다. 사실 이것은 독자의 너그러운 평가를 바라기 전에 스스로 증명해야 할 것이다. 나는 책을 통해 그런 입증을 시도하고 있다. 판단은 독자의 몫이다.

(1) "당분간 북한 급변사태는 없을 것이다"

김정은에게 유고有故가 발생할 수 있는 상황은 대략 다섯 가지다. 카다피를 처단한 것 같은 인민봉기, 많은 나라에서 일어났던 쿠데타, 내부 세력의 암살, 외부의 공격 그리고 뇌출혈이나 심장마비 같은 급성 질환이다. 급변사태 회의론자들은 다섯 가지 가능성을 조목조목 부인한다. 대표적인 회의론자들은 새정치연합을 비롯한 대부분의 진보·좌파 세력이다.

① 인민봉기

국가안전보위부는 과거 남한의 중앙정보부와 같은 정보·사찰 기관이다. 인민보안부는 남한의 경찰에 해당한다. 이 양대 기관이 북한 주민을 철저히 통제하고 있다. 2중·3중의 감시망에 갇혀 북한 주민은 숨도 제대로 쉬지 못할 정도다. 게다가 주민은 끼니 걱정에 정신이 없어 절대 권력에 집단적으로 저항할 의지도 능력도 없다. 일부 지역에서 작은 소요가 발생하면 김정은 권력은 무자비하게 진압할 것이다. 아마도 천안문 사태의 수배에 달하는 유혈극이 발생할 것이다. 이런 일을 겪으면 북한 주민은 더욱 공포에 사로잡힐 것이다.

② 쿠데타

평양 정권은 평양방어사령부와 경호부대인 호위사령부가 지킨다. 이런 방어 무력과 일전을 겨루려면 적어도 군단급 정도가 일을 저질러야 한다. 그런데 북한군은 말단 부대까지 총정치국과 보위사령부의 감시를 받고 있다. 보위사령부는 남한의 기무사령부와 비슷하다. 이 같은 감시·통제 시스템은 거미줄처럼 엮여있어 군단은커녕 사단이나 연대급 정도도 반란을 모의하기가 거의 불가능하다. 1961년 한국의 5·16 때 주한미군과 한국군의 지휘부가 박정희 장군의 쿠데타군을 진압하지 못한 건 북한의 도발 가능성 때문이었다. 반면 북한정권은 남한의 도발을 걱정할 필요가 없다. 김정은은 내전을 불사하면서 쿠데타를 가혹하게 진압할 것이다. 때문에 도박 같은 확률로 일부 군 병력이 쿠데타를 일으켜도 성공할 가능성이 거의 없다.

③ 암살

김정은을 경호하는 친위대나 당정 고위층을 보호하는 호위사령부는 김정은 권력으로부터 시혜를 받는 기득권 세력이다. 일종의 운명 공동체인 것이다. 김정은 주변의 최근접 경호 세력은 특히 그러하다. 그들은 신분과 사상에 대한 철저한 검증과 교육을 통해 친위대원으로 길러진다. 이들은 김정은에게 어떤 위해가 발생하여 자신의 안락이 훼손되는 상황을 두려워한다. 그런 이들이 김정은을 제거할 필요성을 왜 느끼겠는가. 물론 분노와 절망감에 자신의 안락을 버리고 일을 결행하는 순교자가 나올 수도 있다. 그러나 그것은 도박에 가깝다. 평양이 아닌 지방에서 암살 계획이 만들어질 수도 있다는 주장도 있는데 현실은 그렇지 않다. 김정은이 이동하면 지방 상황도 철저히 통제된다.

④ 외부의 공격

북한 외부의 공격은 소설 같은 얘기다. 외부라면 사실상 남한인데 지금의 남한 정권은 그런 일을 벌일만한 의지도 능력도 없다. 남한 특공대가 김정은을 공격하면 북한은 남한에 전쟁을 선포할지 모른다. 남한의 정권이나 국민은 그런 위험을 감수할 필요성을 느끼지 못한다. 남한의 공격이 있을 뻔한 일이 있기는 했다. 1968년 1월 북한 특수부대가 청와대 앞까지 침투했을 때 박정희 정권은 김일성에 대한 보복 공격을 계획했다. 서해 실미도에 훈련 캠프를 차려놓고 특수 요원들에게 지옥 같은 훈련을 시켰다. 하지만 이런 일은 박정희 대통령이니까 가능했다. 극단적인 상황을 감수할 태세가 아니면 이런 공격은 상상조차 할 수 없다. 지금은 1968년과 많이 다르다. 남한엔 박정희가 없는데 북한엔 핵이 새로 생겼다.

미국의 공격 가능성도 마찬가지다. 미국은 드론drone같은 무인 공격기로 알카에다나 이슬람국가 또는 탈레반 같은 적군 세력을 공격하곤 한다. 특수부대를 동원하여 빈 라덴을 제거하기도 했다. 하지만 미국이 김정은에게 이런 공격을 감행하려면 북한이 미국에 테러 같은 실질적 위협을 가한다는 게 증명되어야 한다. 북한의 핵 개발은 그럴

명분이 되지 못한다. 그리고 설사 명분이 있더라도 북한 정권에 대한 군사적 공격은 어렵다. 미국의 공격을 받으면 북한이 남한에 대해 보복 공격을 할 수 있기 때문에 미국은 현실적인 제약을 받는다. 그리고 미국은 지금 중동에 발목이 잡혀있다. 중동 하나를 다루는 것도 벅차다.

⑤ 건강붕괴

김정은이 급성질환으로 유고를 당할 가능성은 매우 낮다. 할아버지 김일성은 82세, 아버지 김정일은 69세에 죽었다. 외부에 알려진 김정은의 나이는 2014년 현재 겨우 32세다. 뇌출혈이나 심장마비 같은 성인병적 급성 질환이 생길 가능성은 거의 없다고 봐야 한다. 이미 할아버지와 아버지가 그런 병으로 죽었기 때문에 북한의 의료진과 장수연구소 요원들은 총력을 다해 김정은의 건강을 살피고 있을 것이다. 물론 김정은에게 건강 문제가 없는 건 아니다. 젊은 나이치고는 김정은은 너무 심한 비만에 시달리고 질병에 취약하다. 2014년 여름부터 김정은은 다리를 절뚝거리는 모습을 보이다가 9월초 인민의 시야에서 사라졌다. 하지만 40일만에 다시 나타났다. 지팡이를 짚었지만 어쨌든 통치에는 지장이 없을 정도로 건강이 회복된 상태였다. 김정은이 통풍을 앓았거나 아니면 다른 이유로 발에 부상을 입었다는 보도가 있었는데 이 정도는 심각한 문제가 아니다. 할아버지와 아버지가 겪었던 심장마비 같은 거와는 다르다. 고도비만이나 순환기계의 취약성은 관리를 잘 하면 된다.

당분간 급변사태가 없을 거라는 5개의 분석을 살펴보았다. 진보·

좌파 중에서 이런 분석을 내놓는 이들은 그래도 논리적이라고 할 수 있다. 나름대로 구체적인 분석의 틀을 내놓기 때문이다. 그런데 어떤 이들은 논리적이지 않다. 속으로는 급변사태가 일어날 가능성이 있다고 보면서도 겉으로는 이를 인정하지 않으려 한다. 급변이란 단어만 나오면 알레르기 반응을 보이기도 한다.

이들이 그러는 이유는 북한 급변사태가 자신들의 과거를 부정하고 미래를 복잡하게 만든다고 판단하기 때문이다. 햇볕론자는 남한을 비롯한 서방세계가 대화와 지원을 계속하면 북한 정권이 개혁·개방으로 나아갈 것이라고 주장해왔다. 햇볕이 아니라 압박이라는 강풍을 쓰면 북한 정권은 고슴도지처럼 웅크리며 체제를 더욱 강화할 것이라고 그들은 말해왔다. 그런데 그런 북한에서 급변이 터지면 자신들의 주장이 틀렸다는 게 증명되는 것이다. 햇볕론자는 이런 상황이 끔찍하다. 그래서 이성적으로는 급변이 임박했다고 판단하더라도 감성적으로는 이를 부인하고 싶어지는 것이다.

이들에게는 현실적인 걱정도 있다. 이들은 급변이 터지면 한반도 정치구조에서 자신들의 역할이 축소되고 보수세력이 주도권을 잡을 것이라고 우려한다. 이들의 우려는 맞다. 급변사태는 여러 긴장상태를 수반하는데 특히 군사적인 상황과 연결될 것이다. 한반도에 긴장이 고조되고 남한의 안보에 위협이 발생하면 구조적으로 남한의 군부가 핵심적인 역할을 해야 한다. 진보가 집권하고 있어도 보수세력인 군부의 입김이 증가될 수밖에 없다. 하물며 보수정권에서는 말할 것도 없다. 급변사태로 한반도 환경이 변하면 보수 정권이 계속 집권하는 향후 수년간은 물론 다음 대선에서도 진보·좌파는 불리한 국면에 처하게 된다.

2017년 대통령 선거뿐만이 아니다. 김정은 정권의 붕괴로 북한에서 변화가 터지면 진보·좌파는 어려운 입장에 처하게 될 것이다. 김씨 왕조가 사라지고 집단지도체제가 들어서면 북한 인민에 대한 권력의 통제는 약화될 수밖에 없다. 과거처럼 사이비 종교집단 같은 광적 통제는 불가능해질 것이다. 시간이 얼마나 걸리든 그동안 비정상적 통제에 갇혀있던 비정상적 상황이 세계인의 눈앞에 충격적인 실체를 드러낼 것이다. 대표적인 것이 관리소라고 불리는 강제수용소다.

지금까지 남한 국민과 세계인은 수용소를 겪은 탈북자들의 증언을 통해서 그곳의 이야기를 들었다. 전해 들은 이야기는 충격의 강도가 제한적일 수밖에 없다. 반면 북한이 개방되고 수용소의 실체가 여러 방법을 통해 공개되면 참상의 충격은 훨씬 클 것이다.

진보·좌파는 그동안 강제수용소 같은 인권 참상의 실태를 애써 외면하고 침묵해왔다. 북한 인권운동을 지원하려는 북한 인권법안도 반대해왔다. 그런 행동을 보인 진보·좌파에게 북한의 인권 참상은 피할 수 없는 불편한 진실로 다가올 것이다. 그 실태가 드러나면 드러날수록 남한 내 진보·좌파는 입지가 줄어들게 된다.

진보·좌파가 북한 인권운동에 소극적이었다는 사실을 북한 주민이 알게 되면 통일과정에서 그들에 대한 북한 주민의 신뢰는 축소될 것이다. 독일 통일과정에서 동독 주민의 신뢰를 받은 서독 내 세력은 연방기본법에 따라 동독을 흡수 통일해야 한다는 정책을 유지했던 보수세력이었다. 이들은 1961년부터 중앙기록보존소를 운영하면서 동독의 인권탄압 실상을 수집해왔다. 1989년 베를린 장벽이 무너지고 이듬해 3월 동독에서 총선이 실시됐을 때 다수당으로 등장한 세력은 서독의 보수세력과 연합한 동독 기민당이었다.

비슷한 분석을 적용하면 북한의 총선거를 비롯한 통일 과정에서 북한 주민 다수의 지지를 받을 남한 내 세력은 우파지 좌파가 아니다. 대부분의 북한 주민은 자신들의 인권문제를 외면하고 김정일·김정은 정권의 악행에 대해 눈을 감은 세력에게 지지를 주지는 않을 것이다. 이처럼 북한 급변사태는 남한 내 진보·좌파 세력을 역사의 구석으로 몰아넣을 가능성이 높다.

(2) "북한 급변사태는 멀지 않았다"

급변이 언제 어떤 형태로 일어날지 예측하는 건 사실상 불가능할 것
이다. 독일의 경우도 1989년 11월 3일 그렇게 갑작스럽게 베를린 장벽
이 무너지리라고는 누구도 예측하지 못했다. 2011년 봄에 발생한 아
랍 시민혁명도 마찬가지다. 알제리 시위가 들불처럼 번져 그렇게 빠
르게 3개 나라의 장기 독재정권을 무너뜨릴 거라고 예측한 이는 별로
없다. 급변은 참으로 급변답다. 그럼에도 북한 급변사태가 골목 어귀
에 도달해있다고 보는 이들이 적잖다. 남한에서는 주로 보수·우파
인사들과 핵심 탈북 운동가들이다. 이들은 종말을 맞았던 공산독재
정권들의 사례를 볼 때 이제 김정은 정권의 차례가 되었으며 북한의
벼랑 끝 상황으로 보면 그 순서의 집행이 임박했다고 판단한다.

　20세기 초반~중반에 걸쳐 지구 상에는 많은 공산정권이 탄생했
다. 공산국가들은 모두 공산당 1당 독재였다. 1당 독재를 바탕으로
1인 독재로 발전한 나라들도 있었는데 그 양태는 나라별로 달랐다.
루마니아나 북한 그리고 쿠바는 1인 절대권력을 형성한 대표적인 경

우다. 공산당 지도부가 집단지도체제를 이루고 그중에서 최고권력자로 뽑힌 사람에게 권한이 집중되는 형태도 있었다. 대표적으로 소련과 중국이다.

20세기 후반에 몰아닥친 변화의 폭풍 속에서 장기 공산독재는 대개 두 가지 유형으로 전개되었다. 개혁·개방을 추진한 정권들은 연착륙에 성공할 수 있었다. 중국은 1978년 덩샤오핑이 개혁·개방에 착수했다. 덕분에 중국은 시장경제로 바뀌었고 1990년대 동구권 붕괴속에서도 정치적으로는 공산당 1당 독재를 유지할 수 있었다. 단순한 유지에 머물지 않고 이런 체제를 발전시키면서 폭발적인 경제성장을 이뤄 미국과 양대 패권을 겨루게 되었다.

중국의 영향을 받아 소련도 1986년 고르바초프가 페레스트로이카와 글라스노스트에 착수했다. 이런 변화는 공산당 지배체제에 동요를 가져왔다. 하지만 1989년 베를린 장벽이 무너지고 2년 후 소련연방이 해체되는 격변 속에서도 러시아는 치명적인 혼란 없이 새로운 체제로 전환할 수 있었다. 소련은 사라졌고 러시아는 새로운 나라로 태어났다. 1991년 8월 공산당 세력이 쿠데타를 일으켜 일부 유혈이 있었지만 치명적인 동요는 아니었다.

소련과 중국처럼 연착륙에 성공한 나라의 비결은 개혁과 개방이었다. 그리고 이런 개혁·개방은 변화를 맞아들일 만큼 공산당 지도부가 자신이 있었기에 가능한 일이었다. 어떤 장기독재 정권에는 이런 바람을 받아들일 수 없는 결정적인 장애물이 두 개가 있다. 최고권력자를 위한 개인숭배와 권력집단의 절대적인 부패다. 이런 체제에서는 외부의 개혁 바람이 치명적이다. 오랫동안 우상화와 절대 부패에 속아 살아왔다는 걸 알면 인민은 봉기를 일으키게 된다. 덩샤오핑이나 고르바초프에게는 이런 두 가지 장애물이 없었다. 그래서 개혁·

개방을 추진할 수 있었던 것이다.

두 장애물을 가지고 있던 장기 공산독재 정권은 비참한 종말을 맞이하곤 했다. 대표적인 경우가 루마니아의 차우세스쿠다. 1989년 11월 베를린 장벽이 무너지자 동구권 중에서 루마니아가 가장 큰 홍역을 치렀다. 차우세스쿠의 1인 독재가 너무 가혹했기에 반작용도 그만큼 컸던 것이다. 차우세스쿠는 반정부 시위를 무자비하게 진압했다. 그러나 인민 봉기를 이길 수 없었다. 군대가 시위대에 가세해 임시정부를 만들었고 차우세스쿠는 도망치다가 붙잡혀 처형당했다. 베를린 장벽이 무너진 지 채 두 달도 안 된 시점이었다.

이런 역사적 사례를 보면 김정은 정권의 진로는 개혁·개방 여부에 달려있다. 그런데 김정은 정권은 역사상 어떤 독재보다도 개인숭배와 절대적인 부정부패가 심하다. 근대화 이전 봉건왕조에서도 이렇게 극심한 개인숭배는 없었다. 두 가지의 본질적인 장애물로 인해 김정은 정권의 개혁·개방은 원초적으로 불가능하다고 봐야 한다.

개혁·개방이라는 탈출구가 막혀있기 때문에 북한에는 대신 급변사태의 묘목이 무럭무럭 자라고 있을 것이다. 묘목이 큰 나무로 자라 언제 어떤 열매를 맺을 지 속단할 수는 없다. 그러나 분명한 건 묘목이 자라고 있다는 것이다. 이 묘목이 자라서 열매를 맺는 방식은 다양할 수 있다. 타인의 힘이 김정은을 무너뜨리거나 아니면 권력의 하중을 견뎌내지 못하고 김정은 스스로 건강이 무너지는 것이다. 암살이나 봉기 같은 것은 사회적으로 적잖은 혼란과 희생을 가져오게 된다. '역사의 신'이 이런 것을 걱정한다면 권력 불안의 스트레스를 잔뜩 키워 30살의 독재자를 눌러버릴 수 있다. 많은 의사들이 지적하듯 결국 건강도 외부 환경과 무관할 수가 없다. 역사가 내리 누르는 하중을 이기지 못하면 김정은은 통치불능의 건강붕괴로 빠질 수 있다.

3

급변이 불가피한 이유

(1) 개혁·개방이 불가능한 김정은 정권

김정은 정권이 개혁·개방을 하지 못할 거라고 전망하는 이들이 최근 들어 많이 늘고 있다. 리처드 아미티지는 2000년대 초반 조지 W 부시 정부에서 국무부 부장관을 지냈다. 주지하다시피 부시 행정부에서는 네오콘neocon이라 불리는 대외정책 강경그룹이 주도권을 쥐고 있었다. 이들은 북한 문제에 대해서도 압박정책의 필요성을 강하게 느끼고 있었다. 아미티지는 이들에 맞선 대표적인 대북 대화론자였다.

그의 지론은 정권 교체regime change가 아니라 변화된 정권changed regime이었다. 햇볕정책 같은 대북 지원·교류 정책을 펴서 북한을 개혁·개방으로 유도할 수 있다는 생각이었다. 그가 이런 지론을 가진 건 물론 김정일 정권 때였다. 김정일이 죽고 김정은이 집권한 이후 꽤 오랫동안에도 그는 이런 믿음을 버리지 않았다. 김정은은 어린 시절 스위스에서 공부했기 때문에 서방 문물을 접할 기회가 많았다. 이런 경험이 있으니 김정은이 개혁·개방으로 갈 수 있을 거라는 기대를 아미티지는 자연스레 가졌을 것이다. 이런 희망을 가졌던 이들은 특히 남한 내에 많았다.

그러나 장성택 일파 집단 처형 이후 그는 이런 생각을 버렸다. 2013년 12월 조선일보 인터뷰에서 그는 자신이 생각을 바꾸었음을 인정했다. 북한 문제를 해결하는 길은 changed regime이 아니라 regime change 뿐이라는 확신을 가지게 됐다는 것이다. 그는 이렇게 말했다. "난 예전부터 북한에 대해선 '정권교체regime change'가 아니라 '변화된 정권changed regime'이 답이라고 주장해왔다. 김씨 정권을 바꾸는 게 아니라 외교적 수단을 통해 태도 변화를 이끌어내야 한다는 입장이었다. 하지만 더 이상은 아니다. 북한 문제가 풀리기 위해선 내부 반란이든 외부 개입이든 어떤 방식을 통해서라도 정권교체가 이뤄져야 한다." 아미티지는 오바마 행정부에서 일하고 있는 관리는 아니다. 그러나 중요한 것은 대표적으로 햇볕정책을 지지했던 인사마저 이렇게 생각을 바꿀 정도로 북한의 상황이 벼랑 끝에 이르렀다는 것이다. 이런 인식은 현재 오바마 정권을 이끌고 있는 핵심 인사들 사이에서 광범위하고 뚜렷하게 퍼져있다.

케리 국무장관은 공개적으로 북한을 '악의 땅an evil place'이라고 규탄한다. 2014년 9월 유엔 회의에서도 그는 이 표현을 사용했다. 미국 지도자의 입에서 악이란 단어가 나오면 사태는 심각한 것이다. 미국이 악이라고 규정한 정권들은 대개 망했다. 1983년 3월 레이건 대통령은 소련이 주도하는 공산체제를 '악의 제국the Evil Empire'이라고 비난했다. 레이건은 소련과 대화를 유지했지만 최종 전략은 악의 제국을 끝장내는 것이었다. 레이건은 고르바초프에게 베를린 장벽을 허물라고 촉구했다. 결국 장벽은 무너졌고 2년 후 악의 제국은 해체됐다.

악에 대한 두 번째 공격자는 조지 W 부시 대통령이었다. 2002년 1월 국정연설에서 그는 세 나라를 '악의 축the Axis of Evil'으로 꼽았다.

이란·이라크·북한이다. '악의 축'은 '악의 제국'과 제2차 세계대전의 3대 추축국Axis Powers—독일·이탈리아·일본에서 따온 것이다. 지금 이라크 후세인 정권은 사라졌고 이란은 미국에 순응하고 있다. 북한의 운명만 안개 속에 있다.

미국을 포함한 서방세계가 '악의 정권'을 끝장내기 위해 외부에서 구체적으로 와해 공작을 실시하는 건 별로 없다. 하지만 중요한 건 과거와 같은 무조건적인 햇볕정책은 더 이상 없다는 것이다. 햇볕 대신 원칙을 가지고 거리를 두면서 지켜본다. 이것이 오바마 행정부가 구사하고 있는 '전략적 인내' 정책이다. 박근혜 정권은 '한반도 신뢰 프로세스'라고 하여 조건을 달고 대화와 지원의 길을 열어놓고 있다. 겉으로는 유화적으로 보이지만 내용은 미국과 비슷한 전략적 인내다. 북한이 변화를 보이지 않는데 과거 정권처럼 퍼주기로 나서는 일은 없을 것이다.

오래전부터 서방세계는 북한이 개혁·개방을 할 수 있을지 지켜보았다. 왜냐하면 개혁·개방을 하지 않는 장기 공산독재 정권은 그 자체가 세계에 대한 위협이 되기 때문이다. 독재정권은 자폐적 상황에 이르면 독재를 유지하기 위해 항상 정권 내부의 긴장도를 일정 수준 유지해야 한다. 이를 위해 독재정권이 저지르는 가장 쉬운 방법이 대외적으로 군사적 도발을 감행하는 것이다. 세계가 우려했던 대로 북한은 주로 이 방법에 의존했다.

60여 년 역사에서 북한은 잠시 부분적인 개혁·개방을 시도한 적이 있기는 하다. 하지만 어디까지나 수령·장군 1인 독재의 근간을 위협하지 않는 제한적인 것이었다. 북한 정권에게 1순위 가치는 1인 체제의 유지다. 국가의 발전을 위해선 개혁·개방이 필수였지만 그보다는 체제 유지가 더 중요했다. 개혁·개방을 하지 않으면 발전은 못하지만 그래도 국가의 생존 자체에는 문제가 없다. 반면 1인 체제가 없으면 국가의 생존 자체가 위험하다는 게 북한 정권의 인식이었다.

제한적이나마 북한이 개혁·개방을 시도한 것은 김일성 시대였던 1980년대다. 1960년대에 북한은 공업화에 매진했다. 공업화를 하면 할수록 북한은 자본과 기술이 부족함을 깨달았다. 그때까지 북한은 주로 사회주의 국가들과 무역거래를 하고 있었는데 자본과 기술을 위해 서방국가들로 대상국을 넓혔다. 일부 차관을 도입하기도 했다. 그러나 이런 시도는 별로 성공하지 못했다.

1970년대 중반 북한은 외화 부족으로 무역대금을 제대로 결제하지 못했고 외채를 상환하는 데에도 어려움을 겪었다. 결국 채무를 이행하지 못하는 사태까지 벌어져 차관 도입은 커다란 장애에 부닥쳤다. 이에 김일성은 1984년 합영법을 만들어 외국자본의 직접투자를 유도하기 시작했다. 일련의 이런 개혁 조치는 중국 덩샤오핑의 설득에 영향을 받은 것이기도 하다.

덩샤오핑이 개혁·개방에 착수한 것은 1978년이다. 4년 후인 1982년 김일성은 중국을 방문해 덩샤오핑과 회담했는데 이 자리에서 덩샤오핑은 북한에게 개혁·개방을 설득했다. 상하이 푸단대의 장웨이웨이張維爲 교수는 당시 통역을 맡았던 인물이다. 그는 2014년 8월 '덩샤오핑 시대와 중국의 대전환'이라는 강좌에서 32년 전 두 정상이 나눈 얘기를 소개했는데 이를 중국 중신사中新社가 보도했다. 2014년 8월 26일 한국 통신사 뉴시스가 이 보도를 소개했다.

장 교수는 당시 김일성은 "파키스탄 대통령으로부터 메추리알이 계란보다 영양가가 2배가 더 많다고 들었는데 메추리를 닭보다 많이 사육하려고 한다" 며 극심한 경제난의 극복 방안으로 메추리 사육을 거론했다고 회고했다. 그러나 덩샤오핑은 김 주석의 이런 말에 전혀 관심을 보이지 않으면서 화두를 바꿨고 "(그것보다 먼저) 초점을 사상을 바꾸는 데 둬야 한다"고 지적했다고 장 교수는 밝혔다.

장 교수는 덩샤오핑은 이어 "지난 1978년 북한을 방문하고 베이징으로 돌아오는 길에 나는 중국 동북부 지역이 극도로 빈곤한 사실을 목격했다"며 "진정한 사회주의는 농민들에게 가난이 아니라 풍요함을 가져다 줘야 한다"고 역설했다고 전했다. 덩샤오핑이 관심을 가졌던 것은 '메추리알' 같은 시시콜콜한 것이 아니라 중국의 총체적인 경제 개발과 현대화의 근본적인 방향이었다고 장 교수는 주장했다. 장 교수는 "덩샤오핑은 회담 자리에서 자신이 받아들이고 싶은 방안에는 해외 기술과 경영, 자본시장 개방 등이 있다고 김일성에게 말했다"며 "다른 사회주의 국가들이 작은 기술적 변화를 고려하고 있을 때 덩샤오핑은 근본적인 개혁·개방을 검토하고 있었다"고 덧붙였다.

당시 김일성의 방중 일정에서 덩샤오핑은 특별히 김일성과 동행해 쓰촨四川성 청두成都를 방문한 것으로 알려졌다. 청두에서 덩샤오핑은 자신이 2년 전 시찰한 바 있는 '농촌지역 메탄가스 활용' 우수 사례 현장을 김일성에게 보여주면서 자신이 직접 '해설자' 역할을 한 것으로 중국의 문헌에 기록돼 있다. 덩샤오핑은 이 과정에서 김일성에게 "사회주의는 생산력을 발전시키고 빈곤을 퇴치하며 국민의 삶의 질을 개선하는 것을 목표로 해야 한다"고 수차례 강조한 것으로 전해졌다. 아울러 이 지역 농가 양곡 창고가 가득 찬 모습에 감탄하는 김일성에게 덩샤오핑은 "농민들에게 토지 경작권을 주는 청바오承包 제도를 시행하자 가정마다 식량이 풍족해졌다"고 자랑했다는 일화도 있다.

덩샤오핑이 얘기한 외국 기술의 도입과 자본시장의 개방을 위해 중국은 이미 1979년 중외 합작경영 기업법을 제정했다. 김일성은 1982년 중국 방문에서 덩샤오핑으로부터 사회주의의 개혁에 관해 충고를 들었다. 이런 기억에다 악화되는 북한의 외화 사정 등이 겹쳐 김일성은 1984년 합영법을 만들게 된다. 1999년 출간된 『김정일 시대의 정치·경제』에서 당시 정순원 현대경제연구원 부사장은 합영법의 배경을 이렇게 설명했다.

"중국은 1979년 8월 '중외 합작경영 기업법'을 제정한 이후 경제 개방정책이 성과를 보이기 시작했다. 북한은 이에 고무되어 1983년 두 차례에 걸쳐 50여명의 고위급 인사가 중국의 특구를 방문했다. 합영법 발표 직전인 1984년 8월에는 정무원 총리 강성산이 경제관료와 함께 상하이의 생산 시설과 건설 현장을 시찰하는 등 개방에 관심을 보였다. 북한은 1970년대의 석유위기와 수출 부진에 따른 외화 부족, 선진국에 대한 채무 불이행과 외채 누적으로 자본재 및 외채의 도입이 어려워지자 원리금 상환 부담이 없는 새로운 외자유치 방안이 필요했던 것이다. 마침내 북한은 1984년 9월에 합영법을 제정했다.

이 법이 갖는 의미는 북한이 대중 동원 방식에 의한 성장의 한계를 인식하고 서구 선진국과의 무역 확대를 통한 성장으로 전환하였다는 점과 개인 또는 민간기업의 영리사업이 허용되지 않는 북한 경제체제에서 민간사업의 주체를 공식적으로 인정하고 합작 투자 기업의 독립채산제 운영을 허용했다는 점 등이다.

그러나 외자유치를 통한 기술 및 선진 설비 기술 도입 계획의 일환으로 추진된 합영사업은 거의 대부분이 조총련 기업과의 합영이었고 유치 실적도 미미했다. 1984년부터 1992년 7월까지 계약 체결된 140여건 가운데 116건 1억5,000만달러가 조총련 동포가 투자한 사업이었다. 조업 중인 66건 중 56건이 조총련 기업이며 구 소련과 중국이 각각 4건, 프랑스와 스웨덴은 각각 1건에 불과했다."

합영법에 따라 북한은 합작회사를 만든 외국자본이 소득의 일부를 해외에 송금하는 것까지 허용했다. 그러나 합영법으로 이루려던 목적은 별로 달성되지 못했다. 북한이 경제특구 같은 적극적인 방법이 아니라 자본주의의 위협적 요소를 막기 위해 철저히 제한적이고 통제적인 방법으로 외국자본을 관리했기 때문이다. 투자자의 대부분인 조총련 기업들은 사업을 제대로 벌일 수가 없었다. 생산된 상품의 외국 수출이 여의치 않는 등 여러 가지로 제약이 많았던 것이다. 이들의 경영이 어려워지자 북한은 일부 사업가들에게 사회주의 조국의 경제발전에 기여했다는 훈장을 주어 달래기도 했으나 이런 방법은 미봉책이었다. 결국 상당수 조총련 기업이 문을 닫았다.

합영법을 만들고도 이런 조치가 제대로 열매를 맺지 못하게 된 것은 여러 가지 통제적 상황 때문이었다. 북한은 체제의 발전을 위해 외국의 자본과 기술을 원했으면서도 그런 외부의 바람이 체제를 위협하지 못하도록 통제해야 했다. 모순이 되는 이중적 상황에 항상 처했던 것이다. 김일성만 해도 어느 정도 체제에 대한 자신감을 가지고 개혁·개방을 추진하려 했던 것으로 알려지고 있다. 그러나 1980년대 중반에 후계자로 부상한 김정일은 이런 개혁·개방이 자신의 권력승계를 위협하지 않을까 걱정했다.

박상학 자유북한운동연합 대표는 대북 풍선 보내기 운동을 하는 탈북자 출신 행동가다. 그는 1968년 양강도 혜산에서 태어났다. 그는 중국의 변화와 북한의 개혁·개방 시도에 대해 나에게 이렇게 말했다.

"어린 시절 내가 자란 압록강 상류지역은 겨울이면 폭이 20미터 정도로 줄어듭니다. 얼음 두께가 1미터나 돼 차도 다닐 정도였지요. 이곳 지역 사람들은 압록강을 건너 중국에 들어가곤 했습니다. 1970년대만 해도 중국은 북한보다 못 살았던 것 같아요. 농가 지붕도 대부분 초가지붕이었지요. 1970년대 이곳의 북한 주민들은 배급을 꽤 잘 받았습니다. 북한 당국은 함경도 신포 등지에서 명태를 많이 잡았어요. 그래서 주민들에게 동태와 정어리 등을 나눠줬는데 하도 자주 먹어 주민들은 동태를 별로 반기지 않았습니다. 주민들이 압록강을 건너 중국 땅에 가면 중국인들은 동태를 달라고 하곤 했지요. 그들은 북한 사람들에게 트럼프 카드를 주었어요. 카드가 북한에서는 귀했는데 그때 중국에서는 흔했지요. 그랬던 중국의 농촌 풍경이 1980년대 들어 달라지기 시작했습니다. 초가지붕이 점점 개량되기 시작하더라고요."

그는 김정일이 개혁 개방을 막았다는 얘기를 들었다고 했다. "김일성은 덩샤오핑의 설득을 받아 중국식 개혁·개방을 하려고 했습니다. 그런데 아들 김정일이 막았다는 거지요. 개혁·개방을 해서 체제가 동요하면 자신의 권력승계가 위험하다고 본 겁니다. 내가 다니던 김책공대의 같은 반에 김일성 주석 경제담당 서기의 아들이 있었습니다. 경제담당 서기는 남한으로 따지면 청와대 경제수석이지요. 그 집에는 벤츠가 3대 있다는 말을 들었어요. 우리끼리 술을 한잔하면 그 친구는 '주석이 개혁·개방하려 하는데 지도자 동지가 브레이크를 거는 거 알간'이라고 말한 적이 있지요."

합영법이 실패하고 북한은 1990년대 초 공산주의 동구권의 붕괴를 맞아 국가 노선의 기로에 서게 된다. 이 무렵 북한 내에서는 북한도 중국이나 소련 식으로 개혁·개방을 해야 한다는 논의가 꽤 있었다고 한다. 그런데 김정일은 이를 막았다. 박상학 대표의 증언.

"1991년 소련연방과 동구권이 무너지면서 북한 내에서 개혁·개방 논쟁이 활발했습니다. 그런데 어느 날 당에서 '우리는 우리식 사회주의를 하기로 했다'는 지침이 내려왔습니다. 논의가 일제히 중단됐지요. 1989년 12월 루마니아 차우세스쿠가 잡혀서 처형 당하는 일이 있었지 않습니까. 김정일은 그 장면이 담긴 동영상을 노동당 간부들에게 보여주었다고 합니다. 그는 '당과 수령이 없으면 당신들도 고깃덩어리에 불과하다. 저런 꼴 당한다'고 겁을 주었답니다. 개혁·개방론에 대해 주의보를 내린 것이지요. 이후 북한에서는 사실상 개혁·개방 논의가 사라졌다고 봐야 합니다."

1991년 동구권 붕괴사태 이후 북한은 북한식 사회주의를 고집하는 쪽으로 방향을 정했다. 하지만 세계의 흐름을 외면한 폐쇄주의 정책은 곧 현실의 벽에 부닥쳤다. 소련을 중심으로 한 사회주의 동구권은 북한의 주요한 시장이자 무역 파트너였다. 그런데 동구권 사회주의 정권들이 몰락하면서 북한은 외부 수혈이 급격히 줄어들었다. 부득이 북한은 활로를 찾아야 했는데 대표적인 시도가 1991년 두만강 상류에 있는 나진·선봉 지역을 자유경제구역으로 지정한 것이다.

나진·선봉은 북한 정권의 두 번째 경제 개방 시도로 볼 수 있다. 이 자유경제무역 지대는 1984년의 합영법보다는 진일보한 정책이라는 평가를 받았고 중국과 일부 서방국가들이 투자할 의향을 보이기도 했다. 하지만 역시 북한 당국의 과도한 개입이 있었고 1993년 북한의 핵 개발 선언으로 긴장이 고조되면서 투자 환경은 급격히 악화됐다. 나진·선봉 역시 근본적인 개혁·개방이 아니라 임시방편이어서 애초 성공은 매우 어려운 것이었다. 제도도 정비되지 않았고 사회간접자본도 부실한 데다 지정학적으로 동북아의 구석에 박혀있어 이 특구는 외국 기업을 유치하는 데에 실패했다.

1990년대는 경제적으로 북한에게 암흑기였다. 1990~98년 9년 동안 북한은 마이너스 성장을 기록했다. 1990년대 초부터 경제를 위협하는 나라 안팎의 격변이 이어졌다. 동구권이 무너지고, 3년 후 김일성이 죽고, 김정일이 집권했다. 1994~96년엔 자연재해까지 겹쳐 북한은 '고난의 행군'이라는 끔찍한 굶주림의 세월을 보내야 했다. 저성장 속에서도 인플레이션은 높아 북한 인민의 삶은 피폐해져 갔다. 김정일 정권은 북한 경제를 괴롭히는 심각한 요인을 고민하다가 제한된 작은 변화를 시도하기도 했다. 그러나 곧 실패했다. 탈북 지식인들로 구성된 NK 지식인 연대의 최강혁 사무국장은 『김정은의 북한은 어디로?』라는 책에서 이 과정을 이렇게 설명했다. 이 책은 안찬일·김흥광 등 탈북 지식인 7인의 글을 모아 2012년 말 출간됐다.

"1990~98년 마이너스 성장과 높은 인플레이션은 정도와 형태에 있어 과거에 경험해보지 못한 것이었다. 이러한 급격한 산출 감소와 인플레 현상은 단순한 경기순환과정에서의 단기적 현상이 아니라 북한 경제의 구조적 변화 과정에서 나타나는 결과로 보인다.

2002년 김정일 정권은 7·1 경제관리개선조치를 발표했다. 이 조치는 국정國定가격을 시장가격에 근접시키는 가격 현실화 조치 등을 포함한 시장지향적인 개혁 정책이었다. 당시 적지 않은 북한 전문가들은 조치가 포함하고 있는 다수의 시장경제적 요소들로 인해 당시의 정책변화가 개혁·개방으로 이어질 것이라고 예측하였다. 그러나 이 개혁 조치는 곧 높은 인플레이션으로 나타났고 사적私的 영역은 부단히 확대되었다. 이로 인해 개혁적 변화 시도는 불과 3년 만에 중단되고 2005년 하반기부터 당국의 경제정책은 다시 반反 시장적으로 변했다. 북한은 2009년 화폐개혁을 단행함으로써 시장을 철폐하고 계획경제를 복원하려는 의지를 보여주었다."

북한의 경제개혁 시도로 보자면 2002년의 7·1 조치는 대략 세 번째에 해당한다. 김정일 정권은 무너지는 경제를 살리려 시장주의적 개혁 조치를 제한적으로 취했다. 하지만 이 약이 보약이 아니라 정권에게 '사적 영역의 확대'라는 독약으로 변해가자 투약을 중단했다. 이는 개인숭배 전체주의 독재정권이 가지고 있는 개혁의 한계를 생생하게 보여주었다. 시장이 확대되면 정권이 흔들리는 것이다.

이런 원칙은 김정은 정권도 마찬가지다. 북한은 2012년 7월 '6·28 방침'이라는 개혁적 조치를 내놓았다. 주민에 대한 배급제를 폐지하고 기업에게는 자율성을 제한적으로 보장하며 협동농장에는 인센티브를 제공하는 것이다. 하지만 이 조치가 계속 유지될지는 불투명하다. 과거 2002년의 개혁이 정권을 위협하자 김정일이 과거로 돌아간 것처럼 김정은도 개혁보다는 정권을 선택할 수밖에 없다. 6·28 조치에 따라 '반동적' 주장이나 행동이 나오게 되면 김정은 정권은 이를 적극적으로 봉쇄할 것이다.

그동안 북한을 개혁·개방으로 이끌기 위해 한국과 국제사회는 화해·포용 정책을 폈다. 그러나 북한은 철저히 기만했다. 공산주의자는 테이블 위의 손과 테이블 밑의 발이 다르다고 한다. 그런 이중성에서 북한은 가장 웅변적인 존재다. 제네바 핵 동결 합의, 6자회담, 남북정상회담은 결국 모두 제스처에 불과했다. 그들의 속내는 체제유지와 핵 개발을 위해 시간과 달러를 버는 것이었다. 그들은 충분히 벌어 핵 무장에 성공했다. 한국과 국제사회는 북한에 바람을 넣으려 했으나 철저히 실패했다. 북한은 왜 바람을 거부할까. 같은 공산국가인 중국과 소련은 개혁·개방에 성공했다. 북한은 왜 그렇게 하지 못하는 것일까.

1980년대 중국의 개혁·개방을 이끌었던 이는 덩샤오핑이다. 그가 김일성과 다른 점은 우상숭배와 부패가 없었다는 것이다. 만약 덩샤오핑 권력에 우상숭배와 부패가 있었다면 1989년 6월 천안문天安門 민주화 시위가 혁명으로 발전했을지 모른다. 군대가 시위대를 유혈 진압해도 인민이 봉기하지 않은 건 덩샤오핑의 도덕성이 건재했기 때문 아닐까. 고르바초프는 소련의 마지막 공산당 서기장이자 첫 대통령이었다. 1985년 서기장에 선출된 후 그는 개혁과 개방을 선도했다. '철의 장막' 소련에서 그가 모험에 나설 수 있었던 것도 역시 우상숭배와 부패가 없었기 때문이다.

김일성–김정일 세습정권은 덩샤오핑이나 고르바초프처럼 할 수 없다. 그들을 수정주의修正主義라고 비난하면서 북한식 사회주의를 고집했지만 북한은 개혁·개방을 안 한 게 아니라 못한 것이다. 그들에겐 우상숭배와 부패라는 치명적인 취약점이 있다. 개혁으로 시장경제가 도입되고 개방으로 외부의 문물이 유입되면 인민은 세상의 진실에 눈을 뜨게 된다. 인민이 우상숭배의 허구를 깨닫고 부패에 분노하면 어떻게 될 것인가. 북한 정권은 구조적으로 개혁·개방이라는 소프트 트랙soft track으로 나아갈 수 없게 되어 있는 것이다.

(2) 세계사적 분석 – 거악은 반드시 망한다

18~20세기 많은 나라가 봉건왕조를 무너뜨리고 근대를 열었다. 근대 국가들은 대부분 실질적으로 왕정을 무력화시키고 국민에게 국가의 주권을 주었다. 주권을 가진 국민은 공화정의 형태로 권력의 형성에 참여하게 되었다. 자유민주 시장경제 체제이든 사회주의 체제이든 겉으로는 모두 이런 공화정의 형태를 띠었다.

근대 이후 '악의 정권'이라고 하는 것은 이런 공화의 정신을 짓밟고 국민의 자유와 인권을 탄압한 정권을 의미한다. 이런 정권들은 대개 1인, 소수 또는 1당이 절대권력을 가지고 국가를 전체주의의 감옥으로 만들었다. 명분이 무엇이든 권력은 집중되었고 권력의 지배를 받는 일반인들은 봉건시대 못지않게 자유와 인권을 박탈당했다. 이런 체제의 올가미에다 정권이 경제적 실패까지 저지르면 국민은 굶주림에 신음해야 했다. 국내적으로는 다수 국민의 지지를 얻어도 비뚤어진 민족주의로 다른 나라들에게 비극적인 피해를 입힌 정권과 독재자도 있다. 개인의 악에 비해 이런 정권의 악은 거악巨惡으로 불려야 한다.

대표적인 거악 정권이나 권력자를 꼽자면 소련 스탈린, 루마니아 차우세스쿠, 독일 히틀러, 이탈리아 무솔리니, 리비아 카다피, 이라크 후세인, 북한 김씨 정권 등이다. 북한 정권만 빼고 나머지는 모두 종결되어 역사에서 사라졌다. 역사를 통해서 보면 거악의 법칙은 반드시 강제적인 종말을 맞는다는 것이다. 거악 스스로가 환경에 적응해서 '지속 가능'한 성장을 하다가 역사가 허락한 수명을 다하고 부드러운 종결을 맞이하는 경우는 하나도 없다.

소련은 1917년 러시아 혁명으로 봉건주의 제정帝政이 무너지고 5년 후인 1922년에 세워졌다. 러시아를 중심으로 15개의 국가가 연합한 사회주의 연합정권이었다. 1945년 제2차 세계대전이 끝난 후 동구권에선 많은 사회주의 정권이 들어섰다. 소련은 사회주의 종주국으로서 40여 년에 걸친 냉전의 한 축이었다.

1983년 미국의 레이건 대통령은 연설에서 소련을 '악의 제국the Evil Empire'이라 칭했다. 1934년~38년 스탈린의 대숙청, 스탈린 시대에 저질러진 개인숭배, 체코 등 일부 동구권에서 일어난 반소反蘇 시위에 대한 무자비한 진압, 1980년대까지 지속된 강제수용소 등 가혹한 인권탄압… 이런 것들을 모두 합쳐 레이건은 악의 제국이라고 불렀던 것이다. 레이건은 그러면서 공산주의의 붕괴를 예측했다. "나는 공산주의는 인류 역사에서 또 하나의 슬프고도 괴상망측한 한 장으로서 지금 그 마지막 페이지가 쓰이고 있다고 믿는다."

레이건 연설 6년 후에 베를린 장벽이 무너졌다. 그리고 2년 후인 1991년엔 소련제국이 해체됐다. 수구파 공산주의 세력은 쿠데타를 일으켜 해체를 막아보려 했지만 역사의 강제적인 힘은 어쩔 수 없었다. 강제적인 힘은 때로는 늦게 도착한다. 힘이 작동할 만큼 상황이 무르익어야 하기 때문이다. 소련이 대표적인 경우다.

악의 제국을 건설한 스탈린은 30여 년 동안 통치권력을 누리다 1953년 뇌일혈로 자연사했다. 김일성과 김정일이 자연사한 것과 같다. 그러나 악의 제국 소련 자체는 1991년 강제적인 종결을 당했다. 역사가 결정력을 더 이상 미룰 수 없을 만큼 상황이 악화된 것이다.

장기 공산독재에서 보자면 루마니아 차우세스쿠 정권은 인민봉기로 종결된 가장 대표적인 사례다. 차우세스쿠는 34년 동안이나 장기집권했다. 으리으리한 궁전 같은 집무실 건물을 지을 만큼 개인숭배에 매달렸다. 자신뿐 아니라 부인을 포함한 일가가 독재의 중심을 이뤘다. 역사의 흐름에 따른 반정부 시위를 무자비하게 유혈 진압했다. 그러다가 결국 베를린 장벽 붕괴 두 달 후에 인민봉기가 일어나자 임시정부 세력에게 체포되어 처형됐다. 집권과 통치, 개인숭배와 부패, 시위 진압과 처형이라는 공식은 인민혁명으로 무너졌던 봉건왕조를 보는 것 같다. 종결 전까지의 과정은 북한의 김씨 정권이 가장 닮은 것이고 사태가 종결된 방식은 김씨 정권이 가장 두려워하는 것이다.

히틀러·무솔리니·카다피·후세인은 공산주의자는 아니었다. 하지만 공산독재에 못지않은 전체주의적 개인독재를 구축했던 권력자들이다. 이들은 집권당 또는 집권세력을 권력의 중추 기반으로 삼았고 비밀경찰을 포함한 친위세력을 이용해 국민을 감시하고 통제했다. 이들은 전쟁을 일으키거나 국가적 차원에서 외부세력을 상대로 테러를 저질렀고 지역의 패권을 도모했다. 그러다가 전쟁이나 인민봉기로 종말을 맞았다.

히틀러는 자살했고 무솔리니는 반대세력 민병대에게 체포돼 살해됐다. 카다피는 봉기한 국민들에게 붙잡혀 개처럼 끌려다니다 죽었고 후세인은 토굴에 은신하다 미군에게 붙잡혀 재판에 넘겨졌다가 곧 교수형을 당했다. 죽음의 형태는 각기 달랐지만 본질적으로는 공통점이 있었다. 재임 시절의 영광과는 극단적으로 대조되는 비극적인 죽음이라는 것이다. 시기가 무르익지 않아 스탈린만은 강제적인 죽음을 모면했다. 하지만 성숙한 시기와 마주친 절대 독재 권력자들은 한결같이 강제적인 종결을 당했다. 그러므로 독재 권력자들에게 가장 두려운 것은 '시기의 성숙'이라고 할 수 있다.

'시기의 성숙'이란 측면에서 북한의 김씨 왕조 정권은 괴물 같은 대기록을 세우고 있다. 1945년 해방 이후로 따지면 김일성은 49년을 집권했다. 1인으로 보자면 쿠바의 카스트로와 똑같다. 카스트로는 1959년 집권하여 1998년 동생에게 최고 권력자 자리를 물려주었다. 이 49년이라는 최장 기록을 깰 수 있는 유일한 도전자가 카다피였다. 그는 1969년 쿠데타로 집권했는데 42년 만인 2011년 시민혁명에서 참혹하게 피살됐다. 8년만 더 권좌에 머물렀다면 그는 기록을 경신할 수 있었다.

세습까지 합치면 단연 북한 정권이 세계기록을 보유하고 있다. 2015년이면 3대에 걸쳐 무려 70년이다. 쿠바 카스트로 형제는 2015년에 56년이 된다. 소련 공산당 정권은 70년 고비를 넘지 못하고 69년 만에 종말을 고했다. 카스트로 정권이 얼마나 더 지속될지 알 수 없지만 동생도 고령이어서 70년의 기록을 깨기는 어려울 것이다.

70년은 독재정권이 두세 번은 무너지고도 남을 긴 시간이다. 이런 세월의 무게를 견뎌낸 걸 보면 북한 정권은 경이로운 음지의 파워를 가지고 있는 것이다. 독재를 해도 독하게 하고, 거악을 지켜내는 것도 독하게 지켜내며, 인민을 탄압해도 독하게 탄압하는 것이다. 한민족의 핏줄 어느 구석에 이런 독한 유전자가 숨어있는지 전율이 느꺼진다.

　북한 정권의 독재성은 타의 추종을 불허한다. 장기 독재라는 점에서 카스트로 정권이 곧잘 비교되지만 독재의 질이 다르다. 카스트로 정권에는 김씨 가문 같은 개인숭배와 절대적 부패가 없다. 그리고 공포스런 집단 강제수용소도 없다. 많은 국민이 억압에 저항하여 미국으로 탈출했지만 그렇다고 독재의 잔혹성이 북한 정권에 견줄 만한 것은 아니다. 독재성으로 봐서 북한이 A급이라면 쿠바는 B급이다. 북한 독재정권의 비非 인간성은 서방에 생생하게 노출되기도 했다.

　2000년 10월 올브라이트 미 국무장관이 평양에 간 적이 있다. 미국 국무장관의 방북은 역사상 처음이었다. 클린턴 대통령의 퇴임을 수개월 앞두고 미국은 북한의 미사일 발사를 억제하는 합의를 이루길 원했다. 올브라이트의 협상 결과가 좋으면 클린턴이 미국 대통령으로서는 처음으로 평양을 방문할 수도 있다는 계획까지 있었다. 실제로 클린턴은 적극적으로 추진했으나 다음 대통령으로 당선된 부시의 반응이 탐탁지 않아 포기했다.

　어쨌든 올브라이트의 방북은 역사적인 것이었다. 이 방문을 취재하기 위해 국무부 출입 기자단도 워싱턴에서 베이징을 거쳐 평양으로 날아 들어갔다. 중앙일보 워싱턴 특파원이었던 나도 그들과 같이 갔다. 김정일은 이 이례적인 방문객들을 맞아 특별한 프로그램을 준비했다. 자신이 정권을 얼마나 완벽하게 통제하며 자신의 뜻에 따라 인민이 어떻게 괴력을 발휘할 수 있는지를 과시하려는 것이었다.

　당시 북한은 거대한 매스게임 '아리랑'을 만들고 있었다. 대중에게 공개하기 전에 북한 정권은 미국의 방문단에게 보여줬다. 매스게임 이름은 '백전백승 조선로동당'이었다. 10월의 늦가을 밤에 대동강

한복판에 있는 능라도의 경기장에 수만 군중이 모였다. 이들은 매스게임에서 카드섹션을 담당하는 주요 출연자였다. 김정일 위원장이 입장하자 거대한 함성이 밤 하늘을 찢어놓았다. 나의 안내원도 벌떡 일어나 열심히 소리를 지르며 박수를 쳤다. 그는 나를 의식하는 것 같았다. 기자단의 30m쯤 앞에 김정일 위원장이 앉았다. 오른쪽에는 올브라이트 장관, 왼쪽에는 웬디 셔먼 대북조정관이 자리를 잡았고 백악관·국무부 관리들도 본부석을 채웠다. 김 위원장 등 뒤로 권총을 찬 경호장교 2명이 서 있었는데 눈매가 독사처럼 매서웠다. 매스게임의 주제는 김일성·김정일 찬양, 핵 개발을 암시하는 핵분열, 장거리 미사일 발사 성공 등이었다. 잔디밭에서는 로봇 같은 출연자들이 군무와 대형을 만들었다 흩어졌다. 관람석에서는 마치 책장을 넘기듯 카드섹션이 이어졌다. 그 정확성이란 대단한 것이어서 컴퓨터 그래픽 같았다.

압권은 클라이맥스였다. 군인 수백명이 대검을 꽂은 총으로 총검술을 했다. 마지막 대목에 이르러 그들은 갑자기 본부석을 향해 "와" 함성을 지르며 수십m를 돌진해 왔다. 카드섹션은 이렇게 말했다. "우리를 건드리는 자, 이 행성 위에서 살아남을 자 없다."

서방 기자들은 충격에 빠졌다. 고려호텔로 돌아오는 버스 안에서 그들은 놀라움의 형용사를 쏟아냈다. "Incredible! Unbelievable! Shocking!" 어느 기자는 나에게 이렇게 말했다. "지구 상에서 인간을 이렇게 동원해 이런 작품을 만들 수 있는 독재정권은 북한 밖에 없다. 히틀러도, 스탈린도, 마오쩌둥도, 차우세스쿠도, 카다피도 이런 건 못했다."

이때만 해도 북한 정권의 독성을 서방세계가 목격하는 건 그리 흔한 일이 아니었다. 북한이 철저하게 벽을 쌓았기 때문이다. 2000년

대 후반부터 탈북자 행렬이 이어지면서 북한 독재정권의 비정상성과 가혹성은 세상에 드러나기 시작했다. 특히 수용소를 탈출한 이들의 증언은 충격적이었다. 전시가 아닌 평시에 동북아의 작은 국가에서 2차 대전의 아우슈비츠 수용소에 버금가는 집단 수용시설을 운용하고 있는 것이다. 이들의 참상은 구 소련시절 시베리아에 있던 집단 수용소보다 더 한 것이었다.

북한 독재정권은 거악의 규모나 종말의 시간을 견뎌내는 지구력에서나 세계 역사에서 유례를 찾아보기 힘든 기이한 변종의 기록이다. 이런 걸 보면 모든 다른 사례와 달리 북한만은 정권을 더 오랫동안 보전할지도 모른다는 불길한 생각이 들기도 한다. 모든 법칙에 예외가 있고 기적이란 게 있듯이 김정은 정권이 수십 년 갈지도 모른다는 그런 불길한 생각 말이다.

하지만 결국은 그렇지 않을 것이다. 히틀러의 사례를 보면 알 수 있다. 잔혹성과 피해의 비극성으로 보면 히틀러 정권이 더욱 역사적인 것이었다. 이 정권은 스스로 제2차 세계대전이라는 도발을 감행했다가 그 하중을 견뎌내지 못하고 12년 만에 종말을 맞았다. 도발과 파멸이 극적인 대조를 이루고 있는 것이다. 어쩌면 북한 정권이 각종 기이한 음지의 기록을 세우고 있는 건 더 극적인 파멸과 붕괴가 예정되어 있기 때문 아닐까. 오래갈지 모른다는 불길한 느낌은 대단원을 예고하는 일종의 전주곡 아닐까. 한마디로 대 붕괴의 서곡 아닐까.

거악은 반드시 붕괴된다. 수년이냐 수십 년이냐의 차이만 있을 뿐 반드시 무너진다. 그리고 거악의 책임자는 반드시 단죄된다. 그것이 근대 이후 세계사의 교훈이다. 근대라는 기준이 중요한 건 인류가 근대 시민혁명을 통해 저항과 단죄의 힘을 비축해놓았기 때문이다. 봉건왕조에서는 왕의 독재가 저항 없이 유지됐다. 하지만 근대 시민사회에서는 독재가 무르익을수록 단죄와 붕괴의 톱니바퀴가 체계적으로 돌아간다. 점점 빠르게…. 북한에서는 이제 톱니바퀴의 태엽이 거의 감겨져 있을 것이다.

(3) 운명론적 분석-역사의 신, 한반도 드라마

내가 북한 급변이 임박했다고 분석하는 또 하나의 중요한 관점은 종교적인 것이다. 나는 특정 종교를 가지고 있지는 않지만 신의 존재는 믿는다. 인간의 역사를 주관하는 어떤 절대적인 존재가 있다고 믿는 것이다. 인류의 역사에는 대단한 사건이 많이 있는데 비밀스런 힘의 작동이 없다고 믿기에는 그 양태가 너무나도 극적이다.

나는 역사의 신이 인류에게 뭔가 메시지를 전달하는 방법으로 드라마 요법을 구사한다고 생각한다. 특정 민족을 주연배우로 극적인 드라마를 연출해 인류에게 정의와 도덕의 메시지를 주는 것이다. 근대 이후로 꼽자면 대표적인 두 개의 민족이 유대인과 독일인이다.

유대인 드라마의 핵심 주제는 끈질긴 생명력과 복원력이다. 유대인은 다른 민족에게 고향을 빼앗기고 2,500여 년 동안 세계에 흩어졌다. 디아스포라Diaspora로 불리는 '분산分散'이다. 유대민족은 여러 나라에 흩어졌지만 유대교 신앙과 탈무드, 전통 있는 가정 교육으로 민족의 정체성을 지켜나갔다. 하지만 나라가 없다 보니 사는 곳에서 차별과 견제를 받았고 끊임없이 시련이 이어졌다. 그러다가 인류 역사상 가장 규모가 크고 끔찍한 집단 살육의 희생자가 됐다. 제2차 세계대전 때 독일 나치 정권에게 600만명이 학살당한 것이다.

하지만 희생이 깊었던 만큼 복원은 위대했다. 유대인은 1949년 고향 땅에 국가를 세우고는 지구 상 어느 나라보다도 지혜롭고 용맹스러운 나라로 만들어갔다. 이스라엘은 자신을 지켜내는 용기에서 다른 민족을 압도했다. 이스라엘의 생존을 위협하는 아랍은 수십 배 덩치가 큰 존재였다. 그런 아랍을 상대로 이스라엘은 건국 이후 지금까지 네 차례나 전쟁에서 이겼다. 전쟁만이 아니다. 그들은 위협이 턱밑에 다가오면 전쟁이 일어나기 전에 이를 제거하는 행동에 나선다.

이스라엘 전투기들은 1981년 이라크, 2007년엔 시리아 원자로를 부쉈다. 많은 전투기 조종사들은 격추될 수 있는 위험을 의식해 멀리서 미사일을 쏘는 공격 방식을 선호한다. 당연한 것이다. 하지만 이스라엘 공군은 그렇게 하지 않았다. 무거운 폭탄을 싣고 1000여㎞를 날아가 목표물을 눈으로 보고 때렸다. 조종사들은 기꺼이 목숨을 건 것이다. 최근 이란은 핵 개발을 포기했다. 여러 가지를 고려한 결정이겠지만 무엇보다도 이스라엘의 공격 가능성을 두려워했을 것이다. 핵 개발을 고집했다가는 결국 이라크와 시리아처럼 이스라엘의 폭격을 맞을 거라고 걱정했을 것이다.

이스라엘이 생존과 투쟁의 드라마를 보여주었다면 독일은 재기와 통합의 드라마를 연출했다. 두 차례 세계대전에서 패해 독일은 잿더미가 됐다. 나라는 둘로 쪼개졌다. 자유민주 체제 서독은 그러나 언젠가 통일을 이루겠다는 생각을 한 번도 버리지 않았다. 공산주의 동독을 흡수해서 통일 독일을 만들겠다는 확고한 의지를 세웠다. 동독을 국가로 인정하지 않았고 헌법으로 아예 흡수 통일을 정해놓았다.

1989년 11월 드디어 베를린 장벽이 무너졌다. 분단 44년 만에 기다리고 기다리던 통일의 기회가 온 것이다. 서독은 이 소중한 기회를 놓치지 않았다. 사실 장벽 붕괴 직후에는 통일이 그렇게 빨리 올지 몰랐다. 그래서 당분간은 양국이 공존하는 협정을 맺으려 했다. 하지만 동독에서 번져가는 통일의 열망을 보고 서독인은 주저하지 않았다. 불투명한 미래의 커다란 부담이 기다리고 있었지만 서독인은 통일을 과감히 껴안았다. 이런 결정의 맨 앞에 콜 총리가 있었다.

일단 결심하자 통일을 이루는 데에는 1년도 채 걸리지 않았다. 언제 우려가 있었는가 싶게 통일 독일은 놀라운 모습으로 라인강의 기적을 재현하고 있다. 2013년 유로존17개국은 마이너스 성장이었지만 독일은 플러스다. 지금 독일은 유럽의 기둥이자 금고다. 유럽이 경제적으로 흔들릴 때마다 독일은 유럽을 든든하게 받쳐주고 있다. 통일과 경제발전뿐만이 아니다. 독일은 인류에게 도덕적인 드라마도 보여주었다. 유대인 학살을 철저히 반성하고 책임지는 모습을 보임으로써 인류의 정신사에서 또 하나의 지평을 열어가고 있다.

드라마를 드라마답게 만드는 가장 중요한 요소는 대조법contrast이다. 거의 모든 드라마에는 산과 계곡이 있다. 이 둘 사이에 격차가 크면 클수록 드라마의 자극성은 높아진다. 산이 높으면 계속이 깊은 것과 마찬가지다. 긴장이 극적으로 고조됐다가 반전이 이뤄지면 메지지 전달의 효과는 더욱 강렬해진다.

유대인 드라마에서 가장 핵심적인 대조는 학살과 강력한 국가의 건설이다. 가장 밑으로 떨어졌던 민족이 가장 높은 산봉우리에 올라가 있는 것이다. 오늘날 이스라엘은 핵과 첨단 과학기술로 무장한 대표적인 강소국이 되어있다.

독일 드라마에서도 대조는 강렬하다. 독일은 제2차 세계대전을 일으켜 유럽을 집어삼켰다. 영국마저 무너졌으면 히틀러는 미국 본토까지 공격했을 것이다. 그랬던 초강대국이 전쟁에서 패하면서 잿더미가 되고 나라가 둘로 쪼개졌다. 극적인 추락이요 반전이다. 하지만 역사의 대조법은 여기서 멈추질 않았다. 동독 쪽에서 베를린 장벽이 무너지면서 독일은 통일이라는 드라마를 인류에 선보였다.

독일 통일은 분단된 민족의 재결합이라는 의미가 있다. 하지만 인류사에서 독일 통일은 더 중요한 의미를 지닌다. 그것은 이념의 재결합이다. 독일 통일 1년 후 동구 사회주의 제국이 완전히 붕괴했다. 인류가 공산주의 역사에 사실상 종지부를 찍는 대단원에 독일 통일이 결정적으로 기여한 것이다.

20세기 초·중반 혁명의 시대를 통해 인류는 자유민주주의 자본주의 체제와 전체주의 사회주의 체제로 쪼개졌다. 그런데 독일 통일과 동구 공산권의 붕괴로 자유민주주의 시장경제로 통합이 이뤄졌다. 물론 아직도 북한을 비롯해 지구 여러 곳에 사회주의 잔재가 남아있다. 하지만 대세는 자유민주주의 통합으로 이미 결말이 났다.

이스라엘과 독일을 잇는 다음 드라마의 무대는 어디일까. 대조법의 관점에서 보면 산과 계곡의 격차가 가장 큰 곳일 것이다. 현재 지구상에서 여기에 해당되는 곳은 한반도다. 그렇다면 다음 드라마의 무대는 한반도요 주인공은 한민족이 될 것이다. 유대인과 독일인에게 그랬듯이 지금 한민족에게 벌어지고 있는 갈등과 시련은 통일한국의 번영이라는 클라이맥스를 위한 것인지 모른다. 대단원을 위한 시나리오 전개 과정인 것이다.

남한과 북한은 희대의 양극화를 연출하고 있다. 정치·경제·사회적으로 너무나 극단적인 대조를 이룬다. 완전한 빛과 어둠이요 양지와 음지다. 특히 경제적으로 그러하다. 1인당 국민소득에서 북한인은 남한인의 20분의 1이다. 근대 이후는 물론 봉건 왕조에서도 국경을 마주하고 있는 이웃 국가 간에 이렇게 양극화가 심한 경우는 없었다.

1990년 통일될 때 동독인의 1인당 소득은 서독인의 3분의 1 수준은 됐다. 미국과 쿠바는 바다를 사이에 두고 이웃하고 있는데 쿠바의 1인당 소득은 미국의 9분의 1 정도다. 북한처럼 이웃 국가의 20분의 1에 불과한 나라는 현재 지구상에 없다. 아니 과거에도 없었다. 남한 삼성전자의 2014년 한 해 영업이익은 200억달러가 넘는다. 이 돈이면 북한 경제를 웬만큼 재건할 수 있다. 삼성전자가 특별한 기업이긴 하지만 어쨌거나 그렇게 비교될 정도로 북한 경제가 왜소하다는 것이다.

가장 충격적이고 비극적인 양극화는 신체조건이다. 고구려는 북방 기마민족의 후예다. 그래서 고구려인은 신라·백제인보다 키가 컸다. 1945년 해방될 때 북한인의 평균 신장은 남한보다 1cm 컸다고 한다. 그랬던 북한인이 지금은 남한인 보다 훨씬 작다. 현재 남한 19~24세 청년 평균신장은 174cm다. 그런데 북한 20세는 160cm 정도다. 남한 청소년은 이탈리아와 같고 중국·일본보다 크다. 북한은 동남아 남방민족보다 작을 것이다.

해를 거듭할수록 북한 청소년은 더 쪼그라들고 있다. 북한 군대에 들어갈 수 있는 신장의 하한선은 다시 줄어 지금 142cm다. 남한은 159cm 다. 백병전을 하면 북한은 남한의 상대가 되질 않는다. 북한 청년은 군대에 가도 배를 곯는다. 2011년 철원 지역에서 넘어온 북한 병사는 154cm였다. 1999년 금강산에 갔을 때 나는 소년 군인을 보았다. 같은 또래 남한 소년보다 10cm는 작아 보였다. 권총을 찬 가죽띠가 축 늘어져 있었다. 병사는 무표정한 얼굴로 관광객을 쳐다보았다. 북한의 젊은 꽃들은 그렇게 일찍 시들고 있다.

북한의 인종이 이렇게 후퇴한 것은 공산주의와 독재정치 때문이다. 생산성이 크게 떨어지는 공산주의는 1990년대 초 주요 지역에서 종말을 맞았다. 그런데 이후 20여 년간 북한은 이 체제를 고집해 경제가 완전히 거덜 났다. 북한 인민이 제대로 먹지 못한 건 경제 실패로 식품과 물자의 공급이 크게 부족한 게 주요 원인이다. 하지만 중요한 다른 이유도 있다. 김씨 왕조는 그나마 있는 국가자원을 핵과 미사일의 개발에 돌렸다. 그리고 1970년대 이래 '굶기는 정치hunger politics' 수법을 구사했다. 인민의 저항력을 약화시키기 위해 일부러 인민을 부족하게 먹이는 것이다.

북한은 매년 평균 식량 50만t이 부족하다. 그런데 쌀이나 옥수수는 국제 시장에서 그리 비싸지 않다. 옥수수 50만t을 사는 데에 1억달러면 된다. 북한 정권은 수십억달러를 핵·미사일로 날렸는데 그 돈이면 북한 주민이 그렇게 배를 곯는 일도, 비극적인 인종 후퇴도 없었을 것이다. 북한의 농민·노동자·병사는 체구가 왜소하고 피부는 메마르고 거칠다. 반면 김정은은 체격과 영양상태가 좋다. 부인 이설주도 마찬가지다. 김정은과 인민…이 부분도 기가 막힌 양극화다.

실패국가 북한에 비해 남한에서는 한국 문명the Korean Civilization이라 부를 만한 역동적인 사회와 경제가 건재하고 있다. 물론 남한에도 문제가 많다. 이념적인 갈등은 날로 심해지고 경제는 변덕이 심하다. 하지만 자유민주주의는 보장되어 있고 경제는 꾸준히 발전한다. 문제는 있지만 그것을 해결하는 능력과 기회도 공존한다.

사실 남한은 이미 해방 이후의 역사를 통해 세계에 드라마를 보여주었다. 건국과 호국이 1막이요 한강의 기적이라 불리는 경제개발이 2막이다. 3막은 경제성장 못지않게 압축적으로 이뤄낸 민주화다. 많은 나라가 여전히 하지 못하고 있는 이 어려운 일을 남한은 40년 만에 다 해냈다. 1948년 건국부터 88서울올림픽까지 꼭 40년이다. 인류 역사에 남는 압축 성취다.

모든 문명이 그러하듯 '한국 문명'의 주요한 특징도 건설이다. 이집트 문명은 사막에 피라미드를 세웠다. 중국 문명은 거대한 만리장성과 자금성을 지었다. 그런데 건설하고 만드는 데에는 한국인도 못지않다. 갯벌을 메워 제철소를 짓고 돌격정신으로 고속도로를 닦았다. 세계에서 가장 높은 빌딩, 가장 큰 유람선, 가장 빠른 스마트폰, 가장 선명한 TV를 한국인이 만들었다.

문명은 나름대로 독특한 색채와 소리를 남긴다. 고대 중국과 인도는 붉은색과 황금색으로 문명을 칠했다. 한국 문명의 색깔은 녹색이다. 한국인은 벌거숭이산에 나무를 심어 국토를 녹색으로 채색했다. 유럽 문명은 아름답고 웅장한 교향곡을 남겼다. 한국 문명에는 전혀 다른 종류의 소리가 있다. 수출입국이라는 국가의 구호 속에서 밤을 새웠던 여공의 재봉틀 소리가 있다. '새벽 종이 울렸네. 새 아침이 밝았네… 우리도 한번 잘 살아 보세.' 농촌 개혁 운동을 벌였던 농부의 새마을 노래다. 이런 소리들이 5,000년 가난에서 수천만 인구를 구했다.

남한의 발전을 보여주는 여러 증거물이 있지만 그중에서 가장 생생한 건 젊은이다. 크고 건강한 남한 젊은이들은 인류 대열의 맨 앞줄에 우뚝 서고 있다. 많은 젊은이들이 수백 년간 조상 세대를 묶었던 한계를 뿌리치고 한국인과 동양인의 지평을 넓혔다.

한국의 젊은 세대는 음악·영화·스포츠 등 각종 분야에서 세계 정상급이다. 특히 골프·양궁·빙상에서는 신화에 가까울 정도로 개척과 정복의 기록을 남기고 있다. 지금 여자 골프는 한국과 세계의 대결이 되어버렸다. 김연아는 세계 역사상 가장 아름답고 뛰어난 피겨 선수다. 리듬체조에서도 손연재가 곧 일을 낼지 모른다. 류현진은 미국 메이저 리그에서 동양인 출신의 최고 기록을 향해 전진하고 있다.

이들 선수들이 있지만 더 기적적인 것은 이승훈이라고 한다. 그는 2010년 밴쿠버 동계올림픽 남자 1만m에서 우승했다. 이상화·모태범이 석권하고 있는 500m는 순발력이 중요해 동양인도 해볼 만한 종목이다. 반면 1만m는 체격과 체력이 좌우해 유럽의 독무대였다. 이 종목에서 아시아인이 우승한 건 전례도 없고 신화적인 일이라고 빙상 전문가들은 말한다.

한국의 젊은이들은 한국뿐만 아니라 인류의 지평선을 넓혀가고 있다. 이런 젊은 세대가 등장한 건 국가의 종합적인 발전 덕분이다. 단순한 경제성장만이 아니다. 경제적인 풍요와 더불어 자유 민주주의의 완성으로 거칠 것 없이 자유로운 분위기에서 젊은이들이 만들어지는 것이다. 물론 사교육에다 입시와 취직의 스트레스도 심하다. 하지만 숨 막히는 경쟁 속에서도 자신의 미래를 좇아갈 수 있는 기회의 공간이 있으므로 젊은 세대는 이런 성취를 이뤄낸다.

경제발전과 젊은 세대의 성취는 역사를 이끈 지도자의 헌신과 능력이 밑바탕이 된 것이다. 이런 '통치' 분야에서도 남한과 북한은 양극화를 달렸다. 남한의 지도자들은 어떡해서든지 오랜 질곡으로부터 국가를 끄집어내려고 발버둥 쳤다. 반면 북한의 세습권력자들은 국가를 실패로부터 건져낼 방안이 보이는데도 이를 버렸다. 인민의 진정한 복지보다는 자신들의 권력 사수가 중요했던 것이다. 그들이 국가운영 방식을 제대로 몰랐든 아니면 알고서도 권력 유지를 위해 불법과 편법을 택한 것이든 결과는 그랬다.

남한의 건국 대통령 이승만은 토지개혁과 교육의 확대 그리고 강력한 한·미 동맹으로 산업화·근대화의 기초를 닦아놓았다. 박정희 장군은 1961년 군사쿠데타로 국가 발전의 권한을 장악하고 책임을 떠안았다. 그는 개발독재라는 정치적 무력을 이용해 책임을 완수했다. 전두환이라는 과도기를 거쳐 한국은 마침내 1987년 6월 시민항쟁으로 선진국형 민주주의까지 완성했다.

군사 쿠데타에서부터 계산하면 채 30년도 되지 않는 세월에 한국은 산업화와 민주화를 달성했다. 반만년 동안 가난에 시달리던 수천만이 26년 만에 가난에서 벗어나고 민주주의까지 얻은 것이다. 이는 인류사를 통틀어 가장 밀도가 높은 압축성장이다. 그것도 기름 한 방울 나지 않고 항상 안보를 위협받는 열악한 조건에서 성취된 기록이다. 미국의 신대륙 독립혁명, 프랑스 혁명 그리고 일본의 메이지 유신 못지않은 위대한 역사의 구축이었다.

대조적으로 북한은 장기집권과 독재에서 세계기록을 만들었다. 김일성의 49년1945~94에 필적하는 건 쿠바 카스트로의 49년1959~2008뿐이다. 권력세습에서도 북한은 난공불락難攻不落의 대기록을 쌓아가고 있다. 김일성-김정일은 66년이다. 기적처럼 김정은이 장기집권에 성공하면 북한의 3대는 100년을 갈지 모른다. 왕조도 아니고 공화국 시대에서 이런 기록은 깨질 수가 없다.

북한 말고도 부자세습의 나라는 더러 있다. 그러나 이들 나라는 형식적으로라도 대개 선거를 거친다. 시리아는 아버지의 29년 집권 이후 아들이 선거로 당선돼 10여 년을 버티고 있다. 내전의 나라 아프리카 콩고에서도 선거는 있다. 군벌 지도자 아버지가 집권 4년 만에 암살되자 2001년 아들이 선거라는 형식을 통해 집권했다. 선거가 없는 후계 지명은 북한이 거의 유일하다.

국가 테러에서도 북한은 세계기록 보유자다. 물론 북한 말고도 여러 나라가 테러를 저질렀다. 1988년 리비아 카다피 정권의 정보부 요원들은 미국의 여객기를 폭파했다. 북한처럼 동족을 상대로 한 국가 테러도 있다. 1978년 사회주의 남南예멘은 특사의 폭탄 가방으로 북예멘 대통령을 폭살爆殺했다. 그러나 같은 동족 테러라고 해도 북한처럼 다양하고 잔혹하게 동족을 공격한 기록은 별로 없다. 남한의 대통령 거처에 암살 부대를 보내고, 외국의 수도에서 남한 대통령 일행에게 폭탄을 터뜨리고, 미모의 테러리스트로 비행기를 폭파하고, 죽음의 잠수함으로 남한 군함을 폭침하고… 테러사史에 영원히 남을 기록이다.

한반도에서 진행되고 있는 양지와 음지의 대조는 드라마를 위한 예비 단계라고 볼 수 있다. 이스라엘과 독일의 사례에 비춰보면 대조법이 강렬할수록 드라마의 개막은 필수적이었다. 한국에서도 이 대조법이 허상이 아니라면 드라마는 필연적일 것이다. 극적인 요소가 드라마로 폭발하려면 도화선이 필요한데 바로 북한 급변사태가 그것 아닐까. 급변사태는 한반도 드라마의 커튼을 올리는 끈이 될 것이다. 이것이 역사의 신이 한반도에서 그리고 있는 드라마 구상이다.

⑷ 2015년을 주목해야 한다

북한에서 급변사태가 일어날 가능성이 높다고 생각하는 사람들이 적잖다. 이는 특이한 게 아니다. 역사적인 사례와 북한의 상황을 분석하면 자연스레 그런 전망이 생기는 것이다. 날이 갈수록 이런 전망에 동조하는 이들이 늘 것이다. 그러나 어떤 일을 전망하는 것과 그 일의 시기를 짚어내는 건 완전히 다른 문제다. '가능성'은 대체적인 추론만으로도 얘기할 수 있지만 '특정 시기'는 더욱 복잡하고 정교한 분석이 필요하다. 더군다나 급변이라는 게 우발偶發적인 것이어서 시기를 논하는 것 자체가 난센스nonsense라는 주장도 있다.

그렇다면 시기를 예측하는 건 불가능한 일일까. 아니다. 그렇지 않다. 반드시 언제 일어난다고 얘기하는 건 어려워도 언제쯤 일어날 가능성이 높다고 전망하는 건 충분히 있을 수 있다. 몇 가지 이유로 인해서 나는 2015년에 북한 급변사태가 일어날 가능성이 높다고 생각한다. 꼭 2015년 안에 일어나지 않더라도 적어도 2015년은 '급변사태 잉태의 해'가 될 것이다.

내가 언급하는 대표적인 이유가 '보일러 이론'이다. 서울과 평양에는 각각 권력의 보일러가 있다. 국가와 정권 내에는 항상 갈등이 발생하는데 이것이 보일러의 압력이다. 민주주의가 성숙한 나라에서는 갈등이 생겨도 이를 차분하고 순차적으로 해소해낼 수가 있다. 보일러가 압력을 통제하는 것과 마찬가지다. 한국은 민주주의 역사가 30년 가까이 된다. 언론과 집회의 자유, 선거와 의회 제도 등으로 보자면 세계 최고 수준이다. 보일러에 비유하면 최신식 귀뚜라미나 린나이 보일러다.

반면 평양은 1960년대식 낡은 보일러다. 마치 김정은이 탔던 목선이나 구식 잠수함과 같다. 낡은 보일러는 압력에 취약하다. 일정한 한계선을 넘는 압력이 발생하면 이를 견뎌내지 못하고 보일러가 폭발하고 만다. 이것이 급변사태다.

평양에서는 지금까지 두 번 보일러가 터졌다. 1994년 김일성, 2011년 김정일의 사망이다. 혹자는 두 사람의 죽음을 급변사태로 분류하는 것에 거부감을 가질 것이다. 두 사람 모두 건강상의 이유로 죽은 것이며 이들이 죽었다고 해서 북한 사회에 이렇다 할 혼란이 있지는 않았다는 것이다. 그런 점은 맞다. 하지만 두 사람의 사망은 다른 나라 지도자들의 죽음과는 차원이 다르다. 두 사람 모두 신격神格으로 추앙받던 존재여서 이들이 눈앞에서 사라지는 건 북한의 지배층과 인민들에게는 매우 불안한 일이었다. 더군다나 예측되지 못한 상태에서 이런 일이 갑자기 발생해 그 충격은 상당했다. 따라서 굳이 급변사태가 아니라면 적어도 '급변'이었던 것만큼은 틀림없다.

두 지도자의 죽음에는 공통점이 있다. 자신들이 먼저 한반도 보일러의 압력을 잔뜩 올려놓았다. 그리고는 그 압력을 견뎌내지 못하고 이듬해 죽었다는 것이다. 사인死因도 똑같이 스트레스성 심장마비다. 반면 남한의 보일러는 멀쩡했다. 이는 중요한 차이다. 한반도에 긴장이 발생해 보일러의 압력이 올라가면 서울은 그대로인데 평양이 터져버릴 수 있는 것이다. 긴장이 대규모 군사적 상황으로 발전하기 전에 보일러가 먼저 폭발할 수 있다.

김일성이 스스로 보일러 압력을 높인 것은 1993년 3월이었다. 그는 핵확산금지조약NPT 탈퇴를 선언하면서 핵 도발을 시작했다. 미국 클린턴과 남한 김영삼은 스트레스를 많이 받았다. 그러나 더 심하게 받은 쪽은 김일성이다. 그 전까지만 해도 김일성은 건강했다. 81세에도 하루 10여 시간씩 일할 정도였다. 심장질환과 목뒤 혹이 있었지만 심각한 긴 아니었다. 그랬던 그가 세계를 상대로 핵 게임을 시작한 후 컨디션 이상에 시달렸다.

도발을 시작한 이듬해인 1994년 그는 미국의 공세 앞에서 코너에 몰렸다. 6월 들어 클린턴 정권은 북한 핵 시설에 대한 폭격을 구체적으로 검토했다. 남한에 체류하고 있는 미국인을 소개疏開하는 계획까지 세웠다. YS의 반대가 없었다면 클린턴은 폭격을 강행했을 수도 있었다. 김일성은 겉으로는 태연했지만 속으로는 초조했을 것이다. 그는 결국 카터를 불러들여 대화국면으로 피신했고 남북정상회담이란 탈출구를 택했다. 그러나 회담을 17일 앞두고 돌연 심장마비로 죽었다. 자신이 감행했던 도발의 무게를 자신이 견뎌내지 못한 것이다. 북한은 '김일성 장수연구소'를 만들 정도로 주석의 건강을 챙기는 나라였다. 핵 긴장이 없었다면 김일성은 90을 넘겼을지 모른다.

김정일도 비슷하다. 사망 직전까지 그의 건강에 결정적인 장애는 없었다. 66세였던 2008년 뇌졸중으로 쓰러지기는 했지만 그는 서방 의술 덕분에 충실하게 회복하고 있었다. 그런데 문제는 보일러 압력이었다. 김정일은 2010년 큰일을 저질렀다. 천안함 폭침과 연평도 포격이다.

남한 정부는 대북지원을 완전히 끊었다. 남한 국민은 김정일을 규탄했다. TV로 연평도 마을이 불타는 것을 지켜본 젊은이들이 북한의 실체를 깨닫기 시작했다. 남한만이 아니었다. 천안함 사건 때는 국제조사단이 결성됐고 서방의 의회들이 북한을 규탄하는 결의안을 채택했다. 김정일은 자신들의 행위가 드러날 것이라고는 상상도 못했다. 그런데 남한의 쌍끌이 어선이 바다 밑에서 북한 어뢰의 잔해를 건져냈다. 김정일은 여기에 충격을 받았을 것이다. 정권이 고립되면서 북한은 점점 더 벼랑 끝으로 몰렸다. 김정일은 2011년 12월 17일 죽었다. 역시 심장마비였다. 부자가 똑같이 도발 이듬해에 같은 병으로 사망한 것이다.

'도발과 이듬해 변고'라는 공식을 김정은에게 적용해보면 어떻게 될 것인가. 2014년 11월 현재 김정은은 3년 정도 최고 권력을 유지하고 있다. 3년 중에 김정은이 저지른 최대 도발은 장성택 그룹을 처형한 것이다. 3차 핵실험을 하고 정전협정 파기를 선언하는 등 군사적 긴장을 고조시킨 것도 있다. 하지만 핵실험은 이미 이전 정권에서 두 차례 한 것이고 대남 도발 협박은 실체가 없었다.

반면 장성택 사건은 다르다. 도발과 긴장의 실체가 명백하다. 권력기반이 취약한 최고 권력자가 2인자와 그의 그룹을 집단으로 제거한 것은 '정상성에 대한 충격적인 도발'이라고 봐야 한다. 외부를 향해 총질한 것도 아니고 정권 내부에서 일어난 숙청이지만 그 야만성과 비정상성으로 보아 이것은 일종의 기형적 도발이었다. 실제로 이 사건을 지켜보면서 김일성의 핵 개발 선언이나 김정일의 천안함·연평도 도발만큼 충격을 받은 서방 인사들이 적잖다.

장성택은 2013년 12월 12일 처형됐다. 그는 없어졌지만 그걸로 사태가 끝난 게 아니었다. 그 후 장성택과 연결된 많은 인사들이 국가안전보위부의 조사를 받았다. 김정은은 2인자와 그를 둘러싼 핵심세력을 제거한 후 숙청 작업을 이어갔다. 김정은 정권은 장성택 사건의 후유증을 없애려는 작업을 수개월에 걸쳐 진행했다. 그러므로 김정은의 '장성택 도발'은 2014년 초반에 발생한 것으로 분류될 수 있다.

'도발 이듬해 변고'라는 관점에서 보면 2015년이 매우 주목된다. 우선 할아버지와 아버지처럼 신체적인 문제가 발생할 가능성이 있다. 물론 김정은은 훨씬 젊은 권력자다. 2015년에 겨우 31세. 그러나 젊은 사람도 스트레스를 심하게 받으면 건강에 이상이 생길 수 있다. 할아버지나 아버지처럼 생명 상태의 종결까지는 아니더라도 간단치 않은 건강 문제가 생길 수 있다.

2014년 가을 김정은은 양쪽 다리를 번갈아 절뚝거리는 모습을 보이더니 수십일 간 공개행사에서 사라졌다. 그가 통풍에 시달리고 있으며 비만·당뇨·고혈압 등과 관련이 있을지 모른다는 보도가 나왔다. 중요한 질병일수록 정신적인 스트레스와 깊은 연관이 있다. 장성택은 김정은의 고모부다. 김정은은 어린 시절부터 고모부와 가졌던 여러 추억이 있을 것이다. 그런 사람을 가혹한 방법으로 처단했으니 김정은이 아무런 영향을 받지 않을 수 있을까.

장성택 처형 이후 김정은은 외형적으로는 권력이 안정된 것으로 보인다. 그러나 실제로 과연 그럴까. 지금 평양은 '불안과 의심의 시절'일 것이다. 권력자는 부하들을 의심하고 부하들은 권력자에게 불안을 느끼고 있을 것이다. 부하들은 자신도 하루아침에 장성택 꼴이 될 수 있다고 걱정한다. 권력자 김정은은 고모부 장성택도 믿지 못해 죽였는데 어떤 부하를 제대로 믿을까 걱정한다. 부하들 사이에서도 권력자의 절대 신임을 얻기 위해 암투가 벌어지고 있을 것이다. 장성택 처형을 주도한 김원홍 국가안전보위부장, 새 권력으로 등장한 황병서 인민군 총정치국장, 위상이 오르락내리락하는 최룡해 노동당 비서… 이들 사이에서 권력싸움이 터지지 않을까. 이런 불안한 환경 속에서 김정은은 건강을 정상적으로 유지할 수 있을까.

신체적인 건강을 지킨다 해도 문제가 끝나는 게 아니다. 급변사태나 변고에는 지도자의 자연사自然死만 있는 게 아니다. 김정은 정권처럼 오랫동안 폐쇄 상태에 있는 장기 권력 집단에서는 장성택 처형 같은 내부 갈등이 무엇보다도 심각한 보일러 압력이다. 압력이 높아지면 보일러에는 균열이 생긴다. 살아남은 장성택 일파 중에선 복수를 꿈꾸는 이도 있을 수 있다. 장성택이 무자비하게 제거되는 걸 지켜보면서 '나도 언젠가 저렇게 될지 모른다'는 불안감에 극단적인 자구책을 강구하는 이도 있을 것이다. 역사적으로 장기집권 권력에서는 보일러 압력이 높아지면 최고 권력자를 향해 위해 세력이 등장하곤 했다.

이집트 사다트는 1970년 대통령이 됐다. 그는 1977년 이스라엘과 평화교섭을 시작했고 1979년에 결실을 보았다. 반反이스라엘 이슬람교 원리주의 세력은 그의 목숨을 노리기 시작했다. 1979년 이란에서 호메이니 이슬람 혁명이 성공했다. 이집트 내에서도 이슬람교 원리주의 압력이 높아졌다. 1981년 10월 사다트는 군사 퍼레이드를 지켜보고 있었다. 대열에서 군인들이 뛰쳐나와 자동소총을 쏘아댔다. 사다트는 즉사했다. 집권 11년 만이었다.

18년 권력자 박정희 대통령은 1979년 가장 충성스러운 부하에게 피살됐다. 10·26이 가능했던 건 정권 보일러의 압력 때문이었다. 당시 부산과 마산에서 대규모 반정부 시위가 터졌다. 그런 압력 상승이 없었다면 김재규 중앙정보부장은 권력자 살해를 결심하지 못 했을 것이다. 장기집권 권력에는 어딘가에 '마탄魔彈'이 장전돼 있다. 압력이 높아지면 총알은 나간다.

보일러 이론에 따르면 남한 국민은 한반도 긴장 고조를 너무 두려워할 필요가 없다. 아니 오히려 호기好機가 될 수도 있다. 압력이 올라가 평양 보일러가 터지면 여러 문제가 근본적으로 해결될 수 있기 때문이다. 북한은 핵으로 남한을 '최종 파괴final destruction'하겠다고 협박했다. 하지만 정작 그전에 북한 정권이 '최종 해결final solution'될 수 있다. 호언하고 장담하는 세력일수록 내부 압력에 약하다. 긴장은 해로운 것이 아닐 수도 있다.

2015년이 주목되는 또 다른 이유는 박근혜 정권의 임기 3년차이기 때문이다. 흔히들 남녀 간 연애 감정의 유효기간이 3년이라고 한다. 비슷하게 북한이 남한의 새로운 정권에게 가지는 인내심의 한계는 대체로 2~3년이다. 2년여 동안 탐색하고 요구하다가 상황이 바뀌지 않으면 뭔가 도발적 행동을 감행하는 것이다.

전두환 장군이 제5공화국 대통령으로 취임한 것은 1981년이다. 임기 3년차인 1983년 북한은 아웅산 테러를 저질렀다. 4년 뒤에는 다시 대한항공 여객기를 폭파했다.

노태우 대통령 정권이 들어선 건 1988년이다. 그런데 노태우 시절은 북한으로서도 비상 시기였다. 1989년 11월 베를린 장벽이 무너졌고 그 해 12월에는 루마니아 권력자 차우세스쿠가 처참하게 처형됐다. 1990년엔 독일이 통일됐고 이듬해엔 소련과 동구권이 붕괴됐다. 남한을 상대로 대규모 도발을 저지르기엔 북한은 자신들의 사정이 더 급했다. 북한은 도발 대신 1991년 남북기본합의서라는 위장평화 공세로 시간을 벌었다.

1993년 김영삼 대통령이 취임했고 이듬해 김일성은 일단 남북정상회담이라는 카드를 던졌다. 한 손으로는 핵 개발을, 다른 손으로는 평화공세를 취한 것이다. 1994년 김일성이 죽었고 김정일이 권력을 잡았다. 김정일은 2년 정도 김영삼 정권을 탐색했다. 집권 초기와 달리 김영삼이 강경한 대북 정책을 구사하자 김정일은 1996년 도발의 버튼을 눌렀다. 20여명의 무장공비를 잠수함에 태워 강릉으로 침투시킨 것이다.

김대중 정권은 북한으로서는 처음 맞이하는 진보·좌파 정권이었다. 북한은 기대했으며 김대중은 그런 북한을 실망시키지 않았다. 2000년 김정일은 4억5천만달러와 남북정상회담이라는 선물을 받았다. 남녀 간 연애로 따지면 거액의 다이아몬드를 받은 것이다. 하지만 연애감정의 약효는 역시 3년을 넘지 못했다. 약발이 떨어지자 김정일 정권은 투정을 부렸다. 2002년 제2 연평해전을 일으켜 남한의 고속정을 공격한 것이다.

2003년 노무현 집권으로 남한에서 진보·좌파의 권력이 이어졌다. 평양의 희망대로 노 대통령은 적극적이고 지속적으로 우호적인 대북정책을 폈다. 남한 내 일부 친북 분위기도 고조되어 시위대가 평택 미군기지 이전 부지와 맥아더 동상을 공격했다. 일부 가톨릭 신부를 포함해 극단적인 진보·좌파 세력은 1987년 대한항공 여객기를 폭파한 김현희가 북한 테러리스트가 아니라고 주장했다. 김정일 정권으로서는 모든 게 고무적인 분위기였으니 재래식 도발의 필요성을 느낄 이유가 없었다. 김정일은 2006년 마음 놓고 핵실험을 했으며 노무현은 2007년 굴욕적인 남북정상회담으로 맞장구를 쳐주었다. 노무현 정권은 북한의 '2~3년 인내심 한계'가 적용될 필요가 없는 시절이었다.

2008년 이명박 보수정권이 들어서자 '2~3년 한계론'은 다시 작동하기 시작했다. 수개월간 남한 정권을 지켜보다가 북한은 서서히 압력을 높였다. 첫해에는 금강산 관광객 박왕자씨를 살해했다. 이듬해 북한은 2차 핵실험을 감행했다. 3년차인 2010년 김정일은 천안함을 폭침하고 연평도를 포격했다. 탐색-줄다리기-도발의 3단계가 그대로 적용된 것이다.

박근혜 정권도 역시 보수정권이기 때문에 탐색-줄다리기-도발의 3단계가 발동할 가능성이 크다. 박근혜가 당선되자마자 김정은은 3차 핵실험을 했다. 새로 취임한 남한 지도자에게 강경한 신호를 보낸 것이다. 그 해 내내 김정은은 곧 전쟁이라도 일으킬 것처럼 위협적인 행동을 했다. 실체는 없는 것이었지만 나름대로 제스처는 있었다. 김정은은 목선을 타고 서해 최전방 섬에 갔고 노쇠한 인민군 수뇌부를 집무실로 불러 남한 침공 작전회의를 하기도 했다.

이듬해인 2014년 초 장성택 사태가 진행됐다. 김정은은 내부적으로는 권력기반을 다지면서 남한과 서방세계에는 계속 무력시위를 이어갔다. 여러 종류의 미사일을 자주 발사했으며 300mm 방사포전술유도탄를 개발해 시험 발사했다. 남한을 상대로 줄다리기를 한 것이다.

이런 긴장의 흐름도로 보면 박근혜 정권 3년 차인 2015년은 여러 가지로 위험하다. 북한은 지금 핵탄두 소형화 작업에 매진하고 있을 것이다. 탄두를 1t 미만으로 줄이면 미사일에 실어 일본과 괌을 때릴 수 있다. 더 줄이면 미국 서부 해안까지 보낸다. 2015년 북한은 이런 수준에 도달할지 모른다. 어느 날 북한은 핵탄두를 소형화해서 미사일에 장착했다고 선언할 가능성이 있다.

북한이 핵미사일을 갖게 되면 한반도 상황은 차원이 달라진다. 북한은 왼손에 핵을 쥐고 오른손으로 협박할 것이다. 연평도 포격 같은 노골적인 도발을 다시 할 수도 있다. 연평도 사태 때 이명박 정권은 북한 장사정포 위협을 의식해 제대로 응징하지 못했다. 김정은은 남한 정권의 이런 취약성을 잘 알고 있다. 그래서 핵미사일을 갖게 되면 보다 공포스런 차원으로 남한을 위협할 것이다.

핵은 북한의 의식을 바꿀 수 있다. 핵이 없으면 북한의 군사력은 남한과 대등하거나 열세여서 남침은 매우 무모한 발상이 될 것이다. 남한을 쉽게 정복할 수가 없고 일시적으로 점령하더라도 그것을 유지할 수가 없다. 전쟁의 후폭풍으로 북한 정권이 멸망할 수도 있다. 그러나 핵이 있으면 달라진다. 전략의 모든 효과가 달라진다. 그 결과 재래식 전쟁이 더 이상 무모한 게 아니라는 판단을 북한 정권이 할 수 있는 것이다.

김정은은 2013년 '3년 내 무력통일'을 공언했다. 2014년 초에는 "2015년 통일대전을 준비하라"는 지시를 내린 바 있다. 일견 허풍으로 보일지 모르지만 북한 정권의 비정상성으로 보면 아주 황당무계한 얘기는 아니다. 북한은 어느 나라보다 쉽게 오판을 저지를 수 있는 심리적 환경을 가지고 있다. 심각한 건 남한이 어떻게 대처하느냐에 따라 오판이 아닐 수도 있다는 것이다.

2014년 봄 백령도·파주·삼척에서 북한의 무인 정찰기 잔해가 발견됐다. 안보당국과 북한 정보분석 싱크 탱크들은 정찰기가 비행했던 경로를 추적하여 북한의 의도를 분석했다. 보고서는 북한이 세 갈래의 남침 계획 경로를 따라 무인기로 정찰을 시도한 것으로 보았다. 비록 모양은 엉성하지만 북한이 이런 행동을 하는 건 재래식 남침을 다시 검토할 수 있을 정도로 핵 무장이 진전됐다는 것을 의미할 수도 있다.

김정은이 핵미사일을 갖고 남한을 향해 흔든다면 이는 할아버지가 핵 개발을 선언하고 아버지가 천안함·연평도 도발을 저지른 것과 비슷한 상황이 될 것이다. 압력 상승에 취약한 보일러 정권이 스스로 압력을 높이는 것이다. 그렇다면 어떤 일이 벌어질 수 있는지는 앞에서 설명했다.

'보일러 이론'의 바람직한 효과 중 하나는 한반도 긴장이란 문제에 남한이 새로운 인식을 가질 수 있다는 것이다. 지금까지 남한에는 '긴장은 무조건 나쁜 것'이라는 인식이 있어왔다. 그래서 긴장을 피하기 위해 북한에게 퍼주기를 하고 대화를 애걸하는 일도 있었다. 이제는 더 이상 그럴 필요가 없다. 남한의 보일러는 강하고 북한의 보일러는 약하기 때문에 긴장의 싸움에서 유리한 쪽은 남한이다. 역대로 한반도에 있었던 긴장을 점검하고 긴장에 대해 새로운 시각을 갖는 것은 중요한 일이다.

1948년 한반도의 남쪽과 북쪽에 적대적인 체제를 가진 국가가 들어섰다. '대립의 탄생'이다. 그 이래로 남한 사회에서는 한반도의 긴장이 중요한 문제였다. 대부분의 정권에서 '긴장 완화'는 남한이 추구해야 할 가치였다. 그런데 정권마다 긴장의 개념과 형태에 차이가 있다.

박정희 정권에서 긴장은 죽느냐 사느냐의 문제였다. 김일성이 다시 전쟁을 일으켜 남한을 먹어버리겠다는 야욕을 포기하지 않았기 때문이다. 1970년대 중반까지 북한의 국력이 남한보다 우월하거나 비등해서 그런 위협은 현실로 다가왔다. 1968년 1·21 사태 같은 것은 그런 북한의 매우 구체적인 행동이었다. 만약 북한 특공대가 청와대에 진입하여 박 대통령을 살해하는 데에 성공했다면 남한에서는 권력의 진공상태가 발생했을 것이다. 극심한 혼란이 오래 지속되거나 새로 등장하는 정권이 북한에 대해 매우 느슨했을 수 있다. 그러면 김일성은 적화 통일 계획을 더 구체화했을지 모른다.

전두환·노태우·김영삼으로 이어지는 보수정권에서 긴장은 관리해야 할 대상이었다. 경제력에서 남한은 1970년대 중반부터 북한을 추월하기 시작했고 1980~90년대에 그 차이는 더욱 벌어졌다. 남침을 감행하기에는 북한의 실력이 점점 부족해진 것이다. 전쟁의 가능성은 점차 줄어들었지만 북한의 국지적인 무력도발이나 핵개발은 여전히 골치 아픈 긴장이었다. 남한 사회의 안정과 경제발전의 지속을 위해 긴장 지수를 낮추는 것은 정권의 주요 과제였다. 그래서 보수 정권의 대통령들은 특사를 보내거나 아니면 다른 통로로 북한과 '긴장 완화'를 협의했다.

김대중·노무현 진보·좌파 정권에서 긴장이란 건 무조건 피해야 할 금기였다. 긴장이란 단어를 피하려 북한 도발의 위험성을 되도록 이면 낮게 평가했다. 북한 정권을 자극하여 긴장지수를 높일 수 있는 남한의 정책이나 행동은 경계해야 할 대상이었다. 그래서 '흡수 통일' 같은 단어는 금기어가 됐다. 한마디로 긴장은 '무조건 해로운 것'이었다.

긴장에 대한 이런 알레르기는 기본적으로 북한에 대한 오판에서 비롯된 것이다. 남한이 긴장을 만들지 않고 북한에 햇볕을 쏘이면 북한은 변하고 핵개발도 포기할 것이라고 정권들은 판단했다. 이것은 공산체제의 본질을 간과한 순진한 생각이었다. 대표적으로 2000년 평양정상회담이 이뤄진 후 김대중 대통령은 "이제 한반도에서 전쟁의 위험은 사라졌다"고 말했다. 그 후 지금까지 어떤 일이 벌어졌나. 억지로 피하려고 하면 긴장은 더 가까이 달라붙는다.

긴장에는 해로운 긴장과 유익한 긴장이 있다. 불필요하게 전쟁의 위험을 높이는 충동적인 긴장은 해로운 긴장이다. 하지만 통제할 수 있는 적당한 긴장으로 북한 정권에게 단호한 메시지를 준다면, 그래서 그것이 북한의 행동을 어느 정도 제어할 수 있다면 유익한 긴장이다.

유익한 긴장의 대표적인 경우가 2010년부터 시작된 이명박 정권의 대북 압박정책이다. 천안함 침몰이 북한의 어뢰 공격으로 확인되자 이명박 정부는 5·24 조치로 대북 지원과 경제교류를 완전히 끊었다. 적절한 상태의 긴장 유지 전략을 쓴 것이다.

수년 동안 이는 효과를 발휘했다. 천안함 이후 남한에 대해 북한의 직접적인 무력 도발은 없었다. 2013년 2월 3차 핵실험이 있었지만 이는 직접 도발은 아니다. 도발을 하지 않았을 뿐만 아니라 북한은 비밀리에 남한에 대화와 지원을 애걸했다. 이명박 정권의 천영우 외교안보수석은 나에게 북한의 비굴한 접근 사례를 설명하면서 "남한이 긴장을 감수하면서 원칙적으로 나가니 북한이 바뀌더라"고 말했다.

햇볕정책 지지자들은 이명박 정권의 강경한 대북정책으로 남북관계가 최악이었다고 비판한다. 하지만 그것은 강경이 아니라 원칙이었다. '북한의 변화'라는 장기적인 목표로 봤을 때 일시적인 긴장은 오히려 유익한 것일 수 있다. 긴장이 문제해결에 기여한다면 장기적으로 그런 남북관계는 최악이 아니라 최상이다.

김정은 정권의 기형적 성격이 확인된 이상, 유익한 긴장을 감수하는 걸 넘어 아예 긴장을 조장하는 정책이 효과적일 수 있다. 엄격하고 원칙적인 대북정책으로 외부 긴장을 유지하고 동시에 대북 심리전으로 북한 내부에 혼란과 갈등을 유발시켜 북한 정권내부의 긴장 지수를 끌어올리는 것이다.

장성택 사태는 김정은 정권의 권력관리 체제가 매우 취약하고 유동적임을 증명한 것이다. 평양에서는 언제 다시 피 바람이 불지 모른다. 적잖은 탈북자 북한전문가들은 장성택 처형 작전을 주도한 인물로 김원홍 국가안전보위부장을 꼽는다. 남한으로 치면 국정원장이다. 김원홍이 앞장서고 최룡해 당시 총정치국장과 이영길 총참모장 같은 군부 강경세력이 지원했다는 것이다. 장기 독재정권의 특성상 정권 내부에 요동이 발생하면 누가 제2, 제3의 장성택이 될지 아무도 모른다. 평양 권력자들은 유사시에 서로가 서로에게 음모의 칼날을 겨눌 것이다.

적극적인 긴장 조성을 통해 평양에 회오리가 일어나고 그 바람에 휩싸여 권력끼리 충돌하면 급변이 발생할 수 있다. '공화국의 미래'를 위해 거사를 결행하는 세력이 있을 수 있는 것이다. 그런 세력은 김정은을 직접 공격할 수 있다. 아니면 세력 간의 충돌에서 총탄이 새어 나올 수도 있다. 긴장-폭발-정권교체로 이어지는 구도는 북한의 문제를 해결하고 남북 간에 통일시대 교섭을 여는 길이 될 수 있다. 이것이 '긴장의 마법'이다.

노무현 정권은 국가보안법을 폐지하려고 했다. 보안법을 없애서는 안 되는 이유 자체가 명백하지만 다음과 같은 주장도 매우 설득력이 있다. "아니 보안법이 있다고 해서 도대체 불편한 국민이 누구냐." 남북 긴장 문제에 똑같은 질문이 적용된다. "아니 남북교류가 단절됐다고 해서 도대체 불편한 사람들이 누구냐."

물론 가슴 아픈 피해를 당한 사람들이 있다. 금강산 관광이 끊어져 현대아산이나 관광사업과 연계된 강원도 일부 주민은 피해를 보았다. 대북 무역이 금지되어 사업자들이 경제적인 피해를 감수해야 했다. 안타까운 일이다. 그러나 이런 일은 북한 문제 해결을 위한 멀고 험한 길에서 남한 사회가 감수해야 하는 불가피한 것일 게다. 그리고 장기적으로는 이들의 운세가 바뀔 수 있다. 평양에 새 정권이 들어서 남북관계가 정상궤도로 올라서면 관광이나 무역 사업과 관련된 이들은 커다란 북한 특수를 누릴 것이다.

4

급변은 어떤 모습일까

북한 급변사태는 일어날 수밖에 없는 현실이다. 개혁·개방이 불가능하기 때문에 북한의 모순이 해결될 수 있는 방법은 급변 밖에는 없다. 김정은 정권의 행태나 북한의 경제·사회적 벼랑 끝 상황을 보면 급변은 이미 길모퉁이에 와있는지도 모른다. 그렇다면 급변은 어떤 형태가 될 것인가.

여기에는 두 가지 논점이 있다. 하나는 어떤 형태가 가장 바람직하냐는 것이다. 단기적으로 정의의 실현이라는 가치에 부합하며 장기적으로도 통일국가의 발전에 이로운 그런 형태 말이다. 다른 하나는 북한의 사정을 고려할 때 현실적으로 어떤 게 '가장 그럴 듯most feasible'하냐는 것이다.

가장 이상적인 형태는 '2011년 아랍의 봄' 같은 시민혁명이다. 가능성이 매우 낮지만 일어나기만 하면 역사적 가치는 제일 높다. 현실적인 측면에서 가장 가능성이 높은 건 김정은의 건강 이상이나 암살이다.

특히 2014년 가을 '장기간의 김정은 와병'을 계기로 김정은의 건강 붕괴가 매우 현실적인 급변 시나리오로 떠올랐다. 건강 문제를 빼면 핵심 탈북 행동가들은 대부분 가장 현실적인 시나리오로 암살을 꼽는다. 북한 정권의 철저한 통제로 인민봉기나 쿠데타처럼 집단이 움직이는 급변은 거의 불가능하다는 것이다.

(1) 김정은의 '건강 붕괴'

김정은이 급성 질환으로 급사하거나 아니면 '통치 불능'의 건강 이상에 빠지면 북한 정권은 지도자 공백이 된다. 후계자가 없는 상태에서 그가 '다운down'되면 북한 정권은 급속히 급변 상황으로 들어갈 것이다. 통치 불능까지는 아니더라도 그가 장기간의 입원치료나 요양이 필요한 상태가 돼도 이는 심각한 영향을 줄 수 있다

권력이 취약한 상태에서 그가 장기간 병실에 입원하거나 지방 별장에서 요양하면 이는 권력의 중대한 불안요인이 된다. 권력투쟁에 얽혀 평소 불안을 느끼던 핵심 인사들 또는 평소에 '거사舉事'를 고민하던 이들은 최고권력자의 건강 상태를 보면서 공화국 또는 자신의 미래가 불안하다고 판단할 수 있다. 김정은이 장기간 멀리 떨어져 있으면 이들은 어떤 음모든 꾸밀 수 있다. 김정은을 보호하기 위해 자신의 목숨을 바쳐 이런 음모와 싸울 부하가 김정은에게 있을까.

갑자기든 장기적이든 김정은이 최고권력자 행세를 하지 못하게 되면 북한 정권의 핵심 담당자들은 대안을 찾아야 한다. 핵심 담당자

그룹은 '북한의 청와대'라고 할 수 있는 노동당 조직지도부와 국가
안전보위부, 인민군 총정치국, 호위총국 같은 조직의 지도부를 말한
다. 특히 조직지도부는 북한의 권력을 기획하고 조종하며 안전대책
을 마련하는 핵심 기획부서다.

김정일은 당 조직비서와 조직지도부장을 겸임하면서 이 조직을
틀어쥐고 자신의 후계권력을 다졌다. 김정은을 후계자로 지명한 후
에는 이 조직을 이용하여 후계 작업을 진행했다. 그래서 조직지도부
인사들은 김정일-김정은 권력을 떠받치는 핵심 기둥이다. 대표적인
인물이 2005년부터 조직지도부 부부장을 맡고 있는 황병서 인민군
총정치국장이다. 만약 '김정은 통지불능'이 벌어지면 황병서와 김원
홍 국가안전보위부장 같은 핵심 인물들이 '새로운 지도자'를 만들어
내는 작업에 깊이 관여할 것이다.

문제는 김정은 뒤를 이을 '김씨 가족'이 없다는 것이다. 김정은의
배 다른 형 김정남은 이미 해외 유랑자 신세가 되어버려 새로운 왕으
로 옹립되기에는 부족함이 너무 많다. 그는 오랫동안 견제를 받아 평
양에 권력 기반이 거의 없다. 고영희에게서 태어난 배가 같은 형제는
2살 위 형인 김정철과 4살 아래 동생인 김여정이 다. 새로운 지도자로
만들어 지기에는 이들도 하자가 너무 크다.

김정일 사후 김정은이 신속하게 최고 권력자로 등장할 수 있었던
것은 3년전 이미 그가 후계자로 지정되었기 때문이다. 반면 김정철과
김여정 누구도 후계자로 지명된 바가 없다. 김정은이 아웃out되었다고
해서 갑자기 김정철이나 김여정을 후계자로 내세우는 건 정권의 핵심
기획자들에게도 어려운 일이다. 무리해서 이들 중 한 명이 후계자로
급조된다 해도 그는 과도기적 '수령 연기자'에 불과할 것이다. 실권
은 커튼 뒤에 있는 기획자 그룹이 쥐게 될 것이다.

그래서 '김정은 down'은 사실상 김씨 왕조의 종말이 될 가능성이 높다. 조직지도부를 비롯한 권력 핵심 그룹은 '상징적인 수령 연기자'를 내세우는 우회로가 아니라 아예 자신들이 권력을 장악하는 지름길을 택할 수 있을 것이다. 그런 점에서 가장 주목되는 인물이 황병서다. 그는 김정은 집권 이후 초고속으로 승진했다. 군 계급으로 따져도 원수 바로 밑인 차수까지 올랐고 인민군 총정치국장이라는 권력 서열 2위를 차지했다.

더 중요한 건 2014년 9월 25일 최고인민회의에서 그가 국방위 부위원장으로 임명되었다는 것이다. 이는 김정은이 9월 3일 모란봉 악단 공연참관을 끝으로 인민의 시야에서 사라져 병 치료에 들어간 후 20여일이 지난 때였다. 김정은이 없는 상태에서 최고인민회의는 황병서를 국방위 부위원장에 임명한 것이다. 국방위는 실질적으로 북한을 통치하는 실세 기구다. 국방위 제1위원장인 김정은에게 유고 상황이 발생하면 황병서 부위원장이 대행 역할을 맡게 된다. 인천 아시안 게임 폐막식 때 황병서가 호위총국 경호원들을 대동하고 3인 대표단을 이끌며 내려온 것은 그의 이러한 위상을 보여준다.

김씨 가문의 통치가 끝나고 등장하는 새로운 권력이 황병서 같은 인물의 1인 체제가 될지 아니면 그 같은 인사를 중심으로 하는 집단 지도체제가 될 지는 알 수 없다. 하지만 분명한 건 더 이상 김씨 왕조는 아니라는 것이다.

김정은은 집권 후 정력적인 '현지 지도'를 통해 권력을 강화했다. 자신은 아버지와 달리 젊고 건강상의 문제가 없는 강력한 지도자라는 걸 과시하고 싶었을 것이다. 실제로 이런 '현장 통치'는 그의 권력이 빠른 시일 내에 안정을 찾는 데에 기여했다. 김정은의 정력적인 움직임을 보면서 관측통들은 건강 붕괴 같은 건 별로 생각하지 않았다.

김정은이 과도하게 비만이긴 하지만 기본적으로 젊은데다 의료진의 집중 관리를 받고 있어 그에게 치명적인 건강 이상이 발생할 확률은 매우 낮다고 분석했다.

그런데 2014년 여름부터 모든 게 달라졌다. 김정은은 7월 8일 할아버지인 김일성의 서거 20주기 추도식에 참석했는데 다리를 저는 모습이었다. 절뚝거리는 모습은 8월 공장 시찰에서도 나타났는데 그 정도가 매우 심했다. 그는 9월초부터는 아예 북한 인민의 눈 앞에서 사라졌다. 9월 25일 최고인민회의처럼 중요한 행사에도 참석하지 않았다. 북한 방송이 방영한 기록영화에서는 처음으로 '불편하신 몸'이라는 표현이 등장했다.

김정은은 40여일만에 모습을 드러냈다. 그러나 완쾌된 것이 아니라 지팡이를 짚은 상태였다. 그는 그 동안 발목 치료를 받았고 평양 북방에 있는 자모산 특각별장에 머물렀던 것으로 알려졌다. 그런데 문제는 양쪽 발목에 고장이 생긴 원인이 뭐냐는 것이다. 과도한 체중 때문에 인대 같은 것에 부상이 생긴 외과적인 것인지 아니면 고도비만 같은 성인병 요인으로 인해 혈관 계통의 장애나 통풍 같은 내과적 질환이 발생한 것인지 분명하게 확인되지 않았다. 단순한 외과적 질병이 아니라 내과적인 것이라면 김정은의 건강 문제는 계속 커지는 변수가 될 것이다.

김정은은 신체적으로 여러 문제를 안고 있다. 김일성-김정일로 이어진 가문의 병력으로 보면 김정은도 취약한 구조다. 북한은 김일성의 건강관리를 위해 무병장수건강연구소를 만들었다. 소장을 지낸 김소연 씨는 탈북자인데 2014년 10월10일 TV조선 '장성민 시사탱크' 프로에 나와 김일성과 김정일의 건강에 대해 설명했다. 핵심 내용은 다음과 같다.

"김일성은 기관지염과 고도비만, 심장계통 질병에 시달렸다. 60대 이후에는 노인성 당뇨도 앓았다. 정신적 스트레스를 겪은 적도 많다. 1989년 루마니아 독재자 차우세스쿠가 처참하게 피살되고 동구권이 무너질 때 쇼크를 받아 장기간 은둔하기도 했다. 김정일은 스피드 광이었는데 교통사고를 낸 후 치료를 위해 오래 자리에 누워있다가 당뇨를 얻었다. 김정일은 자유분방한 생활을 하고 늦게 잤으며 폭음하는 등 건강관리에 소홀했다. 김정일은 여성편력 때문에 아버지로부터 질책을 받았으며 이로 인해 후계자가 되느니 마느니 하는 상황에서 정신적으로 업 앤 다운up and down을 겪었다."

김일성이나 김정일이나 모두 신체적 요인과 환경적 요인에 시달렸다는 것을 알 수 있다. 이를 증명하듯 두 사람 모두 스스로 세계나 남한을 향해 엄청난 도발을 자행한 후 이듬해 스트레스성 심장마비로 죽었다. 덧붙여 김정일은 사망 전에 뇌졸중을 앓았다. 김정은의 형 김정남도 비만에다가 통풍을 앓았으니 가문의 병력이라는 요인은 틀림없는 사실인 것 같다.

김정은은 선천적으로 심장계통의 취약성을 안고 있는데 집권한 후 급속도로 고도비만에 빠져들었다. 권력 스트레스 때문에 폭식 또는 과식한 것일 수도 있지만 김일성과 닮은 풍채를 만들기 위해 스모선수처럼 일부러 체중을 늘렸을 가능성도 높다. 권력형 비만인 셈이다.

김정은은 무리한 신체를 끌고 지방시찰 같은 물리적 통치에 매달렸다. 동시에 불안한 권력에서 오는 정신적 스트레스를 많이 받았다. 장성택이 처형된 것은 2014년 12월 12일이다. 사건 후 김정은이 처음으로 공식석상에 모습을 보인 건 5일후에 열린 김정일 사망 2주기 추모대회였다. 김정은의 표정은 어두웠으며 얼굴은 잠을 제대로 못 잔듯 푸석푸석했다. 전날 과음한 것처럼 보이기도 했다. 만약 그가 과음했거나 잠을 제대로 자지 못했다면 장성택 일파를 처형해버린 사건의 하중 때문이었을 것이다.

아무리 그가 권력만을 추종하는 독재자라고 하더라도 '고모부 처형' 같은 일은 인간적으로 그에게 상당한 스트레스로 작용했을 것이다. 만약 꿈에서 장성택의 모습이 보이기라도 했다면 잠을 편히 잘 수 있었을까. 그런 스트레스는 순환기 장애나 비만보다 더 심각하게 건강을 위협했을 것이다.

스트레스와 고도 비만이 복합적으로 작용하여 1차적으로 발을 타격했다. 하지만 발은 시작일뿐 신체‧환경이라는 위험요인이 시리지지 않는 한 다른 부위도 위험하다. 특히 당뇨 같은 게 동시에 발병하면 뇌‧심장‧혈관 등이 심각한 공격을 받을 것이다.

신체적인 질병이야 약물로 관리할 수 있지만 권력 불안감에서 오는 스트레스는 대처하기가 쉽지 않다. 김정은은 김원홍 국가안전보위부장 같은 측근들이 장성택 처형에 앞장 서는 걸 생생히 지켜보았다. 그런 부하에 대해 김정은이 가지는 감정은 신뢰일까 의심일까. 권력의 차가운 살기殺氣를 보면서 김정은은 김원홍을 포함해 모든 부하를 권력의 불안요인으로 느끼지 않을까. 누군가가 단독으로 아니면 몇 명이 합작해 제2 장성택 사건 같은 걸 일으킬 수 있다고 생각하지 않을까. 일이 잘못되면 부하들의 사나운 이빨이 자기마저 물어뜯을 것이라고 항상 걱정하고 있지 않을까.

독재정권의 젊은 후계자가 됨으로써 김정은은 돌아오지 않는 다리를 건너 불안의 늪지대로 들어갔다. 2년도 되지 않았는데 벌써부터 두 개의 발목이 삐걱거리고 있다. 동시에 그의 정권도 삐걱거린다.

(2) 암살을 두려워하는 김정은

2014년 4월 8일 중국 인민일보의 자매지 환구시보環球時報에는 의미심장한 기사가 실렸다. 신문은 북·중 접경 지역 소식통들을 인용해 "북한이 지난달 15일 평양에서 김정은 제1위원장의 피습 상황을 상정한 훈련을 벌였다"고 전했다. 신문은 "훈련에는 북한의 국가안전보위부와 인민군, 중앙의 각 기관 및 부문 수장이 모두 참가했다. 소식통들은 '이번 훈련의 목적은 적대세력과 테러리스트들이 최고 지도자를 해치는 것을 막고 이런 사건이 발생했을 때 백두혈통의 승계를 확실히 보증하기 위한 것'이라고 설명했다"고 보도했다.

　소식통들이 밝힌 대로 '국가안전보위부와 인민군, 중앙의 각 기관 및 부문 수장이 모두 참가'한 것이라면 이는 국가급의 훈련이라고 봐야 한다. 규모도 규모지만 시점도 의미가 있다. 장성택 일파 처형이라는 대사건이 일어난 지 수 개월 만에 전격적으로 진행된 것이다. 소식통들은 '적대세력과 테러리스트'들을 경계한 훈련이라고 했는데 남한이나 미국이 그런 공격을 감행할 가능성은 거의 없다. 따라서 이 훈련은 북한 정권 내부에서 발생할 수 있는 군사 반란이나 암살에 대비한 것이라고 봐야 한다. 장성택 일파라는 특정 세력을 처단한 후 김정은이 역풍을 걱정하고 있다는 것을 훈련은 잘 보여준다. 김정은은 아버지 김정일처럼 암살 기도를 늘 경계하고 있을 것이다.

최고 권력자의 암살에는 여러 종류가 있다. 권력자가 어떤 존재인지, 암살의 동기는 무엇인지, 결과는 어땠는지에 따라 다양하다.

피해자의 입장에서 볼 때 권력자가 '악'이나 '위협'을 상징하는 인물이면 암살이 발생할 강력한 이유가 생긴다. 대표적인 사례가 1909년 안중근 의사가 이토 히로부미를 저격한 것이다. 피해자의 역사에서 이는 당연히 의로운 암살로 기록된다. 피해자의 주장이 인류의 보편적인 가치관에서 받아들여지는 것이라면 이런 암살은 피해자 차원을 넘어 세계 역사에서도 의미 있는 것이 될 수 있다.

1865년 4월 미국의 링컨 대통령이 워싱턴의 극장에서 암살됐다. 암살자 존 윌크스 부스는 링컨의 노예해방에 반대하는 극단적인 남부주의자였다. 그는 링컨에게 총을 쏜 후 "독재자"라고 외쳤다. 그가 암살의 대상을 증오했으며 남부연합에 대한 치명적인 위협으로 판단했다는 것을 보여주는 장면이다. 인류의 진보라는 가치로 볼 때 노예해방을 추진한 링컨 대통령은 '선善의 인물'이라고 할 수 있다. 이처럼 때로는 특정한 지역의 이익관계 때문에 보편적인 선이 암살에 희생당하는 일이 발생하곤 한다.

1914년 6월 보스니아의 수도 사라예보에서 페르디난트 오스트리아 황태자가 암살 당했다. 세르비아 민족주의에 사로잡힌 청년이 총을 쏜 것이다. 이 암살의 배경에는 영토·민족 문제가 복잡하게 얽혀 있다. 한 달 뒤 오스트리아가 세르비아에 전쟁을 선포했고 이는 제 1차 세계대전으로 비화됐다. 암살 사건 하나가 세계를 전쟁 속으로 몰아넣은 것이다. 세계의 관점으로 보면 오스트리아 황태자는 '악'이 아니라 세르비아에 대한 위협적 존재 정도라고 할 수 있다.

1981년 3월 정신병을 앓고 있던 존 힝클리가 레이건 미국 대통령을 쏘았다. 총알은 심장에서 12cm 떨어진 곳에 박혔다. 힝클리는 여배우 조디 포스터에게 빠져 그가 나오는 영화 '택시 드라이버'를 10여 차례나 봤다. 그는 "조디 포스터의 관심을 끌기 위해 레이건을 저격했다"고 말했다. 이는 암살 대상자가 악이나 위협도 아니고 단지 지극히 개인적인 동기에서 암살이 시도된 대표적인 사례다.

1979년 10월 정보부장 김재규가 박정희 대통령을 쏘았다. 김재규에게 박 대통령은 악도 위협도 아니었다. 다만 강력한 독재로 민주화를 원하는 세력으로부터 강렬한 저항을 초래하는 '혼란의 지도자'였다. 독재정권은 노쇠했고 야당은 날로 강력해지고 있었다. 급기야 부산·마산 지역에서 시민항쟁이 터졌다. 상황은 위험한데 대통령의 주변엔 강경론자 차지철 경호실장이 버티고 있었다. 차 실장은 정보부장을 제쳐놓고 상황을 주도하려 했고 박 대통령은 그런 차 실장을 밀어줬다. 장군 출신인 김재규는 대위 출신인 차지철의 견제를 받아 자존심에 커다란 상처를 입었다. 게다가 김재규에게는 지극히 개인적인 심리적 불안감이 있었다.

김재규가 교수형에 처해진 지 30년만인 2010년 나는 어느 점심 자리에서 흥미로운 얘기를 들었다. 김재규가 심각한 발기부전에 시달렸었다는 것이다. 나는 직감적으로 이것이 10·26과 연관이 있을 것이라고 생각했다. 나는 수소문해서 김재규를 치료했던 의사를 만났다. 그는 은퇴했는데 1979년 당시에는 일류 대학의 비뇨기과 과장이었다. 그는 "의사는 환자의 비밀을 얘기해선 안 된다. 하지만 30년이 넘었고 당사자가 죽었으며 이 비밀이 역사적인 사건과 관련이 있으므로 말해주겠다"고 했다.

그에 따르면 김재규의 발기부전은 심각한 상태였다. 김재규는 간경화를 앓고 있었는데 이것도 발기부전을 초래한 이유 중 하나일 것이라고 그는 말했다. 약물치료는 실패했다. 의사는 김재규에게 미국으로 건너가 새로 개발된 수술치료를 받아보자고 권했지만 그러려면 김재규는 정보부장 자리를 내놓아야 했다. 김재규는 선택하지 않았으며 좌절감은 깊어갔다. 이런 신체적 상황으로 김재규의 심리 상태는 정상이 아니었던 것으로 보여진다. 자신보다 훨씬 건강하고 정력적인 차지철이 자신을 무시한 것에 대해 스트레스를 받았고 이런 상태에서 다분히 충동적으로 암살을 계획했을 수 있다. 나는 이런 분석에 상당한 무게를 두었고 김재규를 치료했던 의사도 이에 동의했다.

이처럼 권력자에 대한 암살은 다양한 동기에서 발생한다. 만약 김정은에 대해서도 암살이 시도된다면 동기는 여러 가지가 있을 수 있다. 첫째는 안중근 의사와 같은 '정의의 암살'이다. 김정은 정권을 북한 주민과 공화국에 대한 거악으로 규정하고 거악의 중심인 김정은을 제거하는 게 문제 해결의 지름길이라고 암살자가 판단하는 것이다. 이 경우 암살자는 북한 정권의 핵심 고위층이 아닐 가능성이 높다. 고위층은 독재의 수혜자이자 공범이기 때문에 '정의로운 암살'을 생각하기가 힘들 것이다. 안중근 의사 같은 동기가 있으려면 자신을 순교자로 규정할 수 있어야 한다. 이런 결심을 할 수 있는 이는 핵심 고위층이 아닌 경호원이나 중간 간부, 지방의 군인 같은 부류에 숨어 있을 가능성이 더 높다.

둘째는 정의의 실현 같은 대의가 아니라 권력 갈등에서 암살이 빚어지는 것이다. 압축하면 '김재규식 암살'이다. 경호를 담당하는 호위사령부나 체제유지를 책임진 국가안전보위부 그리고 노동당 중앙위원회 같은 핵심 권력기관 내에는 항상 갈등이 존재한다. 최고권력자의 신임을 얻기 위한 충성 경쟁, 서로에 대한 견제, 자신의 위상에 대한 불안, 세력 간의 충돌, 개인적인 이유 등이 얽혀 폭발의 위험이 상존한다. 남한 유신정권 말기에 벌어진 김재규-차지철 갈등과 비슷하다. 특히 장성택 집단 처형 같은 대사건 후에는 도처에 불씨가 남아 있을 것이다.

이런 갈등관계에서 극도의 불안과 좌절을 느끼면 암살자는 암살로 자신이 권력을 잡겠다는 욕망을 느낄 수 있다. 김재규가 그랬다. 북한의 국가안전보위부장 김원홍과 인민군 총정치국장을 지낸 최용해는 장성택파 숙청을 주도한 인물들로 알려져 있다. 하지만 지금 이들의 권력은 안전할까. 김원홍 부장만 해도 보위부 내에서 당 중앙의 일을 총괄하는 김창섭 정치국장과 알력이 심하다는 관측이 많다. 최용해도 장성택 사건 이후 인민군 총정치국장에서 노동당 비서로 좌천됐다. 이들은 정권 2인자였던 장성택이 하루아침에 시체가 되는 걸 목격했다. 이들은 자신의 목숨에 대해 자신이 있을까.

국가안전보위부는 정보를 쥐고 있다. 지휘부는 대부분 군 장성들이어서 언제든 무장이 가능하다. 휘하에 동원할 수 있는 무장 요원도 많다. 이들이 정보와 무장력을 이용해 암살을 기획하는 건 불가능한 일이 아니다. 장소와 방법은 얼마든지 만들어 낼 수 있다. 북한판 10·26이다. 남한의 김재규는 정보부가 관장하는 안가에서 무장한 부하들을 동원해 청와대 경호 병력을 제압했다.

정의의 암살이나 권력의 암살 말고 충동의 암살도 있다. '힝클리식 암살'이다. 정의의 실현이라는 대의도 고민하지 않고, 권력 싸움의 위치에 있지도 않은, 그저 그러한 이가 충동적으로 방아쇠를 당기는 것이다. 정신적 또는 육체적으로 스트레스를 받거나 개인적인 인간관계에서 갈등에 시달리면 심리적인 위축이 우발적인 폭력으로 나타날 수 있다. 이 경우 암살자는 힝클리처럼 외부 인물이거나 아니면 경호원 같은 내부 인사일 수 있다. 이런 암살은 동기는 미천해도 결과는 마찬가지로 심대하다. 역사의 물줄기를 바꿔놓는다.

3가지 가능성 중에서 김정은에게 일어날 수 있는 가장 그럴듯한 것은 정의의 암살이나 권력의 암살이라고 나는 판단한다. '충동의 암살'은 그런 암살자가 생겨날 확률이 매우 낮다. 북한 정권은 김정은 주변에 근접할 수 있는 인물의 심리적·육체적 상태를 까다롭게 감시하고 있기 때문이다. 이에 비해 정의의 암살자나 권력의 암살자는 외형상으로는 감시에 적발될 만한 별다른 징후를 보이지 않을 것이다.

정의의 암살이 일어난다면 기본적인 동기는 '김정은에 대한 분노'가 될 것이다. 한 인간이 다른 인간에게 방아쇠를 당기는 가장 흔한 이유는 분노다. 김정은 주변에서 분노가 무르익고 있을 가능성은 높다.

지금 김정은을 경호하는 부대는 호위사령부의 친위대다. 부대원 중에는 경호원으로 발탁되기 전 고향에서 1994~96년 '고난의 행군'이라 불리는 끔찍한 비극을 목격한 이들이 있을 수 있다. 이들은 인민이 굶다가 죽어나가는 처절한 상황을 지켜봤다. 이런 기억을 가지고 있는데 김정은의 호화 사치 독재를 가까이서 보면 심리적 동요가 일어날 수 있다. 그래서 우발적으로 방아쇠를 당길 수 있는 것이다.

똑같은 사치를 즐겨도 김정은은 아버지 김정일과는 다른 비정상적인 양태를 보이고 있다. 가장 이상한 풍경은 데니스 로드먼이라고 하는 미국의 이상한 스포츠 스타를 불러들여 같이 노는 것이다. 미국 프로농구 선수출신 데니스 로드먼은 2013년 10월 영국 언론에 김정은의 호화생활을 이렇게 전했다.

"호화 시설로 가득한 개인 섬에 초대받아 요트와 연회를 즐겼다. 섬은 김 위원장만 이용하는 장소였지만 하와이나 스페인 이비자섬 이상으로 대단했다. 길이 60m의 대형 요트와 수십 대의 제트스키, 마구간에 가득한 말 등 부족한 게 없었다. 바닥에 오물이나 벽에 긁힌 흔적조차 없을 정도로 무엇 하나 흠잡을 데 없었으며 모든 시설이 7성급이었다. 세계 최고의 거부도 김정은의 생활을 본다면 놀랄 것이다."

김정은은 실제로는 1984년 생이다. 그는 14~16세인 1998~2000 스위스 베른에 있는 국제학교에 다닌 것으로 알려져 있는데 체류 기간에 대해선 다른 얘기도 있다. 미 국무부 차관보를 지낸 커트 캠벨은 미국 언론에 "그가 스위스에 7~8년 머문 것으로 알고 있다"고 말했다.

만약 그가 입수한 정보가 맞으면 이른바 '고난의 행군' 시절인 1994~96년 김정은은 스위스에 머물렀을 가능성이 높다. 김정은은 고난에 시달리는 조국을 떠나 서방 선진국에서 풍요로운 생활을 했으니 북한 인민의 처절한 삶에 대한 인식이 매우 부족할 수 있다. 그는 성적이 중하위권이었으며 공부보다는 농구와 컴퓨터 게임 등을 즐긴 것으로 알려지고 있다. 김정은은 그 때 로드먼을 동경했었다고 지금 얘기하고 있다. 국민은 지옥 같은 생활을 하고 있었던 시절에 자신이 동경했던 스포츠 스타를 지금 평양으로 불러들여 호화판 추억 잔치를 벌이고 있는 것이다.

똑같은 독재나 사치 행각을 벌여도 평양으로 로드먼을 불러들인 것은 다른 일이다. 할아버지 김일성은 카터 전 대통령을 불렀고 아버지 김정일은 올브라이트 국무장관 일행을 불러들였다. 클린턴 전 대통령을 부른 적도 있다. 할아버지와 아버지는 이렇게 행동했는데 김정은은 겨우 로드먼이라고 하는 이상한 인물을 불러들여 북한 정권의 격을 코미디 수준으로 낮췄다. 장성택 일당을 집단 처형한 것이나, 나이 많은 장성들을 일선에 보내 훈련을 받게 하는 일이나, 로드먼을 불러서 같이 노는 것이나 김정은의 비정상성을 보여주는 이상한 일들이다. 이를 지켜보는 권력의 핵심 종사자들은 김정은에게 이상한 감정을 느끼고 있을 확률이 높다.

최고 권력자에 대한 반감과 경멸이 일정한 선을 넘으면 암살 같은 충동적인 일이 터질 수 있다. 더군다나 암살자가 "나 하나 희생해서 공화국의 미래가 달라진다면"이라고 마음을 먹으면 암살 같은 행동은 충분히 가능하다. 암살지는 국가안전보위부 요원일 수도, 김정은의 경호원일 수도 있다. 아니면 김정은이 지방에 내려오는 것을 기다리는 군인일 수도 있다. 동기만 강렬하면 그런 일은 어떤 곳에서도 일어날 수 있다.

물론 암살을 가로막는 요소들도 많다. 엄중한 경호도 그렇지만 가장 중요한 건 암살자의 용기를 미리 꺾는 것이다. 북한 정권은 암살 시도 같은 중대한 반反 혁명 범죄의 경우 범죄자의 부모와 자식 그리고 친인척을 모두 문책하는 살벌한 연좌제를 실시하고 있다. 암살자가 암살의 유혹을 강렬히 느껴도 자신의 행동으로 이들이 받을 고통을 생각해 결행을 포기하는 경우가 많을 것이다.

암살자가 미리 일부 인사의 도움을 받거나 아니면 자력으로 적어도 가족만큼은 북한 밖으로 피신시켜놓는 것도 생각할 수 있다. 하지만 현실에서는 매우 어려운 일이다. 경호원의 가족은 일반 주민보다 더 철저한 감시를 받으므로 집단 도피는 준비과정에서 쉽게 적발될 수 있다.

그러나 이런 준비가 없더라도 암살을 결행하는 이가 나타날 수

있다. 가족을 보호하는 아무런 장치가 되어있지 않아도 대의를 위해
암살을 결심하는 경우다. 독재자 암살은 가족의 안위라는 개인적 차
원을 초월하는 인류적 가치라고 그는 생각할 수 있다. 탈북의 경우엔
그런 사례가 적잖다. 황장엽 전 노동당 비서는 가족이 당할 고통을
각오하고 탈북과 남한 망명을 결행했다. 그에게는 북한 정권의 붕괴
가 제1의 가치였던 것이다.

(3) 김정일 경호원 출신이 분석하는 암살 가능성

세상에는 변하지 않으면 망하게 되어있는 일이 있다. 장기 독재자의 운명도 그러하다. 남한에서 활동하는 핵심 탈북자들은 대부분 김정은이 스스로 변할 가능성은 거의 없으며 급변사태는 불가피하다고 입을 모은다. 급변의 양태 중에서 가장 가능성이 높은 것으로 그들은 암살을 꼽는다. 김정일 경호원 출신인 이영국 탈북자가 대표적인 인물이다. 그는 북한에서 천국과 지옥을 모두 경험했다. 김정일 경호부대에 근무한 것은 북한판 천국이었다. 반면 탈북하다가 잡혀 정치범 수용소에서 짐승 같은 생활을 한 것은 지옥이었다.

김정일 경호원 출신으로 탈북한 사람은 이영국씨가 유일하다. 그는 1962년 함경북도 무산읍에서 태어났는데 16살인 1978년 엄격한 심사를 거쳐 김정일 경호부대원으로 발탁됐다. 이로부터 10년간 경호부대원으로 근무했고 제대 후에는 무산군 노동당 지도원으로 활동했다.

이씨는 북한 체제에 염증을 느껴 1994년 탈북했는데 중국에서 불잡히고 말았다. 그는 국가안전보위부 예심국에서 수개월 동안 혹독한 고문과 조사를 받은 후 함경남도 요덕에 있는 15호 관리소_{정치범 수용소}에 5년간 갇혔다. 그는 1999년 기적적으로 출소했고 다시 탈북해 남한에 정착했다.

그는 2002년 『나는 김정일 경호원이었다』를 출간했는데 이 책은 일본에서 번역되어 5만 부가 팔렸다. 2014년 봄 나는 이씨를 만나 '북한 급변사태 가능성'을 주제로 이야기를 나누었다.

– 북한 최고 권력자를 경호하는 친위대는 어떤 부대인가

"북한의 호위사령부는 최고지도자와 당정 고위직 등 정권의 핵심 인사들을 경호하고 반反 정권 움직임을 진압하는 부대다. 과거 호위총국이었다가 호위사령부로 확대됐다. 내가 속했던 친위대는 이 사령부 산하의 핵심 부대. 1970년대 후반 후계자가 된 후 김정일은 권력기반을 다지기 위해 여러 가지가 필요했다. 대표적인 게 신변을 지켜줄 충성스런 경호부대였다. 이게 친위대인데 한국으로 따지면 청와대 경호처와 외곽 경비를 담당하는 경찰·군부대를 합친 것이다. 친위대 사령관은 중장(별 둘)이다."

– 친위대에 대한 김정일의 생각은

"김정일은 친위대를 매우 신뢰했다. 자신에 대한 충성심이 확인된 부대로 믿었다. 친위대 마크(백두산)를 달지 않은 사람을 보면 불안감을 느낀다는 말이 있었을 정도다. 김정일은 '남한을 접수하면 친위 대원들로 정책을 수행하겠다'는 말을 하기도 했다. "

– 북한 최고 권력자에 대한 경호는 어떻게 수행되는가

"김정은 집권 후에도 경호 방식은 바뀌지 않았을 것이다. 김정일 때 하던 식으로 할 것이다. 가장 중요한 것이 근접 경호다. 근접 경호는 1선은 호위과, 2선은 행사과가 맡는다. 호위과는 일종의 수행과인데 친위대장과 상좌·대좌 등 영관급 장교 12명이다. 이 중 절반은 사복을 입고 근무한다. 이들은 체코제 9.62mm 권총과 15발짜리 탄창 10개를 소지한다. 행사과는 50~100m 떨어진 곳에서 경호하는데 인원은 약 80명 정도고 대부분 중위와 대위다. 이들도 절반은 사복을 입는다. 이들은 권총에다가 소련제를 개조한 북한제 5.45mm 자동소총으로 무장한다. 50발짜리 탄창 6개를 휴대한다."

– 경호 검색은 어느 정도인가

"일정한 범위 내에선 친위대 외에는 누구도 총을 찰 수 없다. 김정일 사무실이 있는 중앙 청사에 들어올 때는 호위사령관도 총을 풀고 차량 검색을 받아야 한다. 정문 초소에는 항상 장교와 하전사가 같이 근무했다."

– 북한 최고 권력자의 사무실은 어디에 있나

"노동당 중앙청사에 있다. 청사는 인민대학습당이라는 큰 건물 뒤에 있는데 이 건물의 뒤편엔 유리창이 없다. 청사 경호를 위한 것이다. 1976~79년 김정일이 후계자일 때 청사를 대대적으로 보수했고 1979년 김정일이 입주했다. 그때 김일성은 금수산기념궁전으로 집무실을 옮겼다. 청사 3층 구석에 있는 4개 방이 김정일 집무실이었다. 이 앞까지 차가 올라간다. 3층에서 육교로 당 중앙위 회의실과 연결되는데 장성택이 연행되는 장면이 연출된 곳이 여기다. 청사 옥상에는 지름 2m짜리 위성 수신기가 있어 김정일은 남한 방송을 다 볼 수 있었다."

– 경호원이 김정은을 암살할 가능성에 대해선 어떻게 생각하나

"가능성이 충분히 있다. 가장 중요한 것은 동기인데 지금의 경호원들은 우리 때와는 많이 달라 동기가 무르익을 수 있다. 1980년대 친위대에 있으면서 사실 나는 인민의 생활을 잘 알지 못했다. 친위대에 근무하면 혜택이 많고 먹고 입는 것은 걱정이 없으니까 최고의 직장인 줄 알았다. 그런데 제대하고 고향에 돌아와보니 인민들의 삶이 말이 아니었다. 현실을 목격하고 충격을 받아 탈북을 결심했던 것이다. 지금의 친위 대원들은 많이 다를 것이다. 1994~96년 고난의 행군이라 불리는 끔찍한 경제·식량난을 목격한 이들이라 현실감각이 있다. 여러 가지 사정이 많이 변해 우리 때보다는 남한 물정을 훨씬 잘 알고 있기도 하다.

어떤 친위대원이 인민과 공화국의 현실에 대해 문제의식을 가지고 있다고 하자. 그는 김정은이 제거되어야 공화국에 미래가 있다고 판단할 수 있다. 기획 암살에는 세 가지 경우가 있을 것이다. 자신과 가족이 사는 방법을 미리 준비해두거나, 자신은 포기하고 가족을 미리 빼돌려두거나 아니면 자신과 가족의 희생을 모두 감수하는 것이다. 자신이든 아니면 가족 전부든 희생을 각오하는 건 순교자적 결행인데 이것이 불가능한 일은 아니다. 사실 자신과 가족의 안위를 확보하고 그런 일을 하는 건 현실적으로 매우 어렵다.

기획 암살이 아니라 우발적인 경우도 있을 수 있다. 평소에는 꿈도 꾸지 못하다가 갑자기 감정에 사로잡혀 방아쇠를 당기는 것이다. 이런 일이 왜 불가능하겠는가."

– 외부에서 경호원을 사주하는 것도 가능할까

"가능하다. 요즘 북한에선 많은 게 돈으로 해결된다. 외부의 어떤 사람이나 세력이 경호원을 포섭해 암살을 결행하면 돈을 주기로 약속하는 것이다. 예를 들어 일단 선수금으로 3분의 1을 주고, 가족을 중국으로 빼내준 다음, 거사에 성공하면 나머지를 주겠다고 약속하는 것이다. 암살을 결행하는 사람은 자살을 선택하는 방식이 될 수 있다. 암살자는 공화국의 미래를 위해 자신은 순교하고 가족에게는 안락한 미래를 선사한다는 판단을 할 수 있다."

– 경호원의 암살 말고 다른 방법도 있을 수 있다고 생각하나

"김정은이 이동할 때 폭탄을 터뜨리는 방법도 가능할 것이다. 김정일 때는 지방으로 이동할 때 보통 선발대·본대·후발대 등 3개로 나눠 움직였다. 45분 간격으로 출발했는데 김정일이 타는 차량은 매번 출발 순서가 바뀌었다. 차량 행렬을 노리는 공격으로부터 김정일을 보호하기 위해서였다. 이런 경호 방식을 뚫고 목표물을 노리는 것이 매우 어렵긴 하다. 하지만 내부 조력자를 확보해서 정보를 얻으면 터널이나 다리에 폭탄을 터뜨리는 게 불가능한 일은 아니다."

– 군부의 쿠데타도 가능하다고 생각하나

"그것은 힘들 것이다. 쿠데타를 하려면 적어도 군단급이 동원되어야 하는데 북한은 철저한 통제 상황이라 사단 하나 움직이는 것도 어렵다."

⑷ 어렵지만 위대한 것… 시민혁명

현실적으로 북한 인민이 봉기를 일으키는 것은 매우 어려울 것이다. 끼니를 걱정하는 힘없는 주민들이 숨 막히는 감시체제와 잔인한 진압장치를 뚫고 집단 저항을 도모하는 건 거의 불가능하다. 하지만 현실적 가능성을 떠나 가치로만 보자면 북한판 시민혁명은 위대한 일이다.

시민혁명은 우선 정의의 가장 확실한 실현이라는 점에서 가치가 크다. 동시에 정권 붕괴 이후 북한이라는 국가의 진로가 개혁·개방 쪽으로 가장 신속하게 갈 수 있는 급변이라는 점에서 한민족에게 유익하다. 김정은 정권을 무너뜨리는 국민의 분노와 새롭고 정상적인 국가를 향한 인민의 열정을 목격하면 새로 들어서는 권력은 딴 맘을 먹기가 어려울 것이다.

일단 시민혁명이 완성되면 북한이라는 국가는 뒤로 가기가 힘들다. 몇몇 아랍 국가에서는 장기 독재정권이 무너진 후에 혼란과 위기가 닥쳤다. 안정된 민주체제가 들어서지 못하고 내전과 테러가 나라를 흔들고 있는 것이다. 하지만 아랍 국가들의 이런 혼란은 대부분 종파·종족 갈등과 연결된 것이다.

북한에는 이런 종류의 대립이 없다. 북한에서 시민혁명이 일어난 다는 것은 멸종상태에 있는 공산주의를 최종적으로 정리하는 이념 적인 것이다. 공산독재의 종말과 민주공화체제의 시작이라는 이념의 가치가 확실하다. 따라서 아랍과 같은 '가치의 혼란'이 발생할 여지 는 거의 없다. 현대사에서 공산주의를 무너뜨린 나라가 다시 공산주 의로 돌아간 사례는 없다. 북한의 경우 공산정권이 무너지고 새 권력 이 정착하는 과정에 일부 혼란이 있을 수는 있지만 아랍과는 차원이 다르다.

시민혁명은 그러나 북한에서 일어나기 어렵다는 한계가 있다. 탈 북 행동가들을 포함한 대다수 전문가는 현재 상태로는 인민봉기가 거의 불가능하다고 분석한다. 먹고살기에 바쁜 인민이 봉기를 일으 킬 힘이 없고, 주민감시 체제가 너무나도 철저하며, 정권이 작은 소요 라도 무자비하게 진압할 것이라는 것이다. 시민혁명은 현실적으로는 매우 어렵다. 하지만 그렇다고 북한 시민혁명의 역사성과 도덕적 의 미가 사라지지는 않는다.

세계 주요 국가는 18~20세기 시민혁명을 통해 다시 태어났다. 혁 명 전까지 이들 국가는 신분·계급제를 통해 지배층이 피지배층을 압 제하던 봉건 왕조 시스템이었다. 혁명은 이를 뒤엎는 것이었다. 자본 주의건 사회주의건 이들 나라는 봉건제 대신 공화제를 이룩했다.

왕에 대한 국민의 혁명은 인류사에서 가장 드라마틱한 부분이다. 드라마의 필수적 요소인 대조법 이론으로 보면 시민혁명에는 두 가 지 극적인 대조가 있다. 하나는 역사적인 대조다. 시민혁명은 수천 년 간 인류를 지배한 봉건封建을 죽이고 근대를 탄생시켰다. 그 과정에서 상당수 국가의 민중이 절대권력자를 죽였다. 단순히 좌천시키거나 망명을 보낸 게 아니라 목을 쳐버린 것이다.

혁명의 시초는 1649년 영국 청교도 혁명이다. 찰스 1세는 절대왕권을 신봉하면서 의회를 해산하고 독재를 시작했다. 올리버 크롬웰 Oliver Cromwell이 이끈 의회파 반군叛軍은 혁명전쟁에서 승리했고 왕정은 폐지됐다. 혁명군은 왕을 도끼로 처형했다. 크롬웰의 9년 집권 후 잠시 왕정이 복구되기도 했지만 영국은 1688년 명예혁명을 거치면서 입헌군주국가가 된다.

영국의 혁명은 기나긴 혁명의 시대를 알리는 서곡이었다. 영국의 청교도 혁명 127년 후 아메리카 신대륙에서는 인류 역사상 가장 자유롭고 민주적인 나라가 탄생했다. 1776년 미국이 영국을 상대로 독립혁명을 완수한 것이다. 혁명을 통한 공화국의 탄생은 프랑스에도 혁명의 씨앗을 뿌렸다. 1789년 프랑스 혁명이 일어났으며 5년 후 프랑스 국민은 단두대로 루이 16세 부부의 목을 잘랐다.

이후 혁명은 100여 년 동안 숨을 골랐다. 하지만 1900년대 들어 또 다른 중심국가들에서 피의 혁명이 일어나 봉건 왕정이나 독재 제정帝政이 무너졌다. 1917년 혁명에서 러시아 국민은 마지막 황제 니콜라이 2세를 총살해 버렸다. 독일에서는 1918년 군인과 노동자가 반란을 일으켰다. 영국·프랑스보다 많이 늦었지만 결국 독일 국민도 혁명의 열차에 올라탄 것이다. 마지막 황제 빌헬름 2세는 외국으로 쫓겨났고 독일은 공화국이 됐다. 아시아에도 물론 혁명의 바람이 불었다. 1911년 신해혁명으로 중국 국민은 2000년의 전제專制정치를 박물관으로 보냈다. 마지막 황제 푸이溥儀는 처형 당하지는 않았다. 하지만 그는 쓸쓸히 사라져갔다.

혁명이 위대한 나라를 보장해주지는 않는다. 러시아는 공산주의를 선택하는 바람에 70여 년 동안 독재와 혼란을 겪었다. 중국은 처음엔 자본주의 혁명을 선택했지만 혁명의 정착에 실패했다. 혁명은 소용돌이에 휩쓸렸고 오랜 내전과 혼돈 끝에 중국은 사회주의 체제로 귀착했다. 잘못된 진로로 들어서는 바람에 중국도 반세기 동안 역사의 뒷골목에서 서성댔다.

혁명의 결과는 이처럼 다양할 수 있다. 그러나 결과가 어떻든 국민이 절대권력자에 대해 혁명을 해냈다는 사실은 국가의 정신사精神史에 중요한 분수령이 된다. 옳지 못한 왕을 국민이 죽이거나 쫓아낸다는 것… 그것은 국민 스스로 정의를 실현하는 의식혁명인 것이다. 이 혁명을 요란하게 겪은 나라는 모두 세계의 중심국가가 돼 있다.

국민 개개인에게 혁명은 자아自我의 새로운 탄생이었다. 압제에 시달리던 민중이 자신들의 힘으로 지배 권력을 뒤엎는 것은 제도의 혁명을 넘어 의식의 혁명인 것이다. 이들 국가에서는 절대군주가 사라지고 주권은 국민의 소유가 됐다. 일부 국가에서 왕이 있어도 헌법에 의해 통제되는 상징적인 군주에 불과하다. '나 같은 국민이 나라의 주인'이라는 의식은 국민 개개인과 공동체 전체에게 새로운 동력을 주었다. 혁명 이후 공동체를 자유롭고 부강한 근대국가로 발전시키는 데에 중요한 원동력이 된 것이다. 제도와 의식에서 혁명은 이토록 중요한 것이다. 결국 혁명을 성취한 나라와 그렇지 못한 나라 사이에는 커다란 격차가 생겼다. 혁명을 하지 못한 나라는 세계의 주변부로 밀려났다.

불행하게도 한국은 이런 혁명을 이루지 못했다. 혁명을 해야 하는 중요한 시기에 물리적으로 그것을 할 수 없는 환경에 처한 것이다. 한국에게는 1910년대가 중요했다. 그 시기에 중국·러시아·독일에서 혁명이 일어났다. 특히 1911년 중국 혁명이 터졌기 때문에 이웃 국가

한국은 직접적인 영향을 받을 수 있었다. 그런데 불행하게도 1910년 한국은 일본의 식민지배에 들어갔다. 대한제국자체가 사라지면서 이씨 봉건왕조도 없어졌지만 대신 일본제국이 들어섰다.

봉건시대 한반도에서 정권을 교체한 쿠데타는 있었다. 이성계의 1388년 위화도 회군回軍이다. 쿠데타에 성공한 이성계는 4년 후인 1392년 이씨 조선의 초대 왕이 된다. 하지만 이는 왕조를 바꾼 것이지 봉건왕조 시스템을 혁파한 것은 아니었다. 왕의 집안이 바뀐 것일 뿐 '왕과 백성'이라는 제도는 건재했다.

일부 역사학자는 1894년에 일어난 갑오 동학농민 무장봉기를 동학농민혁명이라 부른다. 하지만 이는 무리한 해석이요 호칭이라는 견해가 다수다. 이 농민반란은 모든 사람이 하늘처럼 존귀하다는 동학東學-천도교 사상에 커다란 영향을 받았다. 접주지방단위의 교직자 전봉준을 비롯한 주력군이 동학교도였다. 동학교도는 평등사상을 배웠지만 그렇다고 프랑스 혁명처럼 통치체제의 변혁을 꾀한 건 아니다. 무장봉기의 목표는 어디까지나 왕의 외척인 민씨 일가를 비롯한 한양의 권력자들을 타도하는 것이었다. 봉건왕조 시스템을 부수고 공화정을 세우려는 건 아니었다. 영국·프랑스·러시아처럼 왕을 죽이는 혁명은 아니었던 것이다.

역사에 가정假定은 허망한 일일 것이다. 하지만 만약 1910년 일본제국에게 나라를 빼앗기지 않았다면 1911년 중국 신해혁명의 영향을 받아 대한제국에서도 혁명이 일어났을지 모른다. 물론 중국처럼 혁명 과정에서 자본주의와 공산주의라는 국가체제의 진로를 놓고 일대 격전이 벌어졌을 수도 있다. 그래도 혼란은 결국 한국인의 손으로 근대 혁명을 완수하는 역사적인 사건으로 귀결됐을 것이다.

일제하에서도 국가의 진로를 걱정한 행동가들 사이에선 근대혁명 의식이 자리잡고 있었다. 1919년 3·1 운동 한 달여 후 중국 상하이에서는 대한민국 임시정부가 수립된다. 임시정부는 3·1 운동의 정신을 이어받아 대한민국 임시헌장을 선포했는데 제1조에서 대한민국을 민주공화국제로 한다고 규정했다. 제2조와 제3조에서는 입법과 행정의 분리, 입법의 결정에 의한 통치와 만인이 평등하다는 것을 명시하였다.

일제 식민지배로 한국인이 혁명의 기회를 놓친 건 불행한 일이다. 봉건적인 대한제국을 국민의 손으로 엎었어야 했는데 외국의 총칼이 이를 대신한 것이다. 서구 주요국가와 중국처럼 한국인이 자력自力으로 봉건통치를 끝냈다면 한국인의 위상과 정신세계는 많이 달라져 있을 것이다. 그러나 한국인은 영원히 불행하지는 않았다. 비록 왕조에 대한 근대 시민혁명은 아니지만 그래도 준準혁명을 두 차례나 이뤄낸 것이다. 1960년 4·19와 1987년 6월 봉기는 국민을 압제하는 독재를 국민의 손으로 굴복시킨 것이다.

혁명의 역사에서 가장 불행한 국민은 북한 사람들이다. 1945년 해방 이후 그들은 남한 같은 준準 혁명조차 경험하지 못했다. 1989년부터 동구 공산권이 무너져 내리고 루마니아에서는 피의 혁명이 있었다. 하지만 그 바람은 북한체제는 흔들지 못했다. 동구보다 더 한 공산독재였는데도 정작 북한에서는 일이 벌어지지 않았다. 북한 국민사이에 혁명의 기운이 전혀 없었기 때문이다.

물론 인민에 대한 철저한 압제가 있었지만 혁명이 일어나기엔 인민의 분노가 모자랐다. 그때만 해도 북한 주민은 세습에 대해 별로 반감을 갖지 않았다. 세습이 처음인데다가 후계작업이 10여년 전부터 진행되어왔기 때문이다. 경제상황도 인민의 생활을 위협할 수준은 아니었다. 이 무렵 주민들은 오히려 북한식 사회주의를 사수해야 한다는 당의 방침에 동의하고 있었다.

그로부터 10여년이 지난 2011년 초 이번엔 아랍에서 릴레이 혁명이 일어났다. 튀니지·이집트·리비아의 장기 독재정권이 무너졌다. 튀니지의 벤 알리는 사우디아라비아로 피신했고 이집트 무바라크는 감옥에 갔다. 카다피는 개처럼 끌려 다니다 무참히 살해됐다. 세계는 북한을 주시했다. 1990년대 초에 비해 북한의 여러 상황이 최악으로 변해 있었기 때문이다. 하지만 북한의 김정일 정권은 전혀 흔들리지 않았다. 평양에서는 인민의 함성도, 총소리도 들리지 않았다. 그리고 정권이 김정은으로 바뀌었다.

한국사에서 혁명이 없다는 것은 안타까운 일이다. 봉건지배구조를 타파하고 공화정을 세우는 건 공동체가 정신적으로 다시 태어나는 일이다. 하지만 이미 지나간 일을 아쉬워할 수만은 없다. 아직도 한반도에는 혁명의 기회가 남아있다.

김일성-김정일-김정은으로 이어지는 3대 김씨 세습구도는 이씨 조선의 봉건왕조보다 훨씬 더 강력한 가문중심 국가지배구도다. 왕조처럼 후계자를 지명하고, 왕조보다 심한 개인숭배와 우상화를 상속하고, 어느 폭군보다 가혹한 폭정을 행사하는 봉건왕조다. 더군다나 기술이 찬란하게 발전한 21세기에 국민을 굶기기까지 한다.

그래서 만약 북한에서 인민이 봉기하여 김정은 정권을 타도하면, 이는 혁명이 된다. 물론 혁명을 통해 김정은 정권이 무너지더라도 노동당 일당체제가 건재하고 이를 바탕으로 군부 집단지도체제 같은 게 들어설 가능성이 높다. 하지만 그래도 결국은 통일을 통해 진정한 공화정이 될 터이니 인민 봉기는 혁명이 되는 것이다.

(5) 쿠데타는 힘들다

급변사태라는 건 김정은 정권이 무너지는 것인데 사태 이후 권력이 전개되는 것에 따라 크게 두 가지로 나눌 수 있다. 하나는 친親 김정은 급변이고 다른 하나는 반反 김정은 급변이다. 친 김정은은 새로 등장하는 정권이 일단 김정은 정권을 무너뜨린 개인이나 세력을 단죄하면서 당분간 노선의 지속을 꾀하는 것이다. 대표적으로 암살 같은 걸 들 수 있다. 암살을 시도하는 개인이나 그룹이 암살 후에 권력을 장악하지 못하면 사태는 '친 김정은' 급변으로 귀결될 것이다.

반 김정은 급변은 김정은 정권을 무너뜨린 세력 자체가 새 정권을 구성하는 것이다. 반 김정은이 성립하려면 정권제거 세력이 우월한 힘을 가져야 하는데 쿠데타가 그러한 것이다. 역사상 아시아·중남미 등 많은 나라에서 벌어진 일이다. 그런데 북한에서만큼은 이것이 거의 불가능하다는 게 대체적인 분석이다. 군에 대한 정권의 통제가 워낙 철통 같기 때문이다. 만의 하나 철통을 뚫고 일부 세력이 제한적인 반란을 일으켜도 이는 가혹하게 제압될 것이다.

북한군은 인민무력부에 설치된 총정치국과 보위사령부에 의해 2중으로 감시를 받는다. 총정치국이란 사실상 군대 내에 들어와 있는 노동당의 감시·통제·교육 기구다. '노동당 조직지도부의 군대 파견소'인 셈이다. 보위사령부는 남한의 기무사령부 같은 조직이다. 북한군의 지휘관들은 거미줄같이 설치된 감시망에 정신과 몸이 갇혀 있다.

정권을 위협할 만한 쿠데타가 일어나려면 평양과 가까운 곳에서 군단급 이상의 화력이 기습적으로 동원되어야 할 것이다. 이것은 거의 불가능하다. 기획이나 동원 단계에서 보안이 지켜지기 힘들다. 설사 출병出兵에 성공한다 해도 평양빙어사령부를 비롯한 김정은 정권의 '호위 화력'을 제압하기가 어렵다. 그리고 쿠데타에 실패할 경우 가족들이 당해야 하는 보복이 너무도 끔찍한 것이어서 지휘관들은 두려움에 사로잡힐 수밖에 없다.

병력 동원이 아니라 군부대가 기획하는 제한적 반란도 상상해볼 수 있다. 김정은이 일선 부대를 방문했을 때 부대의 일부 반란세력이 김정은을 감금하고 평양과 협상을 벌이는 것이다. 그러나 이것도 일어나기가 매우 어렵다. 감금을 위해선 오래 전부터 치밀하게 비밀 작전을 세워야 하는데 보안이 지켜지기 어렵다. 김정은 경호세력의 대비도 막강하다. 김정은을 따라 지방으로 이동하는 호위무력 자체도 상당하며 해당 지방부대의 무기고는 철저하게 통제된다.

설사 바늘구멍 같은 가능성이 실현되어 감금에 성공한다 해도 평양 세력이 반란세력과 연합할 가능성은 거의 없을 것이다. 반란군은 중앙 세력에게 김정은을 법정에 세우거나 제거하고 두 세력이 연합하여 새 정권을 만들자고 제안할 가능성이 있다. 하지만 사전에 두 세력의 합의가 없다면 이런 협상은 현실적으로 타결되기 어려울 것이다. 중앙 세력은 혼란스럽고 명분 없는 선택 보다는 쉽고 명분 있는 길을 택할 것이다.

중앙 세력은 납치를 벌인 반란 집단을 공화국에 대한 위해 세력으로 규정하고 김정은 구출 작전을 시도할 것이다. 김정은의 생명이 위험할 수 있지만 그것은 중요한 고려 사안이 되지 않을 수 있다. 진압 과정에서 김정은이 사망하면 자신들이 자연스럽게 권력을 쥘 수 있다는 과감한 계산도 할 수 있을 것이다.

지금까지 서방세계에 북한의 쿠데타 미수 사건으로 알려진 것은 대표적으로 두 개다. 하나는 1992년 '프룬제 군사 아카데미 출신 장교 쿠데타 모의 사건'이고 다른 하나는 1995년 '6군단 반란모의 사건'이다. 하지만 두 개 모두 후계자 김정일이 군부를 장악하기 위해 조작한 것이라는 게 대체적인 정설이다.

김정일은 32세인 1974년 후계자로 지명되면서 노동당 정치국원이 됐다. 1980년대 김정일은 노동당 조직비서 겸 조직지도부장이라는 핵심 당·정 요직을 맡았다. 이는 정권 고위직에 대한 인사를 담당하는 자리다. 그러나 김정일은 여전히 군의 최고통수권은 장악하지 못하고 있었다. 김일성 주석은 아들 김정일의 전횡을 견제하기 위해 자신이 인민군 최고사령관직을 쥐고 있었다. 이에 김정일은 김일성을 압박해 군을 장악하려고 마음 먹었고 이 과정에서 프룬제 아카데미 사건을 조작한 것으로 알려지고 있다.

탈북자 장진성씨는 북한 통일전선부 출신이다. 통일전선부는 대남 첩보와 공작을 담당하는 노동당 조직이어서 그는 북한 내부에 관한 중요한 정보통이다. 그는 2004년 탈북했으며 2011년부터 '뉴 포커스'라는 북한 정보·뉴스 인터넷사이트를 운영하고 있다. 그는 2006년 신동아 3월호에 프룬제 아카데미 사건과 6군단 반란 조작사건을 설명하는 기고문을 실었다. 그는 "1990년대에 탈북한 사람들 가운데에는 북한 당국의 선전·선동에 영향을 받아 두 사건이 실제로 있었던 것으로 잘못 아는 이들이 있었는데 2000년대부터 탈북한 이들은 대체로 두 사건이 조작이라는 걸 알고 있다"고 말했다. 아래는 기고문의 내용을 요약한 것이다.

〈소련 프룬제 군사 아카데미 유학파의 쿠데타 모의 사건〉

"1980년대말 소련 국가안보위원회KGB 요원들은 사회주의 제국 소련이 붕괴하고 있다는 걸 눈치챘다. 그들은 자신들의 미래를 걱정했으며 일부는 정보 장사를 시작했다. 어느 동아시아남당 요원은 북한 내에 있는 친소련 반정부 성향 인사들의 명단을 넘겨주겠다고 북한 당국에 제의했다. 그는 1,000만달러를 요구했다. 김정일은 문건 입수를 지시했고 내용을 보고는 놀랐다.

북한은 군의 현대화를 위해 1985년부터 소련과 동독의 군사대학들에 엘리트 장교들을 유학 보냈다. 소련 프룬제 아카데미는 그 중 하나로 연대장 이상 간부들을 교육시키는 곳이었다. 소련은 북한 내에 친 소련 비밀조직을 만들기 위해 유학생들을 포섭했다. 금품이나 미인계를 동원하거나 협박했다. KGB요원이 넘긴 문건은 이렇게 해서 포섭한 이들의 명단이었다.

김정일은 인민무력부내에 보위국장을 맡고 있던 원응희(북한식 이름은 원응히)에게 내용을 조사하라고 지시했다. 김정일은 이 보고서를 가지고 김일성 주석에게 찾아가 군의 조직과 기강을 강화할 필요성을 건의했다. 1991년 8·18 쿠데타를 비롯해 소련의 해체과정에서 벌어지는 새로운 상황, 소련이 북한군에 대해 실시한 포섭작전, 대 소련정책에서 유약했던 인민무력부 등의 문제점을 집중 거론한 것이었다. 이는 김일성에게 군부의 지휘권을 자신에게 양도해야 한다는 압박이나 다름 없었다. 김일성은 그 해 12월 최고사령관 자리를 김정일에게 넘겨주고 만다.

최고사령관이 된 김정일은 군부를 장악하기 위해 이듬해인 1992년 중반부터 KGB문건을 이용해 '군대 내 반혁명 분자 색출·처형' 작전을 벌이게 된다. 이에 앞장 선 이가 인민무력부 보위국장 원응히 중장이다. 인민무력부의 부총참모장 홍계성 상장, 작전국 교도지도국게릴라 부대 담당 부국장 강운용, 대외사업국장 김학산 등 고위간부 수십 명이 체포됐다. 이들을 포함해 700여명에 달하는 소련·동독 유학파가 혹독한 조사를 받았다. 실제로 소련 KGB가 포섭한 인물은 몇이 되지 않았으며 이들도 간첩이나 반란 활동을 벌인 것은 아니었다. 그러나 김정일 정권은 이처럼 많은 간부를 처벌했으며 핵심분자들에게는 쿠데타를 모의했다는 혐의를 씌웠다."

소련유학파의 쿠데타 혐의는 아무런 확인도 되지 않은 채 북한 주민이나 외부세계에 퍼뜨려져 왔다. '조선인민군 창설 60주년 기념행사가 예정된 1992년 4월 25일, 사열식이 열리면 쿠데타 세력이 전차포로 김일성·김정일 부자를 살해하고 권력을 장악하려 했다'는 얘기가 대표적인 것이다. 장진성씨는 "모든 게 소설 같은 얘기이고 조작"이라고 말했다.

프룬제 사건이 이른바 '소련간첩' 혐의를 씌운 것이라면 '남한간첩'으로 모략한 것이 1995년 6군단 군사반란 모의 사건이다. 6군단은 평양에서 멀리 떨어진 함경북도 청진에 주둔했는데 북한 당국은 이 부대가 평양을 공격하려 했다는 황당한 시나리오를 만들었다. 장씨의 신동아 기고문을 요약하면 이렇다.

〈6군단 쿠데타 모의 사건〉
"북한 주민 사이에서 6군단 사건은 김영삼 정부가 북한 내에서 무력반란을 일으키기 위해 안기부가 공작한 사건으로 알려져 있다. 갖가지 소문이 퍼졌다. '6군단 포들이 금수산기념궁전김일성 시신이 있는 곳 등 평양 핵심

시설에 일제히 사격을 하려고 했다', '6군단 반란세력이 북·중 국경을 열어주면 합세하기 위해 남한 군인 5만명이 옌벤 지역에 나와 노동자로 위장하고 콩 농사를 짓고 있다더라.'

하지만 이 사건의 실체는 반란 음모가 아니라 일부 부대 지휘관들의 비리였다. 1995년이라면 고난의 행군이라 불리는 1994~96년 위기 상황의 한 가운데였다. 이 기간 동안 국가의 배급체계가 무너지면서 군대도 극심한 어려움을 겪었다. 영양실조 환자와 탈영병이 속출했다. 군대가 흔들린 것이다. 할 수 없이 김정일은 각급 군부대에 자체 외화벌이를 허락했다. 6군단은 중국과 국경을 접하고 있었고 이런 지리적 이점으로 다른 부대에 비해 많은 달러를 벌어들였다. 그래서 정치위원을 비롯한 일부 간부들은 귀족 같은 생활을 했다. 이들은 평양에서 내려온 김영춘 6군단 사령관을 따돌렸고 사령관은 '부대 관리를 할 수 없다'는 고발장을 올렸다. 군대의 기강해이를 걱정한 김정일은 이 고발장을 토대로 6군단이 반란을 모의했다는 사건을 만든 것이다. 이 사건으로 수많은 군 간부가 안기부 간첩으로 몰려 처형되거나 숙청됐다. 김정일 정권은 사건이 실체임을 강조하기 위해 6군단을 통째로 남부지역으로 이전했다.

김정일은 군부를 장악한 후 본격적인 선군先軍 정치에 나섰다. 내부 불만을 누르기 위해 국가를 전시체제와 비슷한 상황으로 만든 것이다. 김정일은 인민무력부 산하 1개 국이던 보위국을 국방위원회 산하 보위사령부로 확대했다. 사령관은 여전히 원응희였다."

5

급변을 만들려는 사람들

감나무에서 감이 떨어지기를 기다릴 게 아니라 적극적으로 나무를 흔들어야 한다고 생각하는 사람들이 있다. 북한에서 급변이 일어나는 걸 기다릴 게 아니라 하루빨리 급변이 일어나도록 북한 체제를 흔들어야 한다는 것이다. 이들은 여러 방법으로 북한 민주화 또는 해방 운동을 벌인다.

이들은 먼저 북한에서 벌어진 일들을 남한을 비롯한 외부세계에 알린다. 다음에는 남한의 실상을 포함해 외부세계의 진실을 북한 주민에게 전해준다. 이런 투 트랙two-track 소통을 통해 이들은 인류사에서 가장 끔찍한 폐쇄의 장벽에 구멍을 뚫는 것이다. 그런 점에서 이들은 인류사에 매우 의미 있는 활동가로 기록될 것이다.

이들이 뚫는 구멍은 역사를 바꿀 수 있다. 북한 주민의 의식이 자꾸 깨어나면 행동으로 발전하고 이러한 변화는 김정은 정권에게 강력한 위협이 된다. 국민에는 일반 주민 말고도 김정은 주변에 머물면서 김정은에게 어떤 행동을 가할 수 있는 사람들도 있다. 이들이 의식을 바꾸면 일반 주민보다 현실적으로 더 파괴적일 수 있다.

햇볕정책은 대화와 지원으로 북한 정권이 두터운 외투를 벗도록 만든다는 개념이다. 김정일 정권의 교묘한 대응 전술로 이 정책은 실패로 끝났다. 김정일 정권은 햇볕이 주민에게 가는 것은 철저히 차단했다. 대신 이 태양광 에너지를 핵과 미사일을 개발하고 체제를 강화하는 데에 유용하게 활용했다.

햇볕정책과 달리 북한 민주화 또는 해방운동은 '침투정책'이라고 할 수 있다. 외부세계 정보를 주사注射함으로써 잠자고 있는 북한의 신경을 깨우는 것이다. 디지털 시대에 각종 정보를 이동시키는 수단은 매우 효율적으로 개발되고 있다. 침투를 막아내거나 침투에 버틸 수 있는 독재 정권은 없다. 모든 게 시간 문제다.

남한에서 활동하는 핵심 탈북 운동가들은 대표적으로 세가지 침투전술을 구사하고 있다. 라디오·USB 그리고 삐라다. 효과에 대해선 판단이 분분하다. 하지만 부인할 수 없는 건 크든 작든 이런 침투가 북한 내부에 쌓여 의미 있는 변화를 만들어내고 있다는 것이다. 만약 북한에서 급변이 일어나면 분명 이런 침투로부터 상당한 영향을 받은 결과일 것이다.

북한 정권은 이런 전술에 매진하고 있는 이들의 목숨을 위협하고 있다. 라디오 방송을 운영하는 김성민, 대북전단을 살포하는 박상학, USB를 침투시키는 김흥광 등은 모두 '처단' 대상에 올라있다. 실제로 북한 정권은 탈북자를 동원해 박상학을 독침으로 살해하려다 실패하기도 했다. 남한 당국은 이들을 비롯해 북한의 살생부에 올라있는 이들에게 경호를 제공하고 있다.

나는 2014년 봄 김성민·박상학 그리고 김흥광씨를 따로따로 만났다. 이들은 모두 북한에서 조만간 급변사태가 발생할 가능성이 높다고 전망했다.

(1) 라디오로 북한을 뚫는다, 김성민

김성민은 북한 자강도 희천에서 태어났는데 고등학교를 졸업하고 군대에 들어가 16년이나 있었다. 1997년 탈북하기 위해 두만강을 건널 때 그는 북한군 대위로 212군부대 예술선전대 작가로 복무하고 있었다. 김 대표의 할머니는 해방 이듬해인 1946년 아들들을 데리고 월남했다. 결혼해서 북한에 살고 있는 장남은 빼고 차남 그리고 3남과 남한행을 결행한 것이다. 김 대표는 중국 보따리상을 통해 삼촌들과 편지를 주고받다가 남한으로 가리라고 결심했다. 차남 삼촌은 훗날 김 대표가 자유북한방송을 설립할 때 1억5,000만원을 지원해주었다.

2010년 7월 매일종교신문에 김씨는 자신의 탈북과 자유북한방송의 설립에 대해 이렇게 증언했다.

"내 목적지는 한국이었다. 대련에 가서 한국 배에 타려다 중국공안에게 넘겨졌다. 족쇄를 차고 42일 동안 중국 감옥에서 조사를 받았다. 도문의 탈북자수용소에서 8일 지낸 후 북한군 보위부원에게 넘겨졌다. 나는 호송 도중 족쇄를 찬 채 열차의 유리를 깨고 뛰어내렸다. 아무 데도 다친 데가 없었다. 앉아서 하염없이 기도했다. 8일 만에 다시 두만강을 건넜다. 짧았지만 자유가 그리웠다. 교회 사람들을 만나고 싶었다.

1999년에 대한민국에 왔다. 김포공항에 내리니까 새까만 양복을 입은 국정원 조사기관원이 기다리고 있었다. 북한에서 이렇게 교육했다. '남한에 가면 비밀을 다 털어놓게 하고 죽인다. 여군들이 목에 각목을 대고 눌러서 죽이고, 손에 못을 박는다.' 까만 차를 타고 목적지에 도착하니 문이 자동적으로 닫혔다. 정말 죽었구나 생각했다. 몸이 사시나무처럼 떨렸다.

거기서 남한 사회에서 살 수 있는 기초생활을 배웠다. 자그마한 공간이지만 설비가 잘 돼 있었다. 토요일에는 간식을 줬다. 처음에 사이다를 줬다. 큰 페트병의 사이다를 숨 한 번 쉬고 다 마셨다. 북한은 계획경제체제다. 경제가 어려워지면 불필요한 것은 다 지워버린다. 1972년 사이다가 없어졌다. 그러니 어떻게 아껴 먹을 수 있겠는가. 다음에는 코카콜라를 줬다. 코카콜라는 북한의 외화상점에만 있다. 외국인이 고객이다. 나도 그곳에 한 번 간 적이 있다. 미국 놈 것은 없을 줄 알았는데 콜라 캔이 있었다. 당시 값이 바꿈돈 1원이었다. 야매로는 100원이다. 북한노동자 한 달 임금이 100원이니 콜라 사 먹을 사람이 없다. 나는 불로장생약으로 생각했다. 나와 한 방을 쓰던 사람은 장교출신으로 북한에서 전문해커였다. 그와 한국의 음료수 168개를 찾고는 포기했다. 계속 신제품이 쏟아져 나왔기 때문이다.

처음으로 이발소에 갔다. 머리를 깎은 후 주인이 물을 줘서 마셨더니 가그린이라고 했다. 이발소에 있던 아주머니는 입을 가리고 웃고 애들은 소리 내어 웃었다. 도망치듯 나와 하염없이 하늘을 보며 가슴을 쳤다. '나쁜 놈들.' 북한 사회주의가 최고라고 하던 선생님과 마을 어른들에게 분노가 치밀었고, 하나님처럼 받들었던 김일성과 김정일이 개새끼처럼 보였다. '어떻게 인간이 인간을 정신적 불구자로 만들 수 있단 말인가.' 원통해 눈물을 흘렸다.

3개월 만에 처음으로 명동으로 외출을 나갔다. 차에서 내려 머리를 드니 20대 초반 남녀가 보였다. 청바지에 구멍이 나서 거지로 생각했다. 여자 브라자를 파는 가판대에서 한참 머물렀다. 북한에서는 '가슴띠' '젖싸개'라고 한다. 종류를 세어보니 18가지였다. 색깔 다른 것까지 24가지였다. 기절할 뻔 했다. 북한에서는 사이다 공장이 없어졌듯 1980년대 중반 가슴띠 공장이 없어졌다. 여성들은 스스로 만들어 쓴다. 1992년 김정일이 평양주민들에게 중국에서 분홍색 브라자를 수입해서 나눠줬다. 여성들은 사용하지 않고 가보처럼 보관했다. 그런 장면이 연상되자 눈이 뒤집히지 않을 수 없었다.

나는 영락교회에서 집사 된 지 얼마 안 된다. 탈북자 중에서 열심히 제일 먼저 교회에 나간다. 나는 연세대학 3학년에 편입하여 졸업했고, 중앙대 예술대학 석사과정을 졸업했다. 탈북자 1호 시인으로도 등단했다. 남한에서 충격적인 장면을 봤다. 촛불시위, 반미시위, 친북 성향을 띤 여러 단체들의 움직임. 나는 동물적으로 확신한다. 김정일은 죽어도 변하지 않는다. 그의 통일은 무력통일이다. '우리 민족끼리' '자주' 이런 구호를 내놓으니까 일부 남한인사들은 민족끼린데 뭐가 잘못 됐냐고 비판한다. 반대하는 자들을 수구꼴통이라고 한다. 김정일의 무력통일을 잘 아는 나는 백 번, 천 번 수구꼴통이 되겠다.

김일성은 6·25전쟁을 일으켜 수많은 동족을 죽였다. 김정일은 수백만 북한 주민 민족을 굶어 죽게 했다. 김정일은 간책으로 남한의 분열을 노리는데 남한의 많은 사람이 동조하고 있다. 우리 탈북자

4,000명이 그들 한 명을 못 당한다. 우리가 이길 수 있는 것은 한 가지, 우리가 살아온 인생역정을 알리는 것뿐이다. 우리의 목소리를 내기 위해 인터넷방송국^{자유북한방송}을 만들었다. 김일성이 탄생한 4월 15일에 개국하기로 했다."

자유북한방송은 2004년에 만들어졌다. 김씨를 비롯한 탈북자들은 2000년 남북정상회담이후 벌어진 상황변화에 크게 자극을 받았다. 북한은 회담에 매달리는 남한 김대중 정권에게서 최대한 많은 것을 얻어내려 했다. 수억달러에 달하는 현금과 함께 그들이 중요하게 생각한 것은 북한 체제에 침투하는 남한 정보를 차단하는 것이었다.

북한은 회담의 전제조건으로 남북의 상호비방 중지를 주장했다. '비방'의 위력으로 보아 북한의 남한 비방은 남한의 대북 침투에 상대가 되지 않는 것이었다. 김정일은 상호 중지라는 명분으로 커다란 실리를 노린 것이다. 남한 정권은 요구를 받아들여 2000년 6월 이후 대북對北방송인 KBS사회교육방송을 한민족방송으로 바꾸면서 북한 체제에 대한 비판을 중단했다. 삐라를 비롯한 대북 선전물을 보내는 것도 중지했다.

노무현 정권 때인 2004년 6월 남북장성급 군사회담은 상호비방 방송 중지를 합의했다. 이로 인해 국방부가 운영하던 '자유의 소리' 방송마저 중단되었다. '자유의 소리' 방송은 휴전선의 확성기와 가청거리가 50km인 FM 라디오를 통해 방송되던 것이었다.

의식이 있는 탈북자들은 남한의 이런 조치가 북한의 독재정권에게 얼마나 이로우며 북한 해방을 얼마나 늦추는 것인지 잘 알고 있었다. 그래서 '남한 정부가 하지 않으면 우리가 하자'며 정보의 북한 침투를 직접 수행하기로 했다. 특히 핵심적인 방송 침투를 위해 자유북한방송을 설립했다. 초기 자금은 탈북자들이 모금한 돈과 김씨의 삼촌이 지원한 1억5,000만원이었다.

2004년 창설 때는 하루 방송시간이 30분이었는데 2014년에는 1시간이다. 2014년 7월 31일 방송을 들어보자. 밤 12시 30분부터 다음날 새벽 1시 30분까지 진행됐다. 탈북자 아나운서가 이렇게 시작한다. "북녘동포 여러분 안녕하십니까. 대한민국 수도 서울에서 보내드리는 자유북한방송입니다." 이어 다음 순서로 이어졌다.

① 북과 남 뉴스

② 리얼토크real talk

이날은 남한과 탈북자 청년들이 나와 성형문제를 얘기했다. 탈북자들은 남한에서 목격한 성형열풍에 대해서 느낀 신기함을 말했다. 잘 생긴 외모를 가지려는 것은 인간의 본능이라고 이해하면서도 지나친 열풍은 외모지상주의라는 부작용을 초래한다는 비판도 잊지 않았다. 남한 여성은 자신의 주변에서 벌어지는 성형을 소개했고 탈북자들은 북한에서 성형은 꿈도 꾸지 못하는 일이라고 말했다. 간혹 쌍꺼풀 수술을 하는 경우가 있는데 이상한 사람으로 취급 받는다고 한다. 끝으로 사회자는 북한 여성들은 자라면서 외모를 가꿀 기회가 거의 없고 결혼해서도 가족을 먹여 살리기 위해 장마당에서 일을 해야 하기 때문에 외모에는 거의 신경을 쓰지 못한다고 했다. 먹을 것을 해결하기에 바쁜 마당에 성형은커녕 화장도 제대로 하지 못하고 크림이나 로션 같은 기초화장품 조차 제대로 구입할 수 없다고 소개했다. 그러면서 북한 여성들은 불쌍하다고 끝을 맺었다.

③ 북한인권 이야기

남한의 북한인권기록보존소에서 자료를 제공받아 북한의 열악한 인권상황을 비판했다. 공공기관정보공개법 등 남한 국민이 누리는 '알 권리'와 표현의 자유를 설명했다. 북한 당국은 남한에 대한 부정적 인식을 조장하기 위해 남한에서 벌어지는 데모 장면을 북한 방송에 방영했는데 이를 본 북한 주민들 사이에서는 '데모하는 사람들의 외모와 그들이 입은 옷을 보니 남한이 참 잘 산다'는 소문이 퍼져 당국은 이런 방송을 중단했다는 내용도 있었다. 세계인권단체 프리덤하우스의 통계를 인용해 표현의 자유 부분에서 북한은 세계 195개 국가 중에서 꼴찌라고 소개했다.

④ 남한경제 이야기

남한에서 출간된 경제 위인전이라는 만화를 소개하면서 대표적으로 박태준 전 포항제철 회장을 다루었다. 중국의 덩샤오핑이 "남한에서 수입하고 싶은 인물"이라고 했고, 1991년 소련 연방 해체 때 남한을 방문한 모스크바 대학총장이 포항제철의 근로자 주택단지를 둘러본 후 "마르크스와 레닌이 꿈 꾸는 유토피아가 여기에 있다"며 눈물을 글썽였다는 스토리 등을 소개했다.

⑤ 미국에서 보내는 편지

미국 워싱턴에서 활동하고 있는 수잔 솔티 자유북한인권연합 대표와 한국 전쟁에 참전했던 미국 예비역들이 북한 동포에게 전하는 영어 메시지를 한국어 번역과 함께 방송했다. 그들은 북한 주민이 겪고 있는 고통을 잘 알고 있다며 하루빨리 인간다운 삶을 살 수 있는 날이 오기를 고대한다는 위로의 메시지를 전했다.

⑥ 김정일 정권이 자행한 일본인 납치에 관한 해설

일본에서 나오는 관련 뉴스를 보도한 후 개별 사건을 소개했다. 이날은 1977년 당시 52세였던 구메 유타카 씨를 재일 조선족이 바닷가로 유인했고 북한 공작원이 그를 납치한 사건을 설명했다.

⑦ 대북 선교

마지막 순서로 탈북하여 남한 신학대학을 졸업한 전도사들이 성경 구절을 낭송했다.

방송을 미치면서 아나운시는 중국으로 딜북한 북한 동포들에게 도움이 필요하면 연락하라고 서울 자유북한방송의 주소와 전화번호를 읽어주었다. 2014년 7월말 편성에는 없었지만 이전까지 방송은 북한인민의 봉기를 촉구하는 코너를 집어넣기도 했다. '독재자의 최후'였는데 역사에 있었던 독재자들이 어떻게 종말을 맞이했는가를 자세히 소개했다. 다른 코너에서는 아랍에서 일어났던 시민혁명을 다루기도 했다.

2014년 봄 나는 김성민 자유북한방송 대표를 만나 인터뷰를 했다. 당시는 세월호 사태의 충격으로 북한민주화 운동에 대한 사회의 지원도 다소 가라앉아 있었다. 여러 어려움 속에서도 김씨는 방송에 대한 흔들리지 않는 소명의식을 보여주었다.

─ 북한에 있을 때 남한의 라디오를 들었는가.

"1990년대에 남한에서 집중적으로 풍선을 통해 단파 라디오를 북한에 투하했다. 평양에서는 군과 경찰이 싹 수거해간다. 그러나 다른 지역의 산간에 떨어지는 건 어떻게 할 수가 없다. 나는 부대 인근에 떨어진 단파 라디오를 6개나 가지고 있었다. 나는 남한 방송, 예를 들어 KBS 사회교육방송을 들을 수 있었다. 조갑제·강인덕·이동복씨 방송을 들었다. 중앙대 김용범 교수가 북한 문학사를 얘기하는 것도 들었다. 아버지가 시인이라 나는 문학에 관심이 많았다."

(김씨의 아버지는 김순석 시인으로 함경북도 청진이 고향이다. 김 시인은 꽤 유명한 문인이었는데 이른바 종파사건과 관련되어 김일성 정권으로부터 탄압을 받았다고 한다. 김성민씨가 12살이던 1974년 아버지가 사망했다.)

— 북한에 대한 라디오 침투 운동은 현황이 어떤가.

"외부에서 북한에 보내는 방송은 모두 10개다. 미국 2개미국의 소리, 자유아시아방송와 일본 2개를 포함한 것이다. 자유북한방송은 탈북자가 만들어 운영하는 것이라 특별한 의미가 있을 것이다. 북한 주민은 북한을 탈출하여 남한에 정착한 사람들이 보내는 방송에 더 관심을 기울일 수 있지 않은가. 미 당국이 탈북자 200~300명을 대상으로 조사를 했다. 응답자의 30% 이상이 KBS·극동방송·자유아시아방송과 '미국의 소리' 등 외부 방송을 듣는다고 했다. 민간 단파방송 중에서는 자유북한방송을 가장 많이 들은 것으로 나타났다. 한국 내 탈북자들이 2만5,000명 정도 되는데 그 가운데 약 4,000~5,000명이 우리 방송을 들은 적이 있다고 대답했다는 통계도 있다. 무엇보다 탈북자들이 만드는데다 북한 말을 그대로 사용하기 때문에 북한 주민들이 더 친밀하게 느끼는 것 같다."

– 이 방송이 탈북자들에게 영향을 미친 사례를 소개해달라.

"외국에 있는 북한인들은 인터넷을 통해 우리 방송을 들을 수 있다. 헝가리에 주재하던 북한 공작원 부부가 있었는데 4년전에 서방으로 망명했다. 부인은 한국으로 가기를 원했는데 남편은 미국을 고집했다. 부인이 남편에게 '자유북한방송'을 좀 들어보라고 설득했다고 한다. 남편이 생각을 바꿔 부부는 한국에 왔는데 남한 당국과 요구조건을 둘러싸고 이견이 있어 나중에 영국으로 갔다."

– 매체를 운영하려면 경제적으로 고생이 많겠다.

"쉽지 않다. 방송을 하려면 외국의 민간방송 주파수를 사야 하는데 방송 시간에 따라 돈을 지불한다. 지금은 하루에 두 시간 정도 방송을 하는데 자금이 빠듯해서 한 시간 정도로 방송을 줄일 때도 있다. 그 동안 도와주던 미국 국무부의 지원이 끊겨 재정에 어려움이 많다. 방송 자체에도 돈이 많이 드는데 다른 일로도 비용을 써야 했다. 노무현 정권 때 좌파 단체들이 사무실로 몰려와 반대 데모를 해서 시끄러워지자 건물주들이 옮겨달라고 했다. 그래서 이사한 게 여러 번이다. 방송국은 스튜디오가 있어 이사 비용이 많이 든다."

– 운영 자금은 어떻게 마련하나.

"한마디로 십시일반+匙一飯이다. 개인과 단체들이 후원해준다. 일본과 미국의 민간단체, 한국의 종교단체와 몇몇 교회 그리고 자신을 드러내지 않는 후원자들이다."

- 북한 정보를 **빼내**는 것도 쉽지 않을 텐데.

"여러 사건이 많다. 북한 당국은 기습적인 단속을 자주 한다. 2009년 함흥에서 공개처형이 끝나자 북한 기관원들이 출구를 하나만 남기고 현장을 막았다고 한다. 몰래 사형 장면을 찍는 사람들을 찾아내려는 것이었다. 몸수색에서 몇 명이 걸렸다는 게 알려졌다. 우리측 정보원들은 아니었지만 위험하다 싶어 정보원들에게 동영상을 찍어달라고 하는 일은 중단했다."

- 북한 급변사태 가능성은 어떻게 생각하나.

"김정은 정권의 행태를 보면 정권이 극단적인 비정상으로 치닫고 있는 걸 알 수 있다. 상황이 비정상으로 치달으면 정권에게도 비정상적인 일이 일어난다. 급변사태는 피할 수 없으며 임박한 것으로 보인다."

- 가장 가능성이 높은 급변사태는.

"인민에 대한 정권의 통제가 너무 강력하고 인민자체가 힘이 없어 봉기는 상상도 할 수 없다. 하지만 쿠데타는 다르다. 과거에는 쿠데타도 생각하기 어려운 것이었는데 요즘 나의 생각은 다르다. 군의 불만이 매우 크다. 군기를 잡는다고 김정은이 장성급 23명을 서해 전방지역에 있는 무도로 보내 병사생활을 하도록 했다. 중국 문화혁명 때 있었던 하방下放같은 거였다. 나이 많은 장성들에게는 매우 힘든 것이다. 육체적으로도 힘들지만 정신적으로도 편치 않을 것이다. 그리고 리영호 총참모장과 김철 인민무력부 부부장 그리고 장성택이 제거되는 걸 보면서 군 고위간부들은 자신들도 언제 모가지가 달아날지 모른다는 불안감을 갖게 되었다. 쿠데타가 발생할 수 있는 심리적 여건이 있는 것이다."

– 정권에 대한 충성심에 있어 군부에 변화가 발생하고 있다는 것인데 그렇다면 과거 김정일과 군의 관계는 어떠했나.

"오랜 기간 후계작업을 진행하는 동안 김정일은 군의 환심을 사려고 노력했다. 전 장병에게 중국제 시계를 주기도 했고 사단장 같은 핵심 지휘관들에게는 벤츠를 선사하기도 했다. 군의 입장에서 보기에 김정일은 김일성의 아들이고 백두산 혈통을 가지고 있어 군이 존경심을 가지는 데에 아무런 문제가 없었다. 반면 아들 김정은은 근본이 취약한데다 나이가 어려 군의 충성을 획득하는 데에 어려움이 있다."

– 김정은은 군을 어떻게 대했나.

"후계 기간도 짧은 데다 아버지가 갑자기 죽어 권력의 공백이 생겨서 그런지 김정은은 서두른 것 같다. 환심보다는 공포로 군을 장악하기로 했다. 1차 대상이 리영호 총참모장이었다. 반혁명분자라는 표현이 나오는 걸 보니 그도 단순한 숙청이 아니라 처형까지 당한 것 같다. 리영호 제거는 우리 방송이 특종 했는데 그가 '김정은이 나에게 잘해야지 내가 왜 그 사람에게'라는 취지의 불만을 얘기했다가 문제가 된 것으로 안다. 비슷한 시기에 김철 인민무력부 부부장도 숙청했다. 2차가 장성택이며, 3차가 최용해인 듯 하다. 최용해가 군 정치사업을 잘 못하니까 좌천시킨 것으로 보인다."

- 처형과 숙청의 바람은 그만큼 김정은이 불안했다는 것 아닐까.

"우리가 심어놓은 정보통들은 김정은이 군부에 보내는 지시문을 입수한다. 이런 지시문과 각 부대 조직부에서 작성한 평정서平가서 를 보면 얼마나 정권이 불안해 하는지 알 수 있다. 김정은의 이런 지시들이 들어있다. '왜 내 허락 없이 평양서 박격포 훈련을 하는 가' '바늘 떨어지는 소리라도 보고하라고 했는데' '괴뢰 드라마, 괴 뢰 책자를 철저히 막으라.'"

- 북한 정권은 군을 엄격하게 통제하고 있다. 기술적으로 쿠데타가 가 능할까.

"강건 군관학교는 남한의 육사에 해당되는데 졸업 동기들끼리 긴 밀한 연락관계를 유지하고 있다. 이들이 지휘하는 2~3개 사단만 맘을 먹으면 결행할 수 있다. 예들 들어 지방 부대를 방문하는 김 정은을 감금하여 평양과 협상할 수 있다. 평양 방어 여단은 사단 급 화력을 갖추고 있어 직접 평양을 공격하는 것은 힘들다."

- 만약에 쿠데타 같은 게 성공하면 그 후는 어떻게 될까.

"김정은의 형들인 김정남이나 김정철을 옹립하는 건 힘들 것이다. 그들은 기반이 없다. 설사 지지세력이 있다 해도 그들을 옹립할 명분이 없다. 대신 집단 군부지도체제 같은 게 들어설 가능성이 높다."

- 권력 갈등이 혼란으로 이어지면 중국이 군사적으로 개입할 가능성이 있을까.

"중국이 마음대로 북한에 군대를 투입하거나 하는 일은 있을 수 없다. 북한 사람들은 자존심이 강하다. 호락호락하지 않다."

자유북한방송의 정보력은 여러 사실로 입증되고 있다. 김정일의 후계자에 대해 세계 언론이 관심을 갖기 시작할 때 자유북한방송은 이미 김정은으로 판단하고 있었다. 김정은 집권 이후 최초로 벌어진 고위직 숙청은 리영호 인민군 총참모장이라고 할 수 있다. 이 사건의 자세한 내용을 처음 공개한 것도 자유북한방송이었다. 방송이 북한에서 입수한 자료에 '리영호의 사진을 모두 내리라'는 지시문이 있었다는 것이다. 다른 자료에서는 '반역자 리영호'라는 문구도 발견되었다.

김정은의 지시문 뿐만이 아니다. 방송은 정보원을 이용해 공개처형을 촬영한 동영상을 비롯해 북한 내부를 보여주는 많은 사진자료를 확보했다. 북한도 행정업무는 컴퓨터로 처리하므로 문서가 파일 형태로 만들어지는데 자유북한방송은 이런 파일들도 입수한다고 한다.

김성민 대표가 분석한 급변사태 가능성 중에서 특히 주목되는 건 북한군 지휘관들의 불만과 불안이다. 내가 김 대표를 만난 건 2014년 5월 초였는데 그때 그는 북한군 고위장성들 사이에 퍼지고 있는 불만과 불안을 얘기했다. 실제 나이가 30살밖에 되지 않는 김정은이 아버지뻘 되는 군 고위장성들에게 시련을 주고 있으며 이것이 불만을 낳고 있다는 거였다. 그는 구체적으로 북한군 장성 23명이 무도로 하방돼 병영훈련을 받았다는 사실을 얘기했다.

무도는 남한 연평도와 대치하고 있는 북한군의 최전방이다. 2010년 11월 연평도 사태 때 북한군은 두 차례로 나눠 포탄 170여발을 퍼

부었다. 한국군의 대對 포병 레이더는 1차 포격의 발사지점을 탐지해 내지 못했다. 그래서 연평도에 주둔한 자주포 부대는 평소에 입력해 놓은 북한군 목표물을 타격했는데 이 곳이 무도였다. 무도는 그만큼 최전방이다. 그런 곳에 군 장성 20여명을 보내 병사들과 비슷한 훈련을 받게 했다는 것이다.

김 대표를 만난 2개월 후인 7월 초 김정은이 서해함대와 동해함대의 지휘관들로 하여금 바다에서 왕복 10km짜리 수영 경쟁을 시켰다는 뉴스가 보도됐다. 김정은은 해군 지휘관들이 수영을 잘 해야 병사들을 이끌 수 있다고 강조했다. 육군 지휘관들이 소총 사격훈련에 참가하고 공군 지휘관들이 직접 전투기를 모는 훈련도 공개되었다. 공군 훈련에서는 67세인 전직 공군사령관이 비행기를 조종하는 장면도 등장했다. 김정은 시대에 군 지휘관들을 상대로 비정상적인 일들이 벌어지고 있는 건 틀림없다. 그런 점에서 김성민 대표가 '군부의 불만'에 주목하는 건 의미 있는 관측이 될 수 있다.

자유북한방송 홈페이지는 영문 번역판도 운영하고 있다. 방송이 보도하는 북한 내부의 사정을 외국의 언론이나 북한 연구단체가 쉽게 접할 수 있는 것이다. 외국의 언론이나 관리·전문가들이 북한의 이런 실상을 알면 알수록 섣부른 햇볕정책보다는 원칙 있는 압박정책이 김정은 정권을 변화시키는 데에 효과적이라는 사실을 깨닫게 될 것이다. 그런 점에서 자유북한방송은 세계와의 소통에 중요한 역할을 담당하고 있다. 번역작업은 미국 명문대를 졸업한 한국 여성이 맡고 있다.

(2) USB 침투운동, 김흥광

서울에서 북한 민주화운동을 벌이고 있는 핵심 탈북자들은 김정은 정권의 방패를 뚫기 위해 가능한 모든 수단을 활용한다. 나는 이것을 침투 병기라 부른다. 3대 병기는 김성민의 자유북한방송, 김흥광 NK지식인연대 대표의 USBuniversal serial bus 그리고 박상학·이민복 씨의 대북 삐라다.

김흥광 씨는 1960년 함경남도 함흥에서 태어났다. 그는 평양에 있는 김책공업종합대에서 보안 솔루션 연구로 박사학위를 받고 함흥 컴퓨터기술대 교수로 일했다. 그는 2003년 북한 체제에 염증을 느끼고 탈북했다. 남한에 들어온 후 1년간 그는 한신대 정보통신공학과에 출강했고 2005년부터 탈북자의 남한정착을 지원하는 활동을 벌였다.

탈북자 중에서 특히 그가 주목되는 건 2008년 'NK지식인연대'를 만들었기 때문이다. 탈북자 중에서 1,000여명에 달하는 지식인 출신들을 모아 북한과의 통일문제를 연구하는 것이다. 김씨는 자신의 전

공을 살려 삐라나 단파방송 대신 USB를 북한에 침투시키는 운동을
벌이고 있다. 2014년 봄 나는 그를 만났다.

– USB라는 수단을 사용하게 된 동기는

"다른 수단의 한계 때문이다. 삐라는 휴전선 지역으로부터 북쪽
으로 멀리 보내는 게 힘들다. 아무리 바람을 잘 타도 한계가 있다.
그리고 인구 밀집지역에 떨어져야 효과가 있는데 그런 걸 맞추는
게 쉽지 않다. 특히 평양 지역을 공략하는 게 중요한데 평양까지는
전단이 도달하기 어렵다. 라디오는 생생하다는 장점이 있지만 수신
에 어려움이 있다. 북한 당국은 jamming을 이용해 전파를 차단하
곤 한다. 윙윙하는 소음으로 라디오를 듣지 못하게 만드는 것이다.
남한에서 주파수를 바꿔도 북한 당국이 곧 다시 차단하는 경우가
많다. 어쩌다 전파가 잡히는 경우라도 북한 주민들은 들키지 않으
려고 집에서도 이불을 쓰고 들어야 하는데 1시간짜리 방송을 다
듣기가 어려울 것이다. 피곤한 일상에 젖어있는 북한 주민들은 라
디오를 듣다가 잠에 곯아 떨어지곤 한다. 내 자신이 방송을 들어봐
서 잘 안다. 남한에서 통일부 장관을 지낸 강인덕씨가 노동당 고급
당원들을 상대로 방송하는 걸 들었던 기억이 있다. KBS 국제방송
이었을 것이다. USB는 삐라와 라디오의 단점을 극복할 수 있다."

– USB에는 주로 어떤 내용을 담는가

"재미있게 만들려고 노력한다. 남한의 영화나 소설 같은 건 북한
주민에게 매우 흥미로운 것이다. 그리고 위키피디아 내용도 소개
한다. 위키피디아에 김정일이나 북한 같은 단어를 검색하면 재미있

는 내용이 많이 나온다. 위키피디아에 있는 걸 인용하면 북한 주민들이 내용을 믿는 데에 더 도움이 될 것이다."

– 북한체제를 비판하고 남한을 선전하는 내용을 담고 있는데 북한에 들어가는 과정에서 걸리지 않는가

"그래서 스텔스stealth USB라는 걸 만든다. 이 USB를 처음 컴퓨터에 꽂으면 아무런 내용이 없다. 그러다가 수십 회 반복하거나 아니면 일정 시간이 지나면 그제서야 USB가 안에 있는 내용을 토해낸다. 내용은 컴퓨터에 자동으로 저장된다. 토해낸 후에 USB가 자동으로 초기화를 해서 아무런 증거를 남기지 않는다. 이런 USB를 제작하는 데에는 하나에 15분 정도가 걸린다."

– USB에 들어있는 내용을 보려면 컴퓨터가 있어야 하는데 북한 주민이 컴퓨터를 쉽게 접할 수 있나

"북한에 약 500만대 정도가 보급되어 있는 걸로 추정하고 있다. 북한은 컴퓨터 하드웨어를 생산하는 기능이 없어 중국서 부품을 수입해 조립하거나 아니면 중국산을 수입한다. 삼지연 컴퓨터는 북한서 조립한 것이다. 평양 같은 대도시에서는 집집마다 한 대 정도씩 있다. 시골마을에서는 컴퓨터가 있는 집이 따로 있어 주민들이 돈을 내고 이용한다. 그래서 북한에서 USB는 일종의 필수품이다. 평상시에 USB를 가지고 다니다가 컴퓨터가 있는 데서 보고 싶은 걸 보는 것이다."

– 북한에는 전기가 많이 부족하니 컴퓨터를 보는 데에도 제한이 많

겠다

"그래서 중국에서 북한에 컴퓨터를 팔 때 보조 배터리를 특수하게 개발해서 같이 판다. 그리고 노트텔이라는 것이 있는데 북한 보급용으로 제작한 것이다. USB와 CD 그리고 TV를 다 같이 볼 수 있는 것이다."

– USB운동은 언제 시작했고 어떻게 침투시키는가

"2010년에 시작해서 지금까지 2만개 정도를 만들었다. 하나에 1만원 정도가 들어간다. 주로 중국 조선족 보따리상등을 통해 북한에 유통시킨다. 처음에는 싼 값이라도 가격을 붙여 파는 방법을 썼으나 USB가 북한 내에 유통되는 속도가 느려 지금은 장마당 같은 데에 그냥 놔두고 공짜로 가져가게 한다."

– 그런 방법으로 USB가 유통되는지 확신할 수 있나

"그래서 보따리상으로 하여금 안경에 장착한 몰래 카메라로 찍어오게 한 적이 있다. 그런데 할머니나 어린 아이들이 USB를 가져가는 모습이 나오더라. 한번은 일본 NHK가 북한 내 한류에 관해 특집방송을 한 적이 있다. 북한에 있는 협조자를 이용해 촬영한 동영상이 있었는데 어느 장교 집에서 USB를 꽂고 보는 장면이 나온다. 컴퓨터 화면에 펼쳐지는 내용이 우리가 만든 것이더라."

– 조선족 보따리 장수와 장마당 같은 경로를 이용한다면 북·중 국경에서 멀리 떨어진 평양 같은 곳까지 USB가 도달하는 데에는 어려움이 있겠다

"한계가 있는 게 사실이다. 특히 평양 같은 지역에 보내는 게 어렵다. 제일 좋은 방법은 '스마트 풍선'을 개발하는 것이다. 풍선에 동력장치와 GPS를 장착해서 백령도 같은 데서 북한 지역으로 보내는 것이다. 한국이 보유한 기술이라면 이 정도는 쉽게 제작할 수 있다. 동력장치가 있는 것을 상대지역에 보내는 게 정전협정 위반이라는 지적도 있지만 북한은 남한 지역에 무인기를 날려 보냈지 않은가."

– USB를 제작해서 북한에 침투시키는 데에는 비용이 많이들 텐데

"북한과 관련된 연구 용역을 해주고 벌어들이는 수입 등으로 충당한다. 미국에서 지원받는 프로그램이 있는데 그것은 2015년에 끝난다."

– 남한 정부의 지원은 없는가

"USB작업과 관련해서는 지난 5년간 남한 정부로부터 단돈 1원도 받지 못했다."

– 당신은 컴퓨터 전문가인데 USB말고 다른 최첨단 침투 수단을 개발할 수는 없을까

"그림자 인터넷이라는 것도 효과적인 방법이 될 수 있다. 태양광 전지 등으로 작동하는 장치를 해놓으면 반경 30km에서 와이파이가 가능하도록 하는 것이다. 이 장치를 북한 국경과 가까운 중국에 설치하면 접경지대 북한 주민들이 인터넷을 이용해 외부정보를 얻을 수 있다."

(3) 바람과 풍선의 전사, 박상학

북한 민주화운동을 벌이는 탈북 행동가 중에서 박상학 북한자유운동연합 대표는 대표적인 야전野戰형이다. 라디오 방송을 하거나 USB를 보내는 게 아니라 삐라·달러·물품을 실은 풍선을 바람에 실어 북한 땅에 떨어뜨리기 때문이다. 그는 바람을 이용하는 '바람의 전사'다.

그런데 가장 원시적인 이 방법을 북한 당국은 제일 두려워한다. 남북관계가 단절된 이명박 정권 후반기에 북한의 요청으로 비공식 실무접촉이 수 차례 열렸다. 당시 청와대 외교안보수석을 맡았던 천영우씨에 따르면 실무자 회동에서 북한은 "제발 대북 풍선 좀 막아달라"며 애걸하다시피 매달렸다고 한다. 당시 김정일이 삐라를 매우 싫어했으며 이를 막지 못하는 대남 일꾼들을 질책했던 것으로 알려졌는데 북한 실무자들은 이런 분위기를 남한에 전달했다는 것이다. 남한 당국은 남한에서는 민간인이 하는 이런 행동을 당국이 제지할 수 없다는 걸 분명히 밝혔다.

김정일 정권은 직접 자객刺客을 보내 박상학 씨를 제거하는 걸 시도하기도 했다. 남한에 정착한 탈북자인 안영학씨를 포섭한 후 독침을 줘서 박씨를 살해하도록 지시했다. 이를 탐지한 남한 정보당국이 암살 시행 직전에 안씨를 검거함으로써 북한의 시도는 실패했다. 삐라에 대한 알레르기는 김정은도 마찬가지다. 2014년 10월초 북한군은 풍선을 향해 고사포를 쏘아댔다.

박상학씨는 1968년 양강도 혜산에서 태어났다. 아버지와 어머니는 모두 북송 재일교포 출신이다. 아버지의 전공은 무선공학인데 박씨도 김책공대서 같은 걸 전공했다고 한다. 아버지는 북한에서 군 무선송신기 제작에 관여했고 박씨가 태어날 때 양강도 혜산 기업소에 근무하고 있었다.

박씨의 아버지는 노동당의 대남 공작에 관여하다가 남한 당국에 포착되었던 것으로 알려지고 있다. 박씨는 1999년 부모와 함께 탈북했으며 아버지는 지금 일본에 있다. 박씨는 남한에 정착하여 평범하게 살다가 친척들이 북한 당국으로부터 극심한 탄압을 받았다는 얘기를 듣고 2005년 대북 전단살포 운동을 시작했다. 나는 2014년 봄 박씨를 만나 여러 얘기를 나누었다.

- 풍선을 정확히 북쪽으로 보내는 게 쉽지 않을 텐데

"서너 시간 기상학을 공부하면 바람의 방향을 대충 알 수 있다. 남한에는 30년 동안 한반도에 불었던 바람에 관한 자료가 있다. 주로 중국에서 동해 쪽으로 서동풍이 많이 부는데 3~6월엔 북한 쪽으로 부는 바람이 많다. 풍선 날리기에는 이 때가 좋다."

– 북한 대도시에 풍선이 떨어져야 효과가 클 텐데

"물론 쉽지 않다. 하지만 일단 많든 적든 북한 주민이 전단을 보는 일이 중요하다. 서울에 정착한 탈북자들이 우리 단체에 전화를 걸어와 '전단을 보았다'고 격려한다. 평양 김일성 광장에도 떨어졌다는 증언이 있다. 삐라에 이를 보내는 우리 탈북자 단체 이름을 명기한다. 남한의 당국이나 보수단체가 아니라 탈북자들이 많든 단체에서 보낸다는 사실을 알아야 북한 주민이 전단 내용을 더 신뢰할 수 있다. 이런 점이 북한 당국에게 아픈 것이다. 남한 보수단체인 국민행동본부의 서정갑 본부장이 자기 밑으로 들어와 대북전단팀장 맡으라고 제안했지만 거절했다. 그렇게 되면 보수단체에서 보내는 것으로 되어 효과가 반감하기 때문이다. 전단 외에도 1달러 지폐를 풍선에 넣는다. 북한 주민은 1달러 때문에 우리가 보내는 전단에 더 많은 관심을 가질 수 있다."

– 대부분의 북한 민주화 운동이 그렇지만 전단 보내기도 비용을 마련하기가 쉽지 않겠다

"정전협정에 따르면 국경을 넘어 상대지역에 물자를 떨어뜨리는 것은 금지 되어 있다. 그래서 부시 대통령이 도와주겠다고 했는데도 미국 정부가 공식적으로 지원하지는 못한 것이다. 대신 북한 민주화 운동을 벌이는 수잔 숄티 여사와 재미동포 사업가 남신우 씨가 미국에서 1달러짜리 모으기 운동을 벌여 우리를 돕고 있다. 남한에서도 조용히 우리를 도와주는 사람들이 있다. 어떤 재력가는 나에 대한 독침 위협 사건 이후 강남 역삼동에 80평짜리 사무실을 마련해주었다. 다른 재력가는 전단지에 넣어 보내는 책자를

무료로 인쇄해 준다. 금란교회 김홍도 목사도 우리를 후원해준다. 그는 지난해 9월 미국교포가 보내온 돈에다가 자신의 돈을 얹어서 상당히 큰 금액을 지원해주었다."

– 북한이 개혁개방을 하는 건 불가능할까

"김일성은 덩샤오핑의 설득을 받아 중국식으로 개혁·개방을 하려고 했다. 1984년에 합영법을 만들어 외국 투자를 유치했다. 일본 조총련계 기업인들 상당수가 투자했는데 대부분 성공하지 못했다. 기업인들의 투자가 실패한 것은 경제활동을 위한 북한의 제도가 정비되지 않아 생산을 해도 외국 수출이 막히는 등 제약이 많았기 때문이다. 북한 당국은 기업인들에게 훈장을 주며 사회주의 조국의 발전에 기여했다고 격려했는데 이런 방법으로 투자를 붙잡는 것에는 한계가 있었다."

– 김정은에게 처형된 장성택이 개혁·개방론자 아니었나

"중국식 개혁·개방을 줄기차게 주장한 사람이 장성택이다. 김정일이가 많이 견제했다. 김정일이 누르면 조금 조용해 졌다가 기회를 봐서 다시 얘기하곤 했다. 그 정도이지 그의 주장이 채택되진 않았다."

– 김정은 정권에게 급변사태가 일어날 가능성은 어떻게 보나

"김정은에게는 호위무사 4인방이 있다. 우선 남한의 국정원에 해당하는 국가안전보위부부장 김원홍와 경호부대인 호위사령부호위총국다. 호위총국장은 20년 넘게 이을설이 맡았었다. 지금은 고영희의

남동생 즉 김정은의 외삼촌이 총국장이라는 설이 있다. 다음은 남한의 기무사령관에 해당하는 보위사령관이 있다. 보위사령부는 군에서는 권한이 막강해 부대 정치위원도 보위부원의 눈치를 본다. 노동당 조직지도부도 핵심 조직인데 부장은 김정은이 겸직하므로 부부장이 막강하다. 노동당 1호청사 3층에 김정은 집무실이 있는데 나머지는 노동당 조직지도부가 사용할 정도로 이 부서는 핵심이다. 김정은은 4인방을 중심으로 권력을 장악하면서 자신에게 위해를 가할 세력을 견제한다. 이들의 체제 장악은 너무도 강력하여 인민폭동이나 쿠데타가 일어날 가능성은 거의 없을 것으로 나는 판단한다. 하지만 이런 체제라고 해도 측근에 의한 암살까지 막을 수는 없다. 이런 우발사태의 가능성은 매우 높다."

– 급변사태가 터지면 남한은 어떻게 대처해야 하나

"김정은이 제거되면 집단지도체제가 등장할 가능성이 높다. 새로운 체제는 중국식 개혁·개방으로 갈 수 밖에 없다. 문제는 과도기를 잘 관리해야 한다는 것이다. 당분간은 휴전선을 철저히 막아 대량 탈북을 저지해야 한다. 북한 주민들에게 긴급구호 형식으로 식량과 에너지를 대량으로 보내주어야 한다. 그러면 대량 탈북을 막을 수 있다. 5~10년 과도기를 거쳐 통일로 가는 게 바람직하다."

(4) 박상학을 죽이려고 했던 북한의 독침

언젠가 통일이 되면 한국인이 잊지 않고 해결해야 하는 문제가 있다. 북한 정권이 남·북한 국민에게 저지른 테러를 단죄하는 것이다. 그 중에서도 대표적인 게 독침 테러다.

남한이 스마트폰 세계 1등인 것처럼, 북한은 독침 1등이다. 독침은 네오스티그민 브로마이드neostigmine bromide라는 독약으로 만든다. 이 물질은 청산가리보다 5배나 독성이 강하다고 한다. 몸에 들어가면 바로 심장과 근육을 정지시킨다. 독침은 볼펜 스타일이고 단발 독총은 주로 만년필 형태다. 손전등처럼 만든 독총은 3발을 쏠 수 있다.

지금 교도소에는 안영학이라는 탈북자가 징역 4년을 살고 있다. 그는 22년간 복무한 북한군 출신이다. 1995년 남한에 들어왔는데 1999~2002년 '탈북자 동지회' 사무국장을 지낼 정도로 남한 사회에 성공적으로 정착했다. 그랬던 그가 2011~12년 몽골 울란바토르에서 북한 대남공작 요원들과 접촉하면서 독침 자객으로 변신했다. 남북 무역을 뚫어보려다가 덫에 걸린 것이다. 그는 처자식과 노모를 북한에 두고 탈북했다. 북한 요원들은 그들이 끌려간 '통제구역수용소' 동영상을 보여주었다.

그는 몽골에서 북한 요원들로부터 독총·독침 사용법을 배웠고 독총 2개, 독침 1개, 독약캡슐 3개를 받았다. 그가 암살 지시를 받은 첫 대상은 김덕홍이었다. 그는 황장엽 비서와 같이 탈북했던 중요인물이며 안씨가 사무국장을 맡았던 탈북자동지회의 회장이었다.

암살 작전은 난관에 부닥쳤다. 황장엽 암살을 위해 북이 파견한 공작원들이 검거되면서 김덕홍 회장에 대한 당국의 보호조치가 한층 강화됐던 것이다. 사정이 여의치 않자 북한은 박상학 자유북한운동연합 대표로 목표물을 바꿨다. 안씨는 다른 탈북자와 함께 강남 일식집에서 박씨를 살해하려고 계획했다. 그 탈북자는 정보당국에게 음모를 알렸고 당국은 박씨에게 이를 알려주었다. 박씨는 저승의 문턱에서 다시 돌아온 것이다.

박씨는 다행히 피했지만 지금까지 한국인 여러 명이 독침에 당했다. 1996년 10월 러시아 블라디보스토크 영사관에 파견된 국정원 소속 최덕근 영사가 아파트 계단에서 옆구리에 독침을 맞았다. 그는 북한의 마약밀매와 달러위조에 관한 정보를 수집하고 있었다. 최 영사는 서울 당국으로부터 조심하라는 주의를 받았지만 임무수행 활동을 줄이지 않았다. 러시아는 현상금 8,000만원을 걸고 동양인 용의자들을 추적했지만 범인은 잡히지 않았다. 최 영사는 국립현충원에 안장됐다.

그로부터 15년후인 2011년 8월 중국 단둥에서 김창환 선교사가 독침을 맞았다. 택시를 기다리다 갑자기 입에 거품을 물며 쓰러진 것이다. 중국 당국은 부검 결과 독극물은 발견되지 않았다고 발표했다. 그러나 국정원은 유족에게서 김 선교사의 피가 묻은 장갑 등을 입수해 국립과학수사연구원에 분석을 의뢰했다. 혈흔에서 네오스티그민 브로마이드가 나왔다.

김 선교사 역시 위험을 알고도 자신의 일을 멈추지 않았다. 미망인은 "주변 사람들이 '위험한 일이니 하지 말라'고 하면 남편은 '위험하다고 사역하지 않으면 누가 북한선교 활동에 나서겠느냐'고 했다"고 말했다.

러시아와 중국 땅 만이 아니다. 북한 정권은 남한 한복판에서도 목표물을 제거했다. 1997년 2월 김정일의 처조카 이한영이 분당 아파트의 복도에서 살해됐다. 북한 공작원으로 추정되는 인물이 권총을 쏜 것이다. 이한영은 북한으로부터 암살 위협을 받고 있었다.

이한영·최덕근·김창환·박상학에 대한 암살이나 살해미수는 독특한 테러다. 대한항공 여객기나 천안함·연평도에 대한 공격은 불특정 다수를 대상으로 한 것이다. 이는 국가가 국가를 대상으로 하는 테러다. 반면 독침 테러는 분명한 이유를 가지고 구체적이고 특정한 목표물을 제거하려는 것이다. 독침이나 소음권총 같은 조용한 무기로 소리·소문 없이 특정 대상을 죽임으로써 불특정 다수에게 공포심을 심어주려는 것이다.

대한민국은 그 동안 현실적인 제약으로 인해 이런 테러를 막지도, 단죄하지도 못했다. 그러나 통일이 되면 상황이 달라진다. 잔혹한 테러나 인권범죄를 저지른 책임자들이 확인되면 이들을 법정에 세울 수 있다.

조만간 북한인권법이 만들어지면 북한인권기록보존소가 생기게 된다. 여기에 모든 테러와 인권범죄를 다 기록해 놓아야 한다. 서독은 1961년에 중앙기록보존소를 만들어 동독의 인권침해 범죄기록을 수집했다. 자유를 찾아 베를린 장벽을 넘는 동독인들을 사살한 군인들과 사살명령을 내린 상급자들에 대한 정보도 기록해놓았다. 완전하지는 않지만 독일통일 이후에 이들에 대한 사법처리가 집행되었다.

지금도 북한 정권은 독총과 독침에 네오스티그민 브로마이드를 넣고 있을 것이다. 또 누가 그 독침을 맞을지 모른다. 그러나 분명한 건 이런 일들이 완전히 묻히지는 않으리라는 점이다. 독침이 법정에 서는 날, 인류는 또 하나의 정의를 목격할 것이다.

6

남한은 어떻게 대처해야 하나

급변사태라는 건 김정은 정권이 무너지는 것이다. 급변이 일어난다면 앞으로 전개될 가능성이 가장 높은 시나리오는 이런 내용일 것이다.

① 김정은이 권력을 유지할 수 없는 상황이 된다. 건강에 심각한 이상이 생기거나 개인이나 그룹의 무력사용으로 감금 또는 제거되는 것이다. 암살도 물론 여기에 포함된다.

② 일시적으로 혼란이 발생하지만 곧 새로운 권력이 집권한다. 새 권력은 김씨 가문 바깥의 사람일 것이다. 특정인사의 힘이 강하겠지만 그가 전권을 장악하지는 못할 것이다. 군부를 중심으로 당·정핵심이 참여하는 집단지도체제 같은 게 등장한다.

③ 새 정권은 우선 대량 탈북 같은 사회혼란을 막는 데에 주력할 것이다. 긴급구호가 필요하다면 중국이나 남한에게 지원을 요청할 수 있다. 새 정권이 내부의 반발을 무마하거나 주민의 관심을 돌리기 위해 대남 도발을 자행할 가능성이 있다. 하지만 규모는 제한적이고 효과는 일시적일 것이다.

④ 혼란기가 끝나면 새 정권은 새로운 국가노선에 대한 논의에 들어간다. 시간이 걸리겠지만 결국 개혁·개방 노선으로 갈 가능성이 높다. 개혁·개방을 한다는 것은 외부의 지원을 받겠다는 것인데 이를 위해선 핵개발을 포기해야 한다. 국가노선의 변화가 진행되는 것과 동시에 남북간에는 통일문제에 대한 논의가 급격히 대두될 것이다.

그렇다면 북한의 급변과 이후 상황에 남한은 어떻게 대처해야 하나. 한반도의 운명은 남한이 결정한다는 결연한 각오를 가지고 상황을 주도해야 한다. 산업화와 민주화를 통해 축적한 국가의 역량을 총동원하여 안보·외교·내치·경제 모든 분야에서 최대치를 발휘해야 한다.

① '평화적 흡수통일'이라는 비전vision을 확고히 하고 단계별 대처를 진행한다. 비전이 명확하지 않으면 우왕좌왕 대북정책이라는 과거의 실수를 다시 범할 수 있다.

② 새로 등장하는 정권에게 도와주겠다는 메시지를 강력하게 전한다. 특사파견 같은 게 효과적일 수 있다. 북한에 혼란이 생기면 대규모의 긴급 지원으로 식량과 에너지를 제공해 대량 탈북을 막는다.

③ 강력한 한·미 동맹을 발동하여 군사적 비상사태에 대비한다. 북한의 새 정권이 군사적 도발을 자행하면 단호하게 응징한다. 이렇게 분명한 자세를 보여야 새 정권은 자신들이 직면한 환경이 예전 같지 않음을 깨달을 것이다. 이런 인식은 새 정권이 개혁·개방으로 나아가는 데에 도움이 된다.

④ 북한이 안정을 찾으면 새 정권과 관계를 개선한다. 우선 남북의 교류와 협력을 재개하고 장기적으로 북핵 문제를 해결하면서 북한을 개혁·개방으로 인도하며 통일과정을 시작한다는 협상을 벌인다.

⑤ 이 모든 과정에서 미국·중국·일본 등과 긴밀히 협의한다. 특히 미국과 유엔을 동원하고 중국을 직접 설득하여 북한에 대한 중국의 군사적 개입을 막는다.

(1) 대량 탈북은 가능성이 낮다

북한 급변사태가 좋지 않은 거라고 생각하는 이들은 급변을 적극적으로 유도하려는 시도에 반대한다. 이들이 대표적으로 우려하는 게 대량 탈북이다. 그런데 상당부분 이런 우려는 부풀려진 것이다. 결론적으로 대량 탈북은 발생할 가능성이 매우 낮다.

대량 탈북은 일종의 대량난민이다. 수년에 걸쳐 누적되는 게 아니라 단기간에 급격하게 대규모로 생기는 난민이다. 난민은 살고 있는 공동체와 터전을 떠나 다른 곳으로 피신하는 사람들인데 '떠나는 이유'로 볼 때 두 가지로 나눌 수 있다.

하나는 공동체에 그대로 살고 싶은데 급격한 변화로 안전이 위협받아 어쩔 수 없이 옮기는 사람들이다. 다른 하나는 공동체를 떠나고 싶은데 평상시에는 물리적인 통제에 갇혀 탈출을 못하다가 급변사태를 이용하여 이동하는 것이다.

대부분의 난민은 전자다. 이런 난민은 전쟁이나 커다란 자연재해로 발생한다. 가장 최근에는 시리아의 내전으로 대량난민이 발생했다. 1998년엔 세르비아에서 발생한 내전으로 코소보 지역에 있는 알바니아계 주민 약 80만명이 인근 유럽지역으로 피신했다. 코소보는 지금은 독립국가가 되어있지만 당시엔 세르비아 공화국내 자치 지역이었다. 세르비아 군대가 코소보에 있는 알바니아계에 대해 '인종 청소'를 자행하자 알바니아계 주민들이 대거 탈출한 것이다.

처절한 난민의 대표적인 경우가 배로 탈출하는 보트 피플boat people이다. 1975년 베트남이 공산주의 세력에게 점령당한 것을 전후로 자유민주주의 남베트남에 살던 많은 이가 탄압을 피해 해상으로 탈출했다. 그 숫자는 모두 90여 만에 이른다.

공동체에 불만을 가지고 있다가 공동체가 요동치는 틈을 타 탈출한 대표적인 경우가 1951년 한국전쟁의 1·4후퇴다. 당시 북한 지역에 살던 약 90만명이 후퇴하는 한국군과 미군을 따라 남쪽으로 내려왔다. 이는 당시 북한 인구의 9%에 해당된다. 이들은 수년 동안 김일성의 공산체제를 경험했으며 전쟁을 틈타 공동체를 탈출한 적극적인 난민이다.

북한에서 급변이 발생하여 김정은 정권이 종결되면 '1·4 후퇴' 같은 적극적인 난민은 오히려 줄어들 수 있다. 급변이 발생하여 새 정권이 들어서면 북한 주민은 신속하게 변화의 의미와 미래의 가능성을 포착할 것이다. 새 정권이 누구이든 대부분의 북한 주민은 적어도 김정은 시절보다는 사는 게 나아질 거라고 판단할 가능성이 훨씬 크다. 왜냐하면 김정은 정권의 상황이 거의 바닥이기 때문이다.

나아가서 주민들은 정권 교체로 공화국의 면모가 바뀌고 새로운 세상이 전개될 수 있다는 희망을 가질 수 있다. 남한에서 북한 민주화 운동을 하고 있는 탈북자들과 남한·미국 등 서방세계는 북한 주민의 판단을 도울 수 있는 정보를 신속하게 북한에 집어넣을 것이다.

북한의 급변은 자유민주체제가 무너지고 압제 정권이 새로 들어서는 상황이 아니다. 오히려 장기적으로 보면 흐름은 정반대다. 그런 상황에서 북한 주민이 공동체를 버리고 대량으로 탈북할 이유가 어디에 있겠는가. 김정은 정권 아래서는 호시탐탐 탈북의 기회를 노리던 사람들도 정권이 바뀌면 탈북을 포기할 가능성이 있다.

21세기국가발전연구원이사장 박관용, 원장 김석우은 2006년부터 북한 급변사태에 대한 연구를 진행해오고 있다. 2013년에 개최된 세미나에서 현성일 국가안보전략연구소 책임연구위원은 이렇게 발표했다. 그는 북한외교관 출신으로 1996년 귀순했다.

"독재정권의 붕괴 자체가 곧 대량난민의 발생요인이라고 보기도 어렵다. 대량난민은 여러 가지 이유로 자국 내 거주나 생활이 불가능해 생존을 위해 외국으로 도피하려고 하는 의도를 가진 사람들이 폭발적으로 증가할 때 발생한다. 이러한 의미에서 독재정권의 붕괴는 오히려 외국으로의 도피나 탈출의지를 감소시켜주는 요인이 될 수도 있다."

식량 문제의 관점에서도 대량 탈북의 가능성은 낮다. 만약 북한이 100% 식량 배급제를 실시하는데 급변사태로 중요한 차질이 발생한다면 많은 주민이 생명에 대한 위협을 느낄 것이다. 이는 대량 탈북의 충분한 동기가 된다. 군대가 북-중 국경을 여전히 막아도 상당수 북한 주민이 위험을 무릅쓰고 중국으로 탈출하려 할 것이다.

그런데 지금 북한의 사정은 그렇지 않다. 배급제가 붕괴된 지는 오래다. 북한 주민은 장마당 등을 통해 각자 식량을 조달하고 있다. 말 그대로 자급자족인 것이다. 정권에 급변이 생겨도 이런 식의 생존 방식은 변하지 않을 것이다.

설사 일시적으로 장마당의 기능이 마비되어 식량 조달에 문제가 생겨도 대량 탈북은 막을 수 있다. 한국과 미국·중국 등이 긴급 구호에 나서는 것이다. 이미 한국 정부는 긴급 구호를 위한 구체적인 실행계획을 만들어놓고 있다. 남한 정부가 곳간에 쌓아놓고 있는 쌀을 대량으로 북한 주민에게 보내면 이는 남한에 대한 북한 주민의 신뢰를 높이는 데에도 기여할 것이다.

급변 이후 권력을 잡는 새 정권이 외부 지원을 거부하면 상황이 어려워질 수도 있다. 그러나 이는 가능성이 낮다. 새 정권으로서도 사회 혼란과 대량 탈북을 막는 게 절실할 것이기 때문이다. 식량난으로 인민 봉기라도 일어나면 새 정권은 생존 자체가 어려워진다. 이념적으로도 새 정권은 김정은 세습체제와는 다르기 때문에 외부 세계와의 거래를 마다할 이유가 없다.

21세기국가발전연구원의 급변사태 연구 과정에서는 대량 탈북을 막을 수 있는 방법 중 하나로 토지개혁이 제시되기도 했다. 급변사태 이후 북한의 개혁과 남북통일과정에서 국가 소유로 되어있는 토지를 개인에게 분배하는 일이 일어날 것이다. 자신의 거주지를 지키고 있는 이들만이 토지를 분배 받을 수 있다는 점을 사전에 잘 알리면 탈북을 마음 먹은 주민들도 탈북의 득실을 따질 것이다.

탈북을 막는 요인이 흔들리고 탈북해야만 하는 이유가 늘어나도 물리적으로 대량 탈북은 쉽지 않다. 내전이라도 일어나 폭탄이 터지고 생명이 위협을 받으면 죽음을 무릅쓰고 탈북을 결행하는 이들이 있을 것이다. 그러나 북한은 중동 같은 종족 또는 종교 갈등이 없어 내전이 일어날 환경이 아니다.

내전 같은 극단적인 상황도 없고 새 정권이 안정적으로 북-중 국경을 철저히 통제하면 탈북은 여전히 어려운 일이다. 해상으로 탈출하려 해도 배를 구하기가 쉽지 않다. 휴전선은 양쪽 군대가 막고 있어 통과가 불가능하다.

북한 독재체제의 일원으로 주민을 탄압했던 이들이 급변사태가 터지자 자신들의 안위를 걱정해 대거 탈북하는 일도 있을 수 있다. 그러나 이는 대량 난민이 아니라 '집단도피'다. 이들은 북한을 빠져나와도 쉽게 안식처를 찾을 수가 없다. 이미 북한 정권은 반反 인도적인 범죄를 저지른 것으로 유엔이 규정했다. 범죄에 책임이 있는 사람들은 급변사태와 통일 과정에서 사법적 문책의 대상이 될 것이다. 그런 이들은 탈북해도 남한에 정착할 수가 없다. 이들에게 은신처를 제공하는 건 중국에게도 커다란 부담이어서 이들은 중국에서도 피난처를 찾는 게 쉽지 않다.

지금까지 분석한대로 급변의 경우에도 대량 난민이 발생할 가능성은 낮다. 그런데 여러 조치에도 불구하고 대량 탈북이 생겨도 해결책이 있다. 중국이 국경지대 난민캠프에 이들을 수용하면 된다. 한국과 미국 등은 난민수용시설을 적극적으로 지원할 것이다. 중국으로서는 대량 탈북자를 관리하는 게 한반도에 대한 중국의 영향력에 도움이 된다는 판단을 할 수도 있다. 대량 탈북이 동북지역의 혼란으로 번지는 것을 막기 위해서도 중국은 난민관리에 적극적으로 나설 것이다.

(2) 급변은 통일과정의 시작이다

북한 급변이 터지면 한민족을 괴롭히고 있는 문제를 해결할 수 있는 기회가 드디어 왔다는 긍정적이고 적극적인 사고를 가지는 게 중요하다. 혼란을 두려워하거나 혼란이 가져 올 일시적인 불이익에 사로잡혀 부정적이고 소극적인 생각을 하면 안 된다. 그것은 문제를 미봉하여 오히려 키우는 것이다.

급변사태가 발생하면 남한은 '기다리던 통일 과정이 시작됐다'고 규정하여야 한다. 그리고 그 과정을 평화적으로 그리고 최대한 빨리 매듭짓겠다는 의지를 다져야 한다. 한 마디로 독일처럼 하는 것이다. 북한의 2,500만 인구를 조속히 문명 사회로 이끌고, 북한 경제를 신속히 재건하고, 북한에서 저질러졌던 악을 정리하고, 남한 내 이념 갈등을 해소하고, 고령화와 침체를 겪고 있는 한국 경제의 돌파구를 찾으려면 통일 밖에는 길이 없다.

박근혜 대통령은 다행히 정확한 방향을 잡았다. 대통령의 주도 아래 한국의 2014년은 통일이라는 담론으로 시작됐다. 그는 신년 기자회견에서 "한마디로 통일은 대박"이라고 단언했다. 그가 통일이라는 어젠다agenda를 제시하자 언론을 중심으로 다양한 연구와 주장이 쏟아졌다. 세월호 사태로 주춤하기는 했지만 1945년 분단 이래 한국 사회에서 통일 얘기가 그 때처럼 무성한 적은 없었다. 한국전쟁 때 '북진통일'론이 등장하기는 했지만 정권의 주창이었을 뿐 사회적 담론은 아니었다.

이명박 정권에서도 통일 얘기가 있기는 했다. 이 대통령은 2010년 8월 15일 광복절 연설에서 3단계 통일방안을 제시하면서 이를 위한 준비로 통일세에 대한 논의가 필요하다고 주장했다. 이에 따라 통일부는 '통일준비 공론화 사업'을 추진했다. 통일부는 학계 인사들과 함께 통일비용에 관한 연구를 진행했는데 연구 결과 통일 비용보다는 통일 편익이 크다는 결론이 나왔다. 통일부는 통일에 대비해 돈을 모아두는 '통일 항아리' 개념을 만들어내기도 했다.

이 대통령이 통일 얘기를 시작한 것은 그 해 3월 발생한 북한의 천안함 폭침에 영향을 받은 부분이 크다. 천안함 테러는 북한 정권의 '벼랑 끝' 과격성과 비정상성을 보여준 사건이었다. 북한 정권이 벼랑 끝에 이르렀으며 언제 어떻게 될지 모르니 남한은 통일을 준비해야 한다는 것이다. 11월 북한의 연평도 포격으로 이러한 분석은 더 힘을 얻었다.

그러나 통일이라는 단어를 눈 앞으로 확 잡아 당기기에 천안함과 연평도로는 부족했다. 좌파·진보 세력을 포함하여 적잖은 국민이 이러한 사건을 북한이 늘 해오던 도발로 여긴 것이다. '북한 정권은 핵 실험도 하는데 그 정도의 도발이 대수냐'고 생각한 이들도 있었다.

그런데 3년 후 터진 장성택 처형 사건은 달랐다. 새로운 권력자 김정은이 저지른 것인데다 그 내용이 너무도 기괴한 것이었다. 많은 사람은 김정은이 서방에서 교육을 받아 아버지와는 조금 다를 줄 알았는데 오히려 더하다는 걸 알게 됐다. 그리고 그런 기괴한 일을 벌일 정도로 김정은 정권이 취약한 것 아니냐는 불안감이 넓게 퍼졌다. 장성택 사건보다 더한 게 조만간 터질 수도 있다는 우려도 늘어났다.

김정은 정권에 대한 충격과 불안의 한 가운데에서 박 대통령의 통일 얘기가 터졌다. 그래서 이명박의 통일보다는 박근혜의 통일이 훨씬 현실적인 얘기로 다가오고 있다. 북한 정권의 불안과 박근혜의 통일론은 자연스럽게 '한반도의 운명'이란 화두와 연결된다. 분단 70년 만에 드디어 고착된 분단의 지형을 바꿔 7,400만 한민족의 삶에 결정적인 영향을 미치는 뭔가 운명적인 일이 다가오고 있을 거라는 관측이 당연히 생기는 것이다. 백두산 천지에 올라 한반도를 바라보면 그것이 보일지도 모르겠다.

급변사태가 통일과정의 시작이 되는 가장 중요한 이유는 통일과정을 가로막는 결정적인 장애물이 제거되기 때문이다. 장애물은 김정은이라고 하는 3대 세습독재 정권이다. 평화통일을 하려면 북한이 개혁·개방을 받아들여야 하는데 김정은은 이를 절대로 할 수 없다. 거꾸로 김정은이 사라지고 김씨 가문으로부터 자유로운 새로운 권력이 등장하면 이 권력이 살기 위해서 선택할 길은 개혁·개방밖에는 없다.

(3) 독일식 평화적 흡수통일이 정답이다

김정은 정권이 무너지고 새 정권이 들어선다 해도 그런 변화가 통일로 이어지지는 않을 거라는 회의론이 있다. 새 북한정권의 담당자들도 과거 김씨 3대 정권으로부터 혜택을 받았고 북한의 독재체제를 같이 운영했던 터라 이들에게는 '통일 기피증'이 있을 거라는 얘기다. 북한 독재 책임자들은 통일이 되면 자신들이 겪을 불이익을 걱정하므로 통일보다는 적당한 수준의 개혁·개방 정도로만 버티는 '새로운 형태의 현상 고착'을 더 원하리라는 것이다.

이런 분석은 일리가 있다. 그래서 통일이라는 과정은 어렵고 시간이 오래 걸릴지 모르는 것이다. 하지만 어렵고 지난하지만 결국 피할 수 없는 게 통일이기도 하다. 남한은 새 북한 정권을 설득하고 압박하여 언젠가는 결국 이들을 통일의 출발점에 세우겠다는 의지를 다져야 한다.

새 정권의 담당자들이 원하지 않아도 피할 수 없는 게 통일로 가는 길이다. 왜냐하면 그들이 바라는 '적당한 정도의 개혁·개방'이란 불가능하기 때문이다. 일단 개혁·개방의 문이 열리면 북한 주민 사이엔 급격한 변화가 발생한다. 수십 년간 막혔던 정보의 수문이 열리면 물길은 격류가 되어 북한 사회 전체를 휩쓸 것이다. 새로운 세상을 알게 되면 북한 주민은 보다 더 신속하고 강력한 사회발전을 요구하게 된다. 그리고 이런 저런 방법론을 얘기하다가 동독처럼 통일을 통해 잘 살고 싶다고 외칠 것이다.

결국 통일이 한민족의 눈앞에 화두로 등장한다. 남한은 북한의 새 정권에게 통일을 설득하고 북한 주민의 입에서 통일이란 단어가 더 빨리 나올 수 있도록 유도해야 한다. 일단 통일이라는 시험지를 앞에 놓으면 답안은 독일식 평화적 흡수통일밖에 없다.

통일방안에 관한 한 남한이 주도권을 쥘 수 밖에 없다. 경제권을 남한이 가지고 있기 때문이다. 흡수통일이라는 정답을 밀고 가기 위해선 남한 내부에서부터 평화적 흡수통일에 대한 공감대가 굳게 형성되어야 한다. 그런데 남한이 그렇지 않다. 여기에 커다란 문제가 있다.

남한 내에는 '흡수통일'이라는 용어에 대한 오해와 거부감이 있다. 많은 이가 이를 무력통일과 혼동한다. 흡수통일의 반대말은 대등통일이지 무력통일이 아니다. 흡수통일이라는 것은 우월한 한 체제가 열등한 다른 체제를 흡수하는 것이다. 반면 대등통일은 양 체제가 대등한 권리와 지분을 가지고 합치는 것이다.

제2차 세계대전 이후 분단에서 통일로 바뀐 나라는 셋이다. 순서대로 하면 베트남·독일 그리고 예멘이다. 이 나라는 모두 흡수통일이었다. 흡수통일에는 무력에 의한 것과 평화적인 것 두 가지가 있다. 베트남은 '무력적 흡수통일'의 대표 사례다. 1973년 파리평화협정에 따라 남베트남에서 미군이 철수했다. 2년 뒤 북베트남 공산군은 남베트남을 먹어버렸다.

'평화적 흡수통일'의 대표적인 경우는 독일이다. 주목할 것은 서독의 의지뿐 아니라 동독 주민의 희망도 흡수통일이었다는 것이다. 1989년 11월 베를린 장벽이 무너진 후 동독에서 일어난 시위에서 동독주민들은 통일을 외쳤다. 반년도 못 돼 1990년 3월 동독총선에서 주요 정당들은 '잘 사는 서독'에 흡수되자고 주창했다. 이 정당들이 승리함으로써 독일은 아무런 무력충돌 없이 흡수통일의 길로 내달렸다.

세 나라 중에서 유일하게 대등통일을 시도했던 나라가 예멘이다. 예멘은 평화적인 대등통일을 위하여 1990~94년 공동정부를 만들었다. 북이 대통령, 남이 부통령을 맡았다. 겉으로는 권력의 균형이 이뤄진 것 같았지만 실제로는 그렇지 않았다. 총선에서 북예멘 출신의 정당이 제1당과 제2당을 차지했다. 실질적인 힘의 불균형이 현실로 드러난 것이다. 총선결과를 바탕으로 북예멘은 권력구조의 변경을 시도했고 남예멘의 반발로 1994년 내전이 일어났다. 1,000명 가까운 사망자를 낸 후에 북예멘이 남예멘을 흡수했다.

국력이 압도적으로 차이가 나는 체제 사이에 대등통일은 불가능하다. 1989년 베를린 장벽이 무너졌을 때 동독 경제의 규모는 서독의 9분의 1이었다. 그런 정도의 경제도 서독에 바로 흡수되고 말았는데 지금 북한은 남한의 40분의 1이다. 그런 경제를 언제 어떻게 성장시켜 대등통일을 이룬단 말인가. 가능성도 가능성이지만 효율성도 문제다. 흡수통일로 북한을 서둘러 자유경제체제로 만든 후 투자를 해야 훨씬 효율적이기도 하다.

대외경제정책연구원은 2014년 9월 17일 서울 여의도 콘래드호텔에서 '남북통일이 주변 4강에 미치는 편익 비용 분석'이라는 주제로 국제 세미나를 개최했다. 북한 전문가인 마커스 놀랜드 미국 피터슨 국제경제연구소 부소장은 흡수통일의 효율성을 강조했다. "남북한 간 점진적 합의에 따른 통일보다는 북한이 붕괴하면서 급격하게 흡수통일되는 게 주변 4강에는 경제적으로 훨씬 이득이 될 것이다. 점진적 통일 때는 법률문제로 북한에 대한 경제 제재가 더디게 해제되므로 교역이 늘어나는 효과가 반감할 것이다. 북한이 급격히 붕괴해 남한에 흡수통일되면 그 직후에만 북한 지역과 미국의 상품 교역이 최소 9억6,000만달러약 9928억원로 늘어날 것"이라고 했다. 2012년 기준 북·미 간 상품 교역량은 1,310만달러약 135억원이므로 이는 74배가 늘어나는 것이다.

한반도 문제를 다루는 미국의 전문가 중에서 대표적인 흡수통일론자가 에드윈 퓰너 헤리티지 재단 이사장이다. 그는 2014년 9월 서울에서 열린 '2014 지구촌 평화실현을 위한 지도자대회'에서 발제자로 나섰는데 "남한이 북한을 흡수해야 통일이 가능하다"고 단언했다.

무리해서 대등통일을 시도해도 일이 성공적으로 돌아가진 않을 것이다. 대등통일을 위해선 북한 경제의 재건이 필수적인데 그것에 도달하는 오랜 기간 동안 북한주민들에게 어떤 일이 벌어질지 모른다. 주민이 대량으로 탈출하거나 동독주민처럼 '하루빨리 남한과 통일하자'는 시위를 벌이면 대등통일론은 하루 아침에 사라지고 말 것이다.

독일 사례에서 보듯 통일은 조직적이고 기획적으로 되는 게 아니다. 자유경제 맛을 보면 북한 사회는 확 뒤집어질 것이며 북한 주민은 동독인처럼 조속한 통일을 원하게 될 것이다. 하루빨리 남한에 흡수되어야 자신들이 잘 살게 될 거라고 믿게 되는 것이다. 북한 주민의 이런 판단에는 남한에 정착한 2만5,000여명의 탈북자들이 중요하게 기여할 것이다. 그들은 가족·친지 그리고 북한 주민 전체에게 "하루빨리 남한과 합쳐야 한다"고 외칠 것이다. 이처럼 통일은 기획적으로 되지 않기 때문에 많은 이가 "통일은 산사태처럼 올 것"이라고 얘기하는 것이다.

한국 사회에 흡수통일을 무력통일로 오해하는 사람들이 많은 건 김대중·노무현 정권의 영향이 크다. 두 정권은 급변사태나 흡수통일이라는 말을 꺼렸다. 자신들이 믿는 햇볕을 통해 북한을 부드럽게 개혁·개방으로 이끌어서 대등통일을 하면 되는데 무슨 소리냐는 것이었다. 그러나 이는 북한 공산독재 세습정권의 본질과 한계를 모르는 순진한 발상이었다. 그리고 임상실험 결과 그런 햇볕은 철저한 실패로 끝났다.

두 정권은 한반도를 기다리고 있는 운명의 실체를 제대로 보지 못했고 이는 머지않아 현실로 증명될 것이다. 운명의 진로는 다른 방향인데 엉뚱하게 햇볕이나 대등통일을 얘기했다. 이러한 실수는 베트남·독일·예멘 등 세계사의 사례를 제대로 읽지 못했기 때문이기도 하다.

⑷ 통일로 해결할 수 있는 것
– ①북한 주민의 가난

한민족은 20세기에 들어 실패와 질곡을 많이 겪었다. 근대화 민중혁명의 기회를 놓쳤고 외국의 식민지배를 받았으며 나라가 둘로 쪼개졌다. 끔찍한 내전이 발생했고 전쟁 후 수십 년이 지난 지금 인류 역사상 가장 참혹한 '이웃국가의 양극화'가 진행 중이다.

한반도에는 도덕·정치·경제·사회·군사 등에 걸쳐 민족사의 오랜 숙제가 퇴적되어 있다. 분단 70년 동안 형성된 퇴적층은 고대 한국 이래 수천 년의 문제보다도 크고 두껍다. 통일이 되면 한민족은 이런 민족사의 문제를 해결하는 역사적 작업을 시작할 수 있다. 시간이 걸리고 비용이 크겠지만 일단 문제를 해결하면 7,400만 한민족은 세계라는 공간 속에서 새롭고 강한 존재로 우뚝 설 수 있을 것이다. 통일은 민족의 해결사인 것이다.

무엇보다도 통일은 가난의 해결사가 될 것이다. '한강의 기적'을 이룬 남한은 '대동강의 기적'도 해낼 수 있다. 박정희 대통령은

1960~70년대 '한강의 기적'을 이끌었다. 세계사에서 '한강의 기적'은 역사적인 의미를 갖고 있다. 그 중에서 가장 중요한 건 수천만에 달하는 인류를 20년 정도라는 짧은 시간에 수천년의 가난과 배고픔으로부터 구해냈다는 것이다. 지구의 다른 공간에서 그토록 짧은 기간에 이런 일을 해낸 민족은 별로 없다. 많은 나라가 '보릿고개'와 비슷한 표현을 가지고 있다. 하지만 한국처럼 압축성장으로 그 단어를 박물관으로 보낸 나라는 드물다.

남한이 흡수통일을 통해 '대동강의 기적'을 만들어 낸다면 이는 인류에 대해 남한이 지고 있는 빚을 갚는 것이 된다. 남한의 가난탈출은 한국인 혼자만의 힘으로 된 게 아니다. 한국은 미국을 비롯한 국제사회로부터 많은 원조를 받았다. 유엔은 피와 돈으로 동북아에 있는 이름 모를 작은 나라를 지원했다. 한국전쟁 때 공산군의 침략을 물리치기 위해 유엔의 깃발 아래 16개국이 군대를 보냈다. 미군 3만5,000여명을 포함하여 모두 4만3,000여명의 유엔군이 전사하거나 실종됐다.

피뿐만이 아니다. 유엔은 외교와 돈으로도 한국을 도왔다. 전쟁이 한창이던 1950년 10월 유엔은 한국문제를 전담하기 위해 유엔한국부흥위원회UNCURK, United Nations Commission for the Unification and Rehabilitation of Korea를 만들었다. 이 위원회는 북한에 대한 남한의 역사적 정통성을 뒷받침하면서 외교적으로 공산진영을 압박했다. 중요한 것은 이 기구가 한국의 재건과 함께 '자유민주 통일'도 주요 목표로 명시했다는 점이다.

UNCURK가 외교적 기구였다면 재건활동을 위한 경제·사회 실무기구는 유엔한국재건단UNKRA, United Nations Korean Reconstruction Agency이었다. UNKRA는 전쟁기간 중에는 고통을 받고 있는 민간인에 대한 긴급구호활동을 벌였다. 장기적으로는 전쟁으로 붕괴된 한국 경제를 전쟁 전의 수준으로 재건하는 게 목표였다. UNKRA는 1958년 7월 활동을 마칠 때까지 산업·교통·통신 시설을 복구하고 주택·의료·교육 시설을 개선하는 데에 많은 힘을 쏟았다. UNKRA는 대표적으로 인천 판유리 공장, 문경 시멘트 공장 그리고 국립의료원을 지어주었다.

원조활동에는 각국의 정부뿐만 아니라 민간단체도 참여했다. 유엔은 UNKRA와 별도로 서방국가의 민간단체들도 참여하는 민간구호원조CRIK, Civilian Relief in Korea를 만들었다. 이 단체는 시설복구보다는 전재민戰災民을 위한 구호활동에 주력했다. 이런 도움이 없었더라면 많은 한국인이 다치거나 굶어서 죽었을 것이다. 한국은 전쟁으로 잿더미가 됐다. 그런 한국에게 국제사회는 손길을 내밀었으며 한국은 그 손을 잡고 겨우 다시 일어설 수 있었다.

한국 전쟁이 끝나도 국제사회는 지원을 멈추지 않았다. 1958년 UNKRA가 떠나고 3년 후인 1961년 박정희 장군의 군사 쿠데타가 일어났다. 그 해 유엔은 UNDP 한국사무소를 설치했다. 유엔개발계획 UNDP, United Nations Development Program은 개발도상국을 지원하기 위한 유엔 기구다. 경제개발에 성공하면서 한국은 2000년 UNDP의 지원 대상 국가에서 정식으로 제외됐다. 그 후로 한국사무소의 역할은 한국이 개발도상국을 지원하는 여러 계획을 도와주는 것이었다. 원조의 노하우를 가르쳐 준 것이다. 한국사무소는 2009년 12월 정식으로 문을 닫았으니 48년만에 한국은 '졸업장'을 받은 셈이다. 유엔의 한국 지원에 관한 자료의 출처는 한국학 중앙연구원

'한강의 기적'은 한국인의 힘만으로 된 것은 아니다. 국제사회의 도움이 있었다. 이제 기적으로 일어선 한국은 국제사회에 보답해야

한다. 그것은 기적을 수출하여 세계의 많은 곳에서 인류가 집단적으로 가난으로부터 탈출할 수 있도록 도와주는 것이다. 한국은 국제원조와 새마을 운동의 전수를 통하여 적잖은 개발도상국에게 도움을 제공하고 있다.

그런데 한국이 그 동안 받은 도움이나 한국의 현재 능력에 비해 이런 보답은 불충분한 규모로 진행되고 있다. 한국의 지원은 주로 국제개발원조ODA를 통해 이루어지는데 한국국제협력단KOICA과 한국수출입은행 그리고 30여개 정부부처와 지방자치단체가 유·무상 원조활동에 참여하고 있다. 2013년 한국 ODA 실적은 17억4,400만달러로 DAC 24개 회원국 중 16위다. 총 국민소득에 대비한 비율은 0.13%로 22위다. 총 원조규모를 국민 1인당으로 환산하면 4만원도 안된다.

이런 ODA말고 한국이 국제사회에 대한 보답을 가장 극적으로 실현할 수 있는 공간이 있다. 바로 북한이다. 지구상 어느 민족보다 남한은 북한을 잘 알고 어느 나라보다 가까이 있기 때문에 북한에 대한 개발원조는 한국이 가장 잘 해낼 수 있다. 통일 과정이 시작되면 그런 개발원조가 집중적으로 시행될 것이다. 한강의 기적을 만들었던 한국인이라면 '대동강의 기적'도 충분히 만들어낼 수 있다

'대동강의 기적'이 이뤄지면 현대사에서 세 번째로 강 이름이 붙는 개발의 기적이 될 것이다. 첫 번째는 '라인강의 기적'이다. 라인강은 스위스 알프스 산맥에서 발원하여 독일을 지나 북해로 빠진다. 1945년 서독은 제2차 세계대전에서 패해 잿더미가 됐다. 하지만 폐허에서 일어나 기적을 이뤘다. 1950~73년 연평균 5.9% 성장을 기록했다. 통일독일은 지금 다시 한번 경제 기적을 만들려고 한다.

북한에는 대동강이 흐른다. 강물은 낭림산맥 한태령에서 시작해 450㎞를 달려간다. 평양을 가로질러 남포에서 서해로 흘러 든다. 대

동강은 유역이 넓고 수량이 풍부하다. 그래서 고구려가 이곳에 풍성한 문화를 만들 수 있었다. 하지만 지금 대동강은 공산주의 독재 정권의 동맥이 되어있다. 정권은 이 강을 중심으로 주변에 탑을 쌓고 김일성 궁전을 지어 독재왕국을 건설했다. 강의 한 가운데 있는 능라도에서는 김씨 왕조를 미화하는 인민의 거대한 매스게임이 열린다.

이제 독재자의 강을 한민족에게 돌려주어야 한다. '대동강의 기적'을 만들어 7,400만의 용기를 보여주어야 한다. 그것이 진정한 '대동大同'의 뜻이 아니겠는가.

(5) 통일로 해결할 수 있는 것
- ②북한의 끔찍한 인권탄압

인류의 정신사로 볼 때 북한의 급변사태와 통일이 가져올 수 있는 가장 위대한 성취는 2,500만 북한 주민을 압제에서 해방하는 것이다. 경제적인 측면으로 볼 때 북한 주민은 틀림없이 점차 가난에서 벗어나 잘 살게 될 것이다. 하지만 그런 변화는 단기간 내에는 불가능하다. 반면 압제에서 해방되는 건 훨씬 신속하고 뚜렷하게 일어나는 변화다.

현대사에서 많은 해방이 있었다. 하지만 '북한의 해방'은 다른 어떤 해방보다도 의미가 있을 것이다. 1945년 1월 소련군대가 아우슈비츠 강제수용소를 해방시켰다. 나치 패망보다 수개월 앞선 것이다. 인류는 그곳에서 일어난 끔찍한 유대인 학살을 생생하게 알게 되었다. 하지만 실효성으로 볼 때 그것은 너무 늦은 해방이었다. 이미 상당수의 유태인이 가스실에서 학살됐기 때문이다.

인류의 자유 해방에서 중요한 요소는 속도다. 해방이 이뤄지는 자체가 전부가 아니라 신속하게 이뤄져야 하는 것이다. 1970년대 후반 덩샤오핑의 개혁·개방으로 공산주의 중국도 서서히 의식 해방의 길을 걷기 시작했다. 하지만 그 여정은 오래고 속도가 느린 것이었다. 중국은 지금도 일당독재여서 완벽한 민주적 해방이 이뤄졌다고는 볼 수 없다. 2014년 10월 홍콩에서 일어난 민주화 시위사태는 현대 중국의 한계를 잘 보여준다.

공산주의 중국과 현대 중국의 비교는 공산주의 소련과 현대 러시아에서도 비슷하게 적용된다. 1986년 고르바초프가 개혁·개방을 시작한 지 30년 가까이 됐다. 그러나 러시아는 여전히 민주화의 과제를 안고 있다. 중국처럼 일당 독재는 아니지만 푸틴 정권은 나름대로 세계적 패권주의와 독재적 성향으로 치닫고 있다.

수천만 인류를 압제에서 극적이고 신속하게 해방시킬 수 있다는 점에서 북한은 지구상에 남아있는 매우 드문 실험대상이다. 골이 깊으면 산이 높다. 압제의 강도가 높으면 해방의 역사적 의미도 비례적으로 크다. 북한 주민은 인류사에서 유례가 없을 정도로 철저하게 외부와 단절된 곳에서 자유를 박탈당한 채 살고 있다. 체제가 그어놓은 선을 조금이라도 넘으면 처벌을 받고 심한 경우에는 교화소나 강제수용소에서 끔찍한 생활을 겪어야 한다.

북한에서 벌어지는 인권 참상은 1990년대 후반부터 탈북자들을 통해 세상에 알려지게 되었다. 남한 내에서 활동하던 인권운동가들은 탈북자들의 증언을 듣고는 이를 기록으로 남겨 세계에 알리고 통일 이후에 대비해야겠다는 생각을 하게 되었다. 이들은 북한의 인권 탄압에 대한 각종 자료를 만들고 있는데 대표적인 게 북한 인권백서다. 민간단체인 북한인권정보센터이사장 김상헌에 설치된 북한인권기록보존소소장 윤여상에서는 매년 자료를 추가하여 북한인권백서를 발간하고 있다.

2013년판 서문에는 이런 구절이 들어있다. "금년 여름은 특히 찜통 더위의 계속이었다. 사람들이 바다·강 그리고 산을 찾아 떠났다. 북한인권정보센터의 연구원들은 금년에도 한국 사회의 무섭도록 매몰찬 무관심 속에서 사무실에서 비지땀을 흘렸다. 지금 이 순간에도 잔인한 학대와 모진 탄압에 신음하고 있는 우리 동포를 잊을 수 없었기 때문이다."

북한인권정보센터의 김상헌 이사장은 북한 함흥 출신으로 1945년 해방 직후 월남했다. 그는 목사인 아버지의 영향을 받아 성경을 바탕으로 하는 신앙적 삶과 민주주의·인권에 많은 관심을 갖게 되었다. 그는 박정희 정권 시절엔 국제인권단체인 엠네스티에서 활동했다. 미국으로 건너가서는 식량농업기구FAO 등 유엔 산하기구에서 20여년간 근무했다. 그는 퇴직한 후 1994년 귀국했으며 1996년 윤현 목사 등과 함께 북한인권시민연합을 만들었다. 북한인권운동을 하면서 그는 강철환·안명철 등 탈북자들로부터 북한의 인권상황에 관한 끔찍하고 중요한 증언을 들었다. 그는 북한 인권에 대한 각종 정보를 체계적으로 수집하여 세계에 알리기 위해 2003년 북한인권정보센터를 설립했다. 그는 "외국 사람들을 만나보면 북한 인권상황에 대한 남한의 무관심에 의아해한다"고 말한다.

이 센터에서 발간하는 북한인권백서는 참으로 어둡고 끔찍한 책이다. 소설이 아니라 생생한 실화이기 때문에 더욱 그러하다. 모두 4만6,000여건의 사례와 2만2,000여명의 피해자가 수집되어있고 이 중 상당수는 사례로 기록되어 있다. 강제수용소 같은 극단적인 상황은 물론 건강·교육·이주·주거·재산·집회·노동 등 일상생활과 관련된 인권침해가 빼곡하게 들어있다. 이 책을 보면 남한 사람들처럼 자유의 공기를 마시고 사는 사람들은 하루도 살기 어려운 나라가 북한이라는 걸 느낄 수 있다.

북한의 인권문제는 드디어 2013년 유엔의 조사대상으로 선정되기에 이르렀다. 2013년 3월 21일은 인류 역사에서 또 하나의 의미 있는 날로 기억될 것이다. 왜냐하면 봉건과 근·현대를 통틀어 지구 상에서 가장 폐쇄적인 인권탄압 정권에 대해 인류가 공식적인 조사를 결정했기 때문이다. 유엔 인권이사회는 이날 북한인권을 조사할 인권조사위원회commission of inquiry의 설립을 결의했다. 이어 5월 7일에는 호주출신 마이클 커비 위원장을 비롯해 3명의 조사위원이 임명됐다.

조사위원회는 9가지 사안을 중심으로 조사를 진행했다. 정치범수용소, 고문 및 비인간적 대우, 자의적인 체포와 구금, 외국인 납치를 포함한 강제 실종, 각종 차별 그리고 식량권·생존권, 이동의 자유, 표현의 자유에 관한 침해 등이다.

조사위는 여러 제약 속에서도 광범위한 조사를 벌였다. 조사위는 북한에 조사위원들의 입북을 허용하고 조사에 필요한 정보를 제공해달라고 공식 요청했다. 그러나 북한은 "완전하고 단호하게 조사위를 거부한다"고 답했다. 그래서 조사위는 북한 밖에서 주로 피해자와 전문가의 증언을 듣는 방법으로 조사를 진행했다.

공청회는 서울·도쿄·런던·워싱턴 등 4곳에서 열렸고 80명 이상이 공개적으로 증언했다. 조사위는 보고서에서 공개 증언은 큰 용기를 필요로 하는 일이라며 이렇게 설명했다. "조사위가 직면했던 가장 큰 어려움은 증언자들이 보복에 대해 두려움을 가지고 있었다는 것이다. 북한 밖에 있는 대다수가 북한에 남아있는 가족에 대한 우려와 북한 당국이 여전히 자신들을 비밀리에 감시하고 있다는 판단 하에 비공개 조건에서조차 증언하는 것을 두려워했다." 이런 제약에도 불구하고 비공개 증언은 모두 240여 차례 이뤄졌다.

조사위는 두툼한 보고서를 유엔에 제출했는데 한글 번역본은 600페이지가 넘는다. 보고서에는 9개 분야 인권침해에 대해 끔찍하고 상세한 기록이 담겨있는데 압권은 역시 정치범 수용소. 보고서는 지난 50년간 북한의 정치범 수용소에서 수 십만명의 정치범들이 죽어갔을 것으로 추정했다. 현재 8만~12만명이 4개의 대규모 정치범수용소에 수감되어있는 것으로 파악된다고 보고서는 밝혔다.

보고서의 결론에서 핵심적인 부분은 이렇다.

① 북한에서 벌어지는 인권침해의 심각성과 규모 그리고 본질은 현대사회의 어떤 국가에서도 찾아볼 수 없다. 전체주의 국가인 북한은 소수의 권력집단이 권위적인 지배를 하는 것으로 만족하지 않고 주민 생활의 모든 부문을 장악하며 정권에 대한 공포를 주입시킨다.

② 북한 당국은 주민에게 유년 시절부터 '김일성주의-김정일주의'라고 하는 지도 이념을 주입시킨다. 이런 이념에 의심을 품는 모든 정치적·종교적 의견을 억압한다. 당국은 주민이 이동하거나 타국민 또는 같은 주민과 소통하는 걸 억제함으로써 지도이념을 '내재화'시킨다.

③ 당국은 식량을 독점하고 이를 주민에게 정치적 충성심을 강요하기 위한 중요수단으로 활용해왔다.

④ 북한 정치체제의 핵심은 감시·강압·공포·처벌을 전략적으로 사용하여 어떠한 반대의견도 표현하지 못하게 만드는 거대한 정치·안보 기구다. 공개처형과 정치범수용소는 북한 주민이 정권에 복종하도록 공포심을 주는 최종 수단이다.

⑤ 북한 당국자들은 해외로부터 유입되는 '체제 전복적인' 악영향을

단속하기 위해 심각한 인권침해를 행하고 있다. 외부로부터의 영향은 한국이나 다른 나라의 드라마·영화, 단파 라디오, 이동전화 같은 것이다.

⑥ 북한의 인권침해 가해자들은 아무런 처벌을 받지 않고 있다. 북한은 인권침해 가해자들을 기소하여 재판해야 한다는 국제적 의무를 이행하려 하지 않는다. 왜냐하면 가해자들은 북한 당국의 정책에 따라 행동하는 것이기 때문이다.

⑦ 북한은 유엔 회원국으로서 인류의 양심에 충격을 주는 범죄를 포함하는 정책을 수십 년간 추구해왔다. 북한 당국이 자국 주민을 보호하는 데에 명백하게 실패한 만큼, 국제사회는 반反 인도적 범죄로부터 북한 주민을 보호할 책임이 있음을 인정해야 한다.

가장 중요한 결론은 이 대목이다. "유엔은 주요 가해자들에게 책임을 엄중히 물을 수 있도록 해야 한다. 이 목적을 달성하기 위한 방법으로 유엔 안보리가 북한의 상황을 국제형사재판소에 회부하는 방안과 유엔이 특별재판소를 설립하는 방안 등이 있다."

유엔 안보리가 인권조사위의 권고를 채택하면 언젠가 김정은은 국제형사재판소나 아니면 유엔의 특별법정에 서야 한다. 지금까지 적잖은 사례에서 가혹한 인권침해 범죄자들이 국제재판이나 자국민의 특별법정에 회부됐다. 나치의 유대인 학살 가해자와 일본제국주의의 전쟁 범죄자, 캄보디아의 '킬링 필드' 학살 책임자, 이라크의 후세인 등이다. 김정은과 그의 핵심 인권탄압 범죄자들이 심판의 대열에서 달아나는 것은 매우 어려운 일이 될 것이다.

⑹ 통일로 해결할 수 있는 것
– ③핵이라는 재앙

북한은 1993년 핵확산금지조약NPT를 탈퇴하면서 핵개발을 선언했다. 그로부터 20년 동안 세계는 북한의 핵을 막지 못했다. 북한은 제네바합의와 6자회담이라는 위장술로 시간과 달러를 벌면서 핵개발에 박차를 가했고 결국 3차례나 핵실험에 성공했다.

이제 남은 것은 핵탄두를 소형으로 만들어 미사일에 싣는 것이다. 북한이 앞으로 4차, 5차 핵실험도 할 수 있겠지만 한국인에게 가장 충격적인 것은 핵탄두 장착일 것이다.

1945년 8월 미국이 히로시마에 떨어뜨린 핵폭탄은 무게가 4t이었다. 미사일에 장착하는 소형 핵탄두보다 이런 폭탄은 제조하기가 훨씬 쉽다. 그러나 문제는 운반이다. 이를 나르려면 대형 폭격기가 필요한데 북한의 구식 대형 폭격기는 대개 북한 북부지방에 배치되어 있다. 북한의 전폭기들은 미국과 남한의 감시망에 포착되어있다. 북한 폭격기들이 남한을 공격하기 위해 무거운 핵폭탄을 싣고 이 지역에서 발진해도 한·미 군 당국의 감시망을 뚫고 남한 상공에 도달하는 건 어렵다. 그래서 북한으로서는 핵폭탄 보다는 핵미사일이 필요하다.

핵탄두를 대륙간 탄도미사일ICBM같은 장거리 미사일에 실으려면 500kg까지 줄여야 한다. 북한이 핵 위협을 효과적으로 이용하려면 굳이 장거리 미사일에 실을 필요가 없다. 탄두중량을 500kg까지 줄이는 건 기술적으로 매우 어렵기도 하거니와 장거리 미사일의 성능 자체가 많이 떨어진다. 애써 핵탄두를 장착해봐야 미국의 미사일 방어망에 걸려 격추될 가능성이 높다. 북한은 불확실한 가능성에 핵 도박을 벌일 만큼 어리석지 않을 것이다.

북한은 스커드 같은 단거리 미사일에 주력할 것이다. 단거리이기 때문에 탄두중량은 1t 정도로까지만 줄이면 된다. 스커드는 사정거리가 300~1,000km이기 때문에 주요 목표는 남한이 될 것이다. 북한은 스커드를 600여발 보유하고 있는 것으로 알려지고 있다. 북한이 핵탄두를 소형화해서 스커드에 장착한 후 실전 배치하면 남한의 안보 환경은 충격적으로 달라지게 된다. 미국처럼 멀리 떨어져 있으면 미사일이 날아오는 동안 첨단 요격미사일로 격추할 수 있겠지만 남한은 북한의 코밑에 있다. 북한이 전방에서 쏘는 미사일은 7분이면 서울 상공에 도달한다.

문제는 군사적으로 확실한 대책이 없다는 것이다. 한국과 미국이 가지고 있는 어떤 수단으로도 사전에 북한 핵미사일을 100% 파괴한다는 보장이 없다. 그리고 북한이 일단 핵미사일을 쏘면 어떤 요격체제로도 이를 100% 떨어뜨린다는 보장이 없다. 핵은 100% 막지 못하면 비극이다. 북한이 동시에 5발을 쐈는데 1발이라도 한국과 미국의 방어망을 뚫고 남한 상공에 도착하면 인류는 일본에 이어 두 번째 재앙을 보게 될 것이다.

한국군은 북한의 핵 위협에 대한 대책이 있다고 말한다. 미리 탐지하여 선제 공격하는 킬 체인Kill-Chain과 발사된 미사일을 요격하는 시스템이라는 것이다. 킬 체인이라는 것은 북한이 핵미사일을 발사할 징후가 있으면 미국과 한국의 감시망으로 이를 포착하여 한국군이 보유한 미사일로 선제 공격을 한다는 것이다. 동원하는 미사일은 육군의 지대지, F-15K에 장착된 공대지 그리고 이지스급 구축함이나 잠수함에서 발사하는 함대지 미사일이다. 날아오는 북한 미사일을 요격하는 시스템으로는 한국 이지스함에 배치된 함대공 미사일과 육상에 있는 패트리어트 미사일 등이 가동된다.

그러나 '킬 체인과 요격'이라는 방어시스템은 많은 한계를 가지고 있다. 북한은 스커드 미사일의 이동식 발사대를 100여기 가지고 있는 것으로 알려지고 있다. 북한은 남한의 탐지와 선제 공격을 피하기 위해 이동식 발사대를 매우 비밀스런 방법으로 이동시키는 전술을 구사하고 있다.

2014년 7월 9일 새벽 북한은 스커드로 추정되는 단거리 탄도미사일 2발을 DMZ비무장지대에서 40여㎞ 떨어진 황해도 지역에서 기습적으로 발사했다. 이 미사일들은 500여㎞를 날아가 동해상에 떨어졌다.

한·미 군 당국은 이 발사를 사전에 탐지하지 못한 것으로 알려졌다. 북한이 미사일 기지에서 20~30여㎞ 떨어진 곳으로 이동식 발사대車輛를 몰래 이동시켜 미사일을 발사했기 때문인 것으로 분석되고 있다. 북한은 남한이 얘기하는 킬 체인을 무력화시킬 수 있다는 걸 과시하기 위해 이동식 발사대를 이용했다고 보여진다.

이처럼 북한이 스커드에 핵을 장착하면 이를 확실하게 막을 수 있는 대책은 사실상 없다고 봐야 한다. 킬 체인이나 요격은 최선의 방법에 불과할 뿐 100% 확실한 것은 아니다. 실체가 과장된 것을 따지면 오히려 매우 허술한 것이라고 할 수 있다. 킬 체인이나 요격만 믿고 북한 핵에 대한 대처에 느슨해진다면 킬 체인은 의외의 부작용을 만드는 것이기도 하다.

남한 내에서는 북한 핵 위협에 대해 허술한 의식을 가지고 있는 이들이 많다. 이들은 이렇게 주장한다. "킬 체인이 확실하지 않다고 해도 북한의 핵 위협을 심각하게 볼 필요는 없다. 북한이 핵미사일을 실전 배치하는 것은 협박하려는 것이지 그들이 실제로 동족을 상대로 핵을 사용할 가능성은 거의 없기 때문이다. 핵을 쏘면 자신들도 망하는 데 그런 어리석은 일을 하겠는가."

이는 자신의 목숨을 쉽게 위협 앞에 방치하는 치명적으로 순진한 생각이다. 우선 이런 생각을 하는 이들은 공산주의가 가지고 있는 악마적 본질을 간과하고 있다.

공산주의 절대독재 체제는 혁명이라는 목적을 위해서는 동포나 개인은 '기계 부속품' 따위로 여긴다. 동포나 개인을 상대로 학살이나 탄압이 자행된 사례는 많다. 1950년 김일성이 전쟁을 일으킬 때 대상이 동포라는 의식은 전혀 없었다. 그저 사회주의 혁명의 완결을 위해 자본주의 체제를 말살하려는 것뿐이었다. 소련의 스탈린도 마찬가지였다. 그는 동족 수십만을 처형하거나 시베리아 등지로 마구 이동시켰다. 중국의 마오쩌둥은 문화대혁명으로 동족을 탄압했다. 캄보디아 폴 포트 정권은 200만명을 학살했다. 동족의 4분의 1이다.

이들이 동포에게 잔인한 건 개인적인 성격이라기보다는 공산주의가 원래 그렇기 때문이다. 기질에 호전성이 강한 부분도 있겠지만 기본적으로 '전체'를 위해 개인을 말살하는 공산주의가 그들을 그렇게 만든 것이다. 공산주의는 인간을 계급으로 차별한다. 반 공산주의로 낙인이 찍힌 사람들에게는 인권의 개념이 적용되지 아니한다. 제거되어야 할 이념이나 계급에게는 인권이나 인류애 같은 것은 고려되지 않는다.

그런 악마적인 유령이 여전히 지배하는 곳이 북한이다. 1956년 흐루시초프의 역사적인 고발로 스탈린 유령은 러시아에서 사라졌다. 하지만 북한엔 그런 고발자가 없다. 파괴적 관성은 김정일에 이어 김정은의 핏줄에도 이어지고 있다. 북한 권력자들은 필요하다면 '이념의 반대자'를 기계 부속품이자 무 생명체로 규정하는 개념화에 주저하지 않는다. 일단 그런 결정이 내려지면 수단에서는 무자비하다. 그런 결정이 확대되어 남한도 그런 대상으로 삼는다면 핵무기를 사용하지 못할 이유는 없는 것이다.

핵이란 건 끔찍한 것이지만 실제로 인류에게 사용되지 못한 것도 아니다. 미국이 1945년 일본에 핵을 쓸 때 미국은 100% 이성적理性的인 상태였다. 핵을 사용하는 목적과 대상이 분명했다. 미국은 4개 도시를 골랐는데 교토·히로시마·고쿠라 그리고 나가사키였다. 미국의 목적은 일본의 마지막 결사 항전抗戰 의지를 꺾는 것이었다. 어디를 때려야 정신적·군사적으로 일본이 충격을 받을지 미국은 냉철히 따졌다.

이렇게 이성적인 상황에서도 핵 폭탄이 터졌는데 하물며 비非이성적인 상태에서 핵폭탄이 터지지 않을 거라는 보장은 어디에도 없다. 문제는 북한의 김정은 정권이 매우 비이성적인 것이라는 것이다. 북한 정권은 지금도 남한에 대한 도발 유혹을 수시로 느끼는데 핵탄두를 스커드 미사일에 장착하면 모험주의적 심리가 강화될 수 있다. 게다가 북한은 EMPelectromagnetic pulse 핵폭탄도 만들 수 있다. 핵폭발 때 나오는 전자기파로 전자·전력·통신망을 마비시키는 무기다. 북한은 이미 해커부대의 공격으로 남한의 주요 컴퓨터 망을 마비시킨 경험이 있다. 이런 해커능력에다 EMP 핵폭탄까지 손에 넣는다면 북한정권은 기습 공격의 유혹을 크게 느낄 수 있다.

많은 이는 북한이 설사 핵미사일을 완성해도 핵 공격을 할 이유가 없다고 주장한다. 핵으로 기습해도 자신들이 완전한 승리를 거둘 확률이 거의 없고 보복을 당해 정권이 망할 텐데 왜 그런 자살을 선택하겠느냐는 것이다. 하지만 이런 분석은 북한 정권이 정상적일 때 유효한 것이다. 김정은 정권은 장성택 일파를 그렇게 말살할 정도로 비정상적이다. 목표의 현실성이나 방법의 합리성을 갖기에는 너무 비정상적이다.

북한의 벼랑 끝 상황이 지속되어 체제 내부에서 자신에 대한 위협이 커지거나 인민 사이에서 위협적인 동요가 늘어나면 김정은은 체제를 유지하기 위해 비상적인 방법을 생각할 것이다. 초조감에 몰려있는 그에게 일부 극단주의자들이 핵 공격을 건의하면 경험이 부족한 김정은은 솔깃할 수 있다. 김정은은 핵 기습으로 남한을 점령하거나 아니면 일정한 군사적 목표를 달성할 수 있다는 판단을 내릴 수 있다. 이는 그들에게는 나름대로 이성적인 판단이다.

북한 정권은 거꾸로 비이성적 결정도 가능하다. 극단적인 상황에 몰려 "공화국 만세"를 외치면서 '너 죽고 나 죽기' 식으로 핵 공격을 단행하는 것이다. 어떤 경우든 북한은 철저한 기습·전쟁수행 계획을 세워놓고 일을 저지를 것이다. 그것이 남한에 대한 승리가 되느냐 아니면 북한 정권의 멸망이 되느냐는 미국과 한국이 어떻게 대처하느냐에 달릴 것이다. 북한의 핵 공격 시나리오 중 하나를 상상해본다.

먼저 북한은 남한의 반격 능력을 향해 기습을 감행할 것이다. 북한이 가장 두려워하는 남한의 반격 자산은 한·미 연합군의 공군력이다. 북한은 만약 EMP탄을 개발해놓았다면 이를 장착한 미사일로 오산에 있는 한·미 연합공군기지를 공격할 것이다. 그리고 남한 중부

지역에 있는 주요 공군기지를 공격해 활주로와 전폭기들을 파괴하려 할 것이다. 북한은 이런 공격에 방사포라 불리는 장거리 로켓을 사용할 수 있다. 북한은 2014년 6월 26일 직경 300mm 장거리 로켓방사포을 시험 발사했다. 이 로켓은 190km나 날아갔다. 민간 국방전문가인 신인균 자주국방네트워크 대표는 2014년 7월 1일 중앙일보 시론에서 이렇게 지적했다.

"우리가 북한과의 전쟁에서 이긴다고 자신하는 것이 바로 막강한 공군력 덕분이다. 제공권을 확실하게 장악해 개전 후 최소 3일이면 북한의 하늘로 우리 전투기가 마음껏 날아다닐 수 있다고 자신한다. 그런네 북한의 300mm 방사포는 우리 공군기지들 중 대구와 청주기지를 제외하고는 모두 사정권에 넣게 된다. 주한 미 공군의 오산기지와 우리 공군의 수원·강릉·원주·충주·서산기지가 사정권에 들어간다. 이 기지들의 활주로가 300mm 방사포 공격을 받게 된다면 우리 전투기들은 아예 출격조차 못한다.

우리 공군기지들을 전력지수로 환산한다면 F-15K 60대가 배치된 대구기지가 30%, F-16이 80대씩 배치된 충주와 서산기지가 각각 20%씩이며 나머지 기지들 합이 30%라고 본다. 따라서 북한은 싸구려 방사포로 우리 공군 전력의 70% 정도를 무력화하는 묘수를 찾아낸 것이다. 특히 우리 공군의 주력인 F-16이 배치되어 있는 충주·서산기지가 300mm 방사포의 사정권에 들어간다는 것은 치명적이다."

남한 공군력에 대한 기습과 동시에 북한은 서울 상공을 향해 여러 발의 핵 미사일을 발사한다. 서울에 핵이 터지면 청와대·국방부·합참·한미연합사 등 전쟁 지휘부가 붕괴될 수 있다. 핵 공격과 함께 북한은 기습적으로 전면 남침하고 후방엔 특수부대를 뿌려놓는다. 남한 내에서는 북한군과 한국군이 교전한다. 만약 핵 공격으로 국가

지휘부가 무력화되어 제대로 반격하지 못하면 남한은 상당수의 전투에서 패할 것이다. 북한은 남한의 상당 지역을 점령해놓고 미군의 증파나 유엔군의 파병이 있기 전에 미국과 남한에 휴전을 요구한다. 미국이 응하지 않으면 남한 내 미군과 도쿄에 핵 미사일을 쏘겠다고 위협한다. 이런 상황에서 미국은 어떻게 할까.

전쟁 초기 상황은 급박하게 돌아갈 것이다. 북한의 핵 미사일이 서울에서 터진다면 미국은 평양 정권을 무너뜨리기 위해 평양에 핵폭탄을 터뜨릴 가능성이 크다. 이런 반격에 대비해 김정은을 비롯한 북한 지휘부는 다른 지역의 지하벙커로 숨어들 것이다. 하지만 전쟁 지휘부가 있던 평양이 타격을 받으면 북한의 전쟁 수행 능력도 심각하게 저해될 것이다.

이런 상황에서 북한이 아무리 추가 핵 공격을 하겠다고 협박하더라도 미국과 유엔이 굴복할 가능성은 별로 없다. 미국은 대대적인 공습으로 김정은 등이 숨어있는 벙커와 북한 미사일 기지들을 공격할 것이다. 이런 엄청난 상황 전개에서 중국은 감히 참전할 엄두를 내지 못할 것이다. 명분도 없거니와 현실적으로 핵전쟁에 말려들 수는 없기 때문이다. 결국 얼마 지나지 않아 전쟁은 미국과 한국의 승리로 끝날 것이다.

그러나 전쟁에서 이긴들 핵으로 부서진 서울과 평양은 어떻게 되나. 전쟁의 후속조치로 한반도가 통일이 된다 해도 이 엄청난 피해를 극복하는 데에는 충격적인 희생과 소모가 뒤따를 것이다. 수십 년 후에는 결국 통일국가를 통한 재건이 이뤄지겠지만 그때까지 한민족이 치러야 할 희생은 너무나 크다.

그렇기 때문에 북핵은 반드시 막아야 한다. 그런데 진보·좌파는 물론 남한의 상당수 인사가 이런 문제의 심각성을 잘 모르고 있다.

아니 알더라도 애써 생각하려 하지 않는다. 남한에는 공산주의 불감증 환자가 너무 많다. 그들은 공산주의의 파행적 본질을 잘 모른다. 김정은과 김격식·김영철 같은 북한군 권력자들이 원래부터 포악한 존재는 아니다. 공산주의라는 악성 이데올로기가 인간을 그렇게 만드는 것이다. 공산주의 유령에 사로잡히면 북한 권력자들은 손가락을 움직여 핵 버튼을 누를 수 있다. 허황된 천국의 꿈을 뒤집어쓰고 이슬람 극단주의 테러리스트들이 자살 폭탄 버튼을 누르는 것과 같다.

현실적으로 군사적이나 외교적으로 북핵을 막는 것은 불가능한 것으로 되어가고 있다. 이스라엘은 이라크와 시리아의 원전을 폭격하여 핵 위협의 싹을 아예 잘라버렸다. 한국과 미국의 징치 군사지도자들은 이스라엘 식의 문제해결을 포기한 지 오래다. 외교적으로 서방세계는 제네바 합의와 6자회담에 기대를 걸었다. 하지만 이런 것들은 북한의 기만술이라는 게 입증됐다.

북핵을 막는 가장 효과적인 방법은 북한의 급변사태와 한반도 통일이다. 김정은 정권이 제거되면 새로 들어서는 북한 정권은 장기적으로 핵을 포기하고 개혁·개방으로 나아갈 가능성이 높다. 통일과정이 시작되면 한국은 중국과 일본의 협조를 얻기 위해 그리고 무엇보다 국제질서에 순응하기 위해 핵 포기를 선언해야 할 것이다.

핵은 중국과 일본에게 결정적인 이해관계 대상이다. 그렇지 않아도 일본은 통일 한국이 경제강국으로 부상할 것을 우려하는데 한국이 핵까지 가지겠다고 하면 이를 용인하겠는가. 일본은 한국을 구실삼아 핵무장을 하겠다고 나서고 이는 중국에게 심각한 위협이 될 것이다. 일본을 차치하고라도 중국 입장에서는 미국의 강력한 동맹국인 한국이 베이징과 가까운 중국 국경에 핵을 배치하고 있다는 사실은 받아들이기 힘들 것이다.

이런 반대를 뚫고 한국이 통일과 핵 보유를 동시에 추구하면 국제사회의 반대라는 심각한 난관에 봉착한다. 국제사회는 핵확산방지 조약을 들어 제재에 나설 것이다. 국제사회의 도움이 없으면 남한은 북한을 재건하는 데에 심각한 어려움을 겪게 된다. 아니 어려움 정도가 아니다. 국제사회의 달러 지원 없이 남한 혼자 북한을 떠안게 되면 '남북간 가난의 평준화'라는 비극이 발생할지도 모른다. 모든 상황을 고려하면 통일한국은 핵을 포기해야 하며 결과적으로 통일이 된다는 것은 핵 문제를 해결하는 것이다.

(7) 통일로 해결할 수 있는 것
- ④남한의 남남갈등

경제적인 관점에서 통일은 한민족에게 새로운 돌파구가 될 것이다. 2,500만 북한인은 돌파구를 위한 노동의 동력을 제공하면서 자신들은 가난에게 탈출하게 된다. 과거를 벗어나 번영의 미래에 합류하는 것이다. 통일 독일이 웅변적으로 이를 증명하고 있다.

사회적으로도 통일은 한민족에게 신기원을 열어줄 것이다. 북한인은 지구상에서 마지막으로 공산주의라는 우리에 갇혀있다. 그 체제는 사회주의에다가 병영국가와 세습독재왕조까지 결합되어 있다. 지구상에서 가장 악성으로 변형된 공산국가이자 21세기판 동물농장인 것이다. 통일이 되면 북한인은 조선·대한제국의 봉건주의와 공산주의 전제정치라는 구시대에서 벗어나 5,000년 역사에서 처음으로 현대 자유민주주의 공화정 체제를 경험하게 된다. 북한인에게 이는 '대동강의 충격'이 될 것이다.

통일로 변하는 건 북한인만이 아니다. 남한도 사회적으로 역사의 분수령을 넘게 된다. 자유민주주의 체제로 국가를 건설한 지 60여년이 지났건만 남한은 여전히 이념적 갈등에 휩싸여 있다. 보수와 진보, 우파와 좌파는 현대사와 국가의 정통성 그리고 통일방안을 놓고 크게 격돌하고 있다.

남한의 갈등은 선진국과는 다르다. 국가가 직면하고 있는 이념문제의 본질이 같지 않기 때문이다. 알기 쉽게 이념을 이념I과 이념II로 나눠보자. 이념I은 공동체의 정체성, 이념II는 공동체 운영방식에 관한 것이다.

이념I은 국가가 어떻게 세워져 어떤 역사를 거쳤고 지금의 형태는 어떤 것이며 미래의 모습은 무엇이냐는 것이다. 이념II는 공동체를 어떻게 운영하느냐는 방법론의 문제다. 큰 정부냐 작은 정부냐, 부유세를 부과할 것이냐 말 것이냐, 노인연금이나 무상급식 같은 복지 정책은 어떻게 할 것이냐, 소수자·낙태·동성애·노조·교육·사형제도 같은 사회적 어젠다agenda는 어떻게 다룰 것인가… 이런 것들이 이념II에 해당된다. 이념II를 둘러싼 갈등은 어느 나라에나 있다. 그걸 놓고 보수와 진보가 번갈아 집권한다. 그러나 이념I은 다르다.

대부분의 선진국에는 이념I 갈등이 별로 없다. 미국이란 국가가 성장하는 데엔 중요한 역사적 줄기가 있었다. 독립혁명, 남북전쟁과 노예제 폐지, 나치·일본제국주의·테러집단과 벌인 처절한 싸움 등이다. 이를 놓고 미국인은 다투지 않는다.

영국도 비슷하다. 영국은 최초로 입헌군주제와 의회민주주의를 채택하여 인류의 혁명사를 이끌었고 나치에 대항해 국가와 유럽을 지켜냈다. 이런 역사를 놓고 다툼이 있지는 않다. 많은 식민지에서 학살을 저지른 제국주의 역사가 있지만 이 또한 분열의 요인은 아니다. 프랑스도 그렇다. 1789년 프랑스 혁명과 나폴레옹의 독재, 혁명과 반

혁명의 혼란, 알제리를 비롯한 식민지배를 놓고 갈등은 없다. 프랑스는 나치에 점령 당한 부끄러운 역사가 있지만 나치독일에 부역한 이들을 엄정히 단죄했다. 부역 혐의자 12만명을 법정에 세웠다. 그래서 '친독親獨' 논란이 없다. 한국의 친일논쟁 같은 건 없는 것이다.

그러나 한국은 다르다. 프랑스가 나치에 점령된 세월은 4년 2개월에 불과했지만 일제의 식민지배는 35년이나 됐다. 독립투쟁을 벌인 의로운 세력도 있지만 세월이 길어지면서 일제에 협력하지 않고는 버티기 어려운 다수의 순응세력도 불가피하게 있었다. 이런 순응세력은 다시 불가피하게 건국 후 국가를 운영하고 성장시키는 데에 주도적인 역할을 맡게 된다. 불가피성의 역사적 증거가 이승만과 박정희다. 이승만 자신은 독립운동가였지만 대통령으로서는 일제 순응세력을 중용했다. 박정희는 경제성장을 통해 극일克日의 길로 달렸지만 출신은 일본 만주군관학교 졸업이다. 그래서 지금까지도 남한에서는 현대사의 정통성을 놓고 싸움이 벌어진다. 좌파는 물어뜯고 우파는 처절하게 방어한다.

1950년 한국전쟁은 이념갈등의 씨앗을 뿌려놓았다. 오른쪽과 왼쪽은 서로 학살했다. 핏물은 격류로 몰아쳐 양쪽의 기억 속에 도랑을 파놓았다. 전쟁 이후 이승만·박정희·전두환으로 이어지는 보수주의 정권은 강력한 반공정책으로 국가를 운영했다. 좌파·진보세력은 민주화 등 급격한 사회변혁을 추구하면서 반공정책과 충돌할 수밖에 없었다. 그 중 일부는 반공 프레임frame에 갇혀 억울한 희생을 겪기도 했다. 1975년 '사법살인'을 당한 민혁당 재건위가 대표적인 경우다.

1990년대 초 소련과 동구권이 무너지면서 인류는 사회주의의 비극적 최후를 목격했다. 북한이 실패한 이념을 붙들고 있는 게 드러난 것이다. 북한은 이념뿐 아니라 세습왕조에다 개인숭배, 인민의 체제

감금이라는 여러 악성요소가 결합된 총체적인 실패국가로 변질되어 갔다. 김정은 정권은 장성택 일파 집단처형이라는 광기에까지 이르렀다. 그런데도 한국 사회에 아직도 사회주의를 동경하고 북한에 관대한 세력이 남아있는 건 현대사의 질곡 때문이다. 남한은 어느 나라보다도 이념갈등의 역사가 길고 뿌리가 깊은 것이다.

극단적인 좌파 세력은 이승만·박정희·미국을 한 덩어리로 본다. 반면 북한에 대해선 관대하다. 보수정권의 집권 동안 좌파의 이런 심리는 물리적으로 억눌려 있었다. 하지만 김대중의 집권은 많은 걸 바꾸어 놓았다. 특히 2000년 남북정상회담이 열리자 진보·좌파의 이런 역사적 심리는 우리를 뒤쳐나왔다. 노무현 정권 때에 진보·좌파의 보복 심리는 클라이맥스에 달했다. 극렬 세력은 맥아더 동상에 달려들고 평택 미군기지 건설을 공격했다. 노무현 정권은 이를 제지하는 데에 필요한 적극성을 충분히 보이지 않았다.

2008년 이명박 정권에서 벌어진 광우병 사태의 밑바닥에도 이런 증오의 이념이 있다. 강경 진보·좌파의 눈에 현대건설 회장 출신인 이명박은 1970년대 박정희 개발시대의 수혜자였다. 그런 그가 미국 쇠고기와 결합하니 이는 당연히 투쟁의 대상이 되어야 했다. 호주산 쇠고기였다면 그런 일은 벌어지지 않았을 것이다.

이들에게 박근혜 정권은 더욱 더 투쟁대상이 되어야 한다. 박근혜는 박정희 대통령의 딸이자 유산이기 때문이다. 국정원의 대선 댓글은 논란을 자초했다. 세월호 사건이 끔찍한 충격이긴 하지만 진보·좌파가 합리적인 수준을 넘어 사건을 그렇게 극렬하게 이용한 데에는 다른 이유가 있을 것이다. 박근혜 정권이기 때문에 그런 것이다.

2014년 현재 67세인 소설가 김원우는 분단으로 인한 남한 내 갈등을 매섭게 지적한다. 그의 아버지는 남로당 고위간부였는데 인천

상륙작전으로 적화통일의 가망이 줄어들자 가족을 남겨두고 북한으로 갔다. 남은 가족은 생존을 위해 어려운 삶을 살아야 했고 김원우는 분단의 유산을 온 몸으로 체험했다. 그는 세월호 특별법 갈등이 거세던 2014년 9월 5일 중앙일보 인터뷰에서 이렇게 말했다.

"하루 빨리 통일이 되어야 한다. 분단 모순으로 인해 한국인의 심성체계가 과거와 달리 많이 꼬이게 됐다고 생각한다. 아까 얘기한, 내 성격의 뒤틀린 부분도 역시 넓게는 분단 때문 아닌가. 우리 사회의 진보·보수 갈등, 세월호를 둘러싼 대립 역시 분단이 가져온 현상들이다. 체제에 대해 단 한 가지도 긍정하지 않으려 하고, 어느 정도 법이 그렇게 돼 있으니 믿어노 될 것 같은데 얼토당토않게 법 위의 법을 요구하고 있는 거 아닌가. 하지만 사람의 이념처럼 바뀌기 쉬운 것도 없다고 생각한다. 생활 조건이 약간만 달라지고 적당한 계기가 생기면 쉽게 달라질 수 있는 게 이념이다. 남북 체제에 변화가 오면 사람들의 심성은 어렵지 않게 바뀌리라 생각한다."

세월호 사건 가지고도 반대세력은 박근혜 정권을 그렇게 밀어붙였는데 더 큰일이 벌어졌다면 어떠했을까. 박근혜가 일본과 대립 각을 세우기에 망정이지 만약 일본에 우호적인 자세를 취한다면 '친일파의 딸'이라는 공세에 시달려야 했을 것이다.

남한에는 이념뿐 아니라 지역의 갈등도 여전하다. 이념 정권의 지역적 기반이 너무도 대조적이어서 지역주의는 정치 싸움과 자연스레 얽힌다. 김대중 정권 때는 호남출신 인사들이, 이명박·박근혜 정권에서는 영남출신들이 득세했다. 한국이 한반도의 남쪽 절반에 갇혀있고 그 나라가 영남과 호남으로 쪼개져 있는 한 이런 지역갈등은 근본적으로 사라지지 않을 것이다.

이념 갈등과 지역주의 분열에 대해 남북통일은 근본적인 수술이 될 수 있다. 먼저 통일한국에서는 이념분열이 없어질 것이다. 자유민주체제로 흡수통일을 하면 '공산국가 북한'이 지구상에서 사라지게 된다. 북한 정권이 무너지고 우상숭배의 허구가 드러나면 북한 주민부터가 자신들의 역사를 부정하고 나설 것이다. 이런 변화는 탈북자들이 이미 생생하게 보여주고 있다.

남북 분단 상황에서는 탈북자들이 증언하는 북한의 지옥을 애써 외면하려는 진보·좌파가 있다. 하지만 휴전선이 없어지고 남북한이 하나의 땅덩어리가 되면 그들은 더 이상 그렇게 하지 못할 것이다. 통일이 되면, 아니 그 전에라도 자유왕래가 시작되면 남한에서는 북한의 실체를 보려는 행렬이 줄을 이을 것이다. 북한 주민의 작고 왜소한 체구와 까칠한 피부는 가난과 고통의 증거물이요 강제수용소는 역사의 생생한 체험관이 될 것이다.

남한의 친북·종북 세력은 끔찍한 실체의 충격적인 노출을 외면하지 못할 것이다. 1990년대 동구권 몰락 때 많은 좌파가 전향했다. 그때 변화를 거부한 골수 좌파나 이후에 생성된 신종 좌파는 통일이 되면 자연스레 소멸되어 갈 것이다. 북한의 실체가 눈 앞에 보이는데 더 이상 어디에서 좌파 존재의 근거를 찾을 것인가. 이는 통일 전까지 목소리를 높였던 서독 내 좌파들이 통독 이후에 위축된 것과 같다. 아니 북한은 동독보다 훨씬 끔찍한 실체여서 남한 좌파에서는 서독보다 더 큰 변화가 발생할 것이다. 상황이 이렇게 변하면 분단과 북한의 존재로 파생되었던 갈등의 많은 부분이 해결될 수 있다.

통일이 되면 영·호남 지역갈등도 완화될 수 있다. 남한의 시야는 한반도 전체로 넓어진다. 더 나아가 중국 동북 3성을 넘어 지구의 중심 대륙으로 뻗어나갈 수 있다. 국가의 가장 중요한 과제도 바뀔 것이다. 지금은 남한 4,900만에게만 모든 에너지가 쏠려 있다. 4,900만이 어떻게 잘 살고 그 중에서도 특별히 어떤 세력이 얼마나 더 잘 살아야 하는지를 놓고 싸운다.

하지만 통일이 되면 달라진다. 모든 게 7,400만의 문제로 바뀐다. 남한 내에 낙후된 지역이 많지만 북한에 비하면 선진국이다. '낙후'를 비교하는 대상이 달라지니 개념도 많이 바뀔 것이다. 지금 호남과 영남은 가지를 다투는 참새 같다. 통일이 되면 국가가 참새의 숲을 떠나 독수리처럼 한반도라는 벼랑으로 날아올라야 한다. 오래 걸리고 계획대로 되지 않는 일도 많겠지만 갈 수 밖에 없는 길이다.

남남갈등은 이념과 지역을 둘러싼 뿌리깊은 가시넝쿨이다. 남남통일을 위해서라도 남북통일을 서둘러야 한다. 자유민주 통일이 되어 북한이 없어지면 이념·지역 갈등도 많이 사라질 수 있다. 특히 진보세력은 북한이라는 이념의 족쇄에서 벗어날 수 있다. 이념 논란과 결별하면 진보는 민주와 민생이라는 고향으로 돌아갈 수 있다.

7

'흡수통일 시한폭탄'
넘겨받은 박근혜

(1) 북한을 이긴 대통령, 북한에게 끌려 다닌 대통령

박근혜는 대한민국의 10번째 대통령이다. 내각제 윤보선 대통령을 제외하면 그렇다. 한국의 대통령들은 척박한 환경에서 괴물 같은 내외의 적과 싸우면서 나라를 지키고 키워냈다. 그 중에서도 가장 심각한 적은 북한이었다. 북한은 도발을 멈추지 않았고 남한 정권이 결정적인 틈을 보였다면 그들은 한번 더 남침했을 것이다. 남침의 기회가 없자 그들은 핵과 미사일 개발로 전략을 바꿨다.

역대 대통령 중에서 북한에 관한 한 가장 힘든 시험을 치른 사람은 이승만이었다. 1948년 대통령에 취임하기 전부터 그는 남한과 북한의 공산주의자들과 경쟁해야 했다. 다행히 그는 이 경쟁에서 승리하여 자유민주주의 국가를 건국할 수 있었다. 여기에는 그에게 찾아온 역사적인 행운이 크게 작용했다.

같은 독립운동을 하면서도 중국·만주·소련파와 달리 이승만은 주로 미국에 머물렀다. 1930~40년대 그는 미국 내에서 공산주의가 어떻게 사그라지고 자유민주 자본주의가 어떻게 발전하는지를 생생히 목격했다. 동시에 미국이 제2차 세계대전에서 여러 형태의 파시즘을 어떻게 격파했는지를 지켜보았다. 그는 미국식 보수주의에 대해 강한 신뢰를 갖게 되었고 이는 나중에 그가 한미동맹의 토대를 만드는 데에 결정적으로 기여했다. 그가 공산 중국이 아니라 미국과 몸을 섞은 것은 대한민국에게 행운이었다.

반면 김구의 무대는 중국이었다. 중국은 일본의 침략전쟁에 맞서면서도 내부적으로는 마오쩌둥의 공산혁명 바람이 거세게 불고 있었다. 이승만이 자유민주 자본주의를 체험했다면 김구는 주로 사회주의 혁명이 용틀임하는 걸 목격하고 고뇌했다. 해방 이후 북한 권력에 진입한 김일성 집단에 대해 이승만보다 김구가 더 많은 이해심을 가졌던 것은 이런 경력 때문이기도 하다.

1945년 해방됐을 때 남한의 1인당 국민소득은 35달러에 불과했다. 문맹률은 78%에 달했다. 이런 해방공간에서 이승만은 사회주의 국가를 세우려는 세력에 맞서 자유민주주의 공화국 건설을 주도했다. 미국에서 공부하고 생활한 이승만은 미국식 보수주의를 수입하여 확고한 반공, 교육의 확대, 자유시장경제로 나라의 틀을 세워나갔다.

이승만의 국가 건설은 그러나 1950년 중대한 위기를 맞았다. 북한의 적화赤化 침략으로 국가의 생존자체가 바람 앞 촛불 상황이 된 것이다. 이승만은 미국을 비롯한 유엔의 지원을 이끌어내 나라를 지켰다. 그는 북진통일을 원했으나 중공군의 참전으로 이 꿈은 좌절됐다. 이승만은 전쟁을 끝내면서 한미상호방위조약을 맺고 미군을 이 땅에 붙잡아 두었다. 한미동맹은 전후 복구와 박정희의 근대화 작업에 핵심적으로 중요한 것이었다.

이승만은 정권말기에 노쇠해지고 총명을 잃어 정권에 대한 장악력을 상실했다. 그는 정권이 부정선거를 저지르는 걸 제대로 막지 못했다. 그는 타국으로 쫓겨났고 그곳에서 쓸쓸히 죽었다. 하지만 이런 추락이 그의 업적을 없애지는 못한다. 이승만 대통령은 건국의 아버지다. 그리고 무엇보다도 북한으로부터 남한을 지켜냈다. 그는 반공의 아버지이기도 하다.

이승만은 북한의 적화 야욕으로부터 국가를 사수했지만 북한과의 경쟁에서 승리한 것은 아니다. 한국 역사에서 대북 경쟁 승리를 최초로 기록한 대통령은 박정희다. 그는 끊임없이 이어지는 북한 도발 속에서 남한의 경제발전을 이룩함으로써 북한과의 장기 레이스에서 승리를 쌓아가기 시작했다. 그의 산업화로 인해 후임 대통령들은 훨씬 유리한 지점에서 출발했고 북한과의 격차를 더 벌일 수가 있었다.

대의大義를 위해 목숨을 건 걸로 따지면 박정희는 가장 위험한 길을 걸었다. 그는 군사 쿠데타를 일으켰고 헌병대 총탄이 쏟아지는 한강 대교를 걸었다. 전두환·노태우도 군사를 일으켰지만 박정희처럼 교전상황의 한 가운데에 있던 것은 아니다. 노태우는 대통령 유세 때 호남에서 돌 세례를 받았다. 하지만 경호원들이 다 막아주었다.

박정희의 두 어깨에는 두 개의 민족사적 과업이 있었다. 하나는 튼튼한 안보로 김일성의 두 번째 침략을 막는 것이다. 다른 하나는 국민을 5,000년 가난에서 구해내고 산업화·근대화 국가를 만드는 것이다. 18년 집권으로 박정희는 두 가지 임무를 훌륭히 완수하고 천상으로 올라갔다. 군인으로 치면 그는 미션 임파서블Mission Impossible을 완수한 장군이다.

박정희 피살 이후 전두환·노태우·김영삼이라는 보수정권이 근 20년을 이어갔다. 3명의 대통령 모두 대북정책의 줄기는 '지속적인 경제발전을 위해 분단을 평화롭게 관리'하는 것이었다. 물론 그 기간 동안 크고 작은 변화는 있었다. 특사도 왔다갔다했고 남북합의서도 만들어졌으며 남북정상회담이 열릴 뻔도 했다.

하지만 남북관계의 커다란 기둥은 남한의 대북 흡수통일 시도도, 북한의 대남 적화통일 움직임도 아니었다. 양쪽은 가운데 적당한 선에서 줄다리기에만 머물렀다. 경제적으로는 북한은 정체되었고 남한은 지속적으로 성장했다. 남북 차이는 더 벌어졌다.

3명 대통령 중 누구도 남북문제를 근본적으로 해결하려고 한 이는 없었다. 아니 현실적으로 북한도 강력한 체제를 유지하고 있어 남한으로서도 뭔가 과감한 시도를 할 상황이 되지 못했다. 전두환의 특사교환이나 노태우의 남북기본합의서는 모두 현상유지를 위한 것이었다. 1993년 북한이 핵개발을 치고 나왔는데도 김영삼은 근본적인 해결을 머뭇거렸다. 오히려 미국의 클린턴이 원자로 폭격을 추진했는데 김영삼은 반대했다. 전쟁이 날 것을 두려워한 현상유지 방책이었다.

전두환은 북한 문제에서 현상을 변경하는 과감한 시도를 할 형편이 되지 못했다. 그 자신도 혹독한 독재체제여서 북한 김일성에게 도덕적 우월성을 가질 수가 없었다. 박정희는 개발독재라는 명분이 있었지만 전두환의 집권과 권력유지는 그런 명분이 없었다. 정통성에 커다란 흠집이 있었던 것이다.

노태우는 남북관계에 관한 한 가장 모험적인 기회를 가질 수 있었다. 그의 재임 중에 열린 88서울 올림픽은 세계에 자유의 바람을 몰아친 역사적인 사건이었다. 이듬해 1월 중국 천안문 광장에서 대대적인 민주화 시위가 일어났다. 그 해 11월 베를린 장벽이 무너졌고 이듬해 10월 노태우는 독일이 통일되는 걸 지켜보았다.

동독과 루마니아를 시발로 동구 사회주의권이 줄줄이 무너져 내렸고 급기야는 소련까지 해체됐다. 노태우는 공산주의의 쇠퇴를 놓치지 않고 북방외교를 개척해놓았다. 그는 동구권 국가는 물론 중국·소련과 수교함으로써 향후 통일을 위한 주변환경을 개선해 놓았다.

동구권의 변화가 북한 급변사태로 이어졌다면 노태우는 흡수통일 과정의 시작이라는 행운을 얻었을 것이다. 그러나 기대와 달리 북한 김일성 정권에는 별다른 변화가 없었다. 김일성은 대신 남북기본합의서와 같은 화해 제스처와 '북한식 사회주의'라는 돌파구로 사회주의 붕괴의 위기를 헤쳐나갔다. 김일성과 후계자 김정일이 남북총리회담과 남북기본합의서에 주력한 것은 돌이켜보면 핵개발을 위한 일종의 위장전술이었던 것 같다.

1993년 김영삼의 취임에 맞춰 북한은 핵개발을 선언했다. 남북관계는 1970~80년대로 후퇴했다. 김영삼이 김일성과 합의한 정상회담은 이런 국면에 변화를 줄 수 있는 좋은 기회였다. 그러나 김일성이 급사함으로써 그 기회는 날아갔다. 통일 문제에 관한 한 김영삼은 운이 별로 없었던 것이다. 오히려 김영삼은 1993년부터 터진 북핵 문제를 주도적으로 처리하지 못함으로써 결과적으로 통일 가도에 장애를 만들어놓았다.

흡수통일이라는 관점에서 보면 김대중은 역사를 더 후퇴시켰다고 할 수 있다. 과도한 햇볕정책은 영양실조에 걸린 김정일 정권에게 보약이 되었다. 남한의 무분별한 지원과 서방의 부실한 경계심으로 김정일은 시간과 달러를 확보하면서 핵과 미사일 개발을 서두를 수 있었다.

햇볕정책이라는 영양제가 북한 정권에 들어가는 일이 없었더라면 북한의 급변사태는 1990년대 후반에 발생했을지 모른다. 1994~96년 북한은 '고난의 행군'이라는 생존의 위기를 겪고 있었다. 1994년 김일성이 사망하고 홍수 같은 자연재해에다가 식량·에너지난이 겹쳐 주민은 커다란 고통을 겪었다. 굶는 병사가 생길 정도로 배급체제가 흔들렸다.

북한이 위기의 후유증을 겪고 있던 1998년 남한에서 김대중 정권이 출범했다. 이로부터 수년간 남한이 지원을 끊고 압박했다면 북한 내부에서 변화가 일어났을 수도 있다. 이때는 북한이 핵실험2006년을 하기 전이어서 도발을 하더라도 재래식 수단에 의존할 수 밖에 없는 상황이었다. 각별한 경계심으로 안보를 지키면 제한적인 재래식 도발 정도는 무력화시킬 수 있는 능력이 남한에게 있었다. 그런데 김대중 정부는 지원을 시작했고 2000년에는 남북정상회담을 위해 4억5,000만달러라는 거액을 북한 정권에게 주었다. 김정일은 핵과 미사일을 개발하고 정권 내부를 통제할 수 있는 충분한 자금을 확보한 셈이다. 이 시기에 통일 독일은 흡수통일의 후유증을 극복하면서 더욱 강력한 국가로 가는 행진을 시작하고 있었다. 반면 한반도에서는 남한의 지원을 받은 북한이 공산독재의 방벽을 더욱 높이 쌓아 독일식 통일은 점점 더 멀어지고 있었다.

흡수통일에 관한 한 더욱 큰 장애는 노무현 정권에서 일어났다. 2006년 북한이 1차 핵실험에 성공한 것이다. 북한이 핵을 개발해도 흡수통일을 하루라도 빨리 실현하려면 남한은 경제력과 자유민주를 바탕으로 커다란 바위처럼 버티면서 북한에게 계속 변화를 압박해야 했다. 그런데 노무현은 거꾸로 갔다. 북한의 핵개발에는 관대했고 한미동맹에 대해선 시비를 걸었다. 2007년 남북정상회담에서는 비굴한 자세로 김정일 정권을 강화시켜주었다. 10·4공동선언은 북한에 대한 대규모 지원을 약속한 것이어서 흡수통일이라는 명제는 더욱 멀어졌다.

이명박은 나름대로 흡수통일에 대한 의지를 표명했다. 명시적으로 흡수통일이라는 표현을 사용하진 않았지만 통일세는 다분히 흡수통일적인 개념이었다. 하지만 그도 북한 정권에게 변화를 압박할 수 있는 소중한 기회를 날려버렸다. 연평도 사태는 북한 정권의 생각을 고쳐놓을 수 있는 절호의 기회였다. 이명박은 유약하게 대처함으로써 기회를 놓쳤다.

그가 강력하게 응징했다면 북한의 지휘체제는 큰 충격을 받았을 것이다. 연평도 사건 7개월전 천안함 공격을 실행한 북한 부대는 서해지역 비파곶 기지에 있는 잠수함 부대다. 연평도 사태 때 남한의 F-15K 진폭기들이 천안함에 대한 보복으로 이 기지를 폭격했다면 강력한 충격파가 북한 정권을 강타했을 것이다. 북한 정권은 남한의 능력이 의외로 뛰어나고 북한에 대한 응징 의지가 예전과 다르다는 걸 알아챘을 것이다. 외부로부터 그런 충격을 받으면 북한 내부에서는 체제동요가 발생할 가능성이 높아지게 마련이다. 동요가 혼란으로 이어지거나 아니면 거꾸로 김정일이 국가의 진로를 심각히 고민해서 일정 부분이라도 변화를 시도했을 수 있다.

이제 박근혜는 북한에 대한 10번째 조련사가 되었다. 다행스럽게 그는 채찍을 움켜쥐고 적절하고 효율적인 대처로 처음부터 주도권을 잡았다. 북한이 개성공단을 놓고 떼쓰기라는 나쁜 버릇을 반복했을 때 그는 단호히 공단을 폐쇄했다. 북한에게 분명한 메시지를 준 것이다. 현금이 필요했던 북한은 꼬리를 내리고 공단의 재 가동을 애걸했다.

그 뿐이 아니다. 2014년 10월 4일 황병서 인민군 총정치국장을 단장으로 하는 북한 고위급 3인방 대표단이 갑자기 서울에 왔다. 아시안게임 폐막식 참석이라는 명분이었지만 실제 목적은 남북대화를 재개하려는 것이었다. 황병서는 군의 1인자이자 정권의 2인자급이다.

이들의 방한은 매우 이상한 것이었다. 수 일전 박근혜 대통령은 유엔연설에서 북한의 인권탄압 문제를 강도 높게 제기했다. 북한은 국방위원회와 노동신문 등을 동원하여 박 대통령에게 각종 증오의 표현을 구사했으며 박 대통령 정권과는 대화를 하지 않겠다고 선언했었다. 그랬던 김정은 정권이 자존심과 체면을 버려가며 정권 2인자를 특사로 파견해 대화를 요청한 것이다. 물론 금강산 관광 재개와 5·24조치 해제를 통해 달러를 얻어내려는 포석이었다. 박근혜 정권에게 보여준 북한의 이런 저자세는 수 십 년 만에 처음이었다.

북한 급변이라는 주제의 관점에서 보면 이 사건은 의미 있는 것이다. 북한이 정권 2인자를 동원해 이런 소동을 벌일 정도로 어렵고 다급한 상황에 처해있다는 것을 보여주기 때문이다. 마침 당시는 김정은이 한 달 이상 모습을 보이지 않아 '신변이상'설이 나돌던 때였다. 시야에서 사라지기 전 김정은은 번갈아 양쪽 발을 절뚝거리는 모습을 보였다. 어느 장면에서는 매우 심하게 절뚝거렸다. 할아버지와 아버지가 모두 심장마비로 죽었으니 집안이 순환기형 질환에 취약한 내력이 있다. 게다가 형 김정남이 통풍을 앓은 적이 있으니 김정은도 순환기계통 질환과 과도비만 등이 복합된 건강이상에 시달리고 있을 가능성이 높다고 전문가들은 진단했다.

김정은은 취임 이후부터 이상한 일을 이어왔는데 황병서 특사도 그런 일이었다. 북한의 이런 상황은 2015년부터는 '북한의 이상상황'이라는 문제가 남한사회의 중요 화두로 등장할 것이라는 걸 시사한다. 김정은 정권은 여러 면에서 매우 취약하며 언제 어디서 균열이 생길지 모르는 일인 것이다.

김일성이나 김정일이 아니고 김정은을 상대함으로써 박근혜는

'북한의 급변과 흡수통일과정의 시작'이라는 명제에 가장 근접해 있는 대통령이 되고 있다. 북한의 변동이 어느 방향으로 튈지 모르고 박근혜가 모든 상황에 성공적으로 대처할지 여부도 알 수 없지만 어쨌거나 박근혜는 한국전쟁을 치른 이승만 이래 가장 유동적인 환경에 처한 대통령이 되고 있다. 이는 위기이자 기회이며 부담이자 행운이다. 역사를 개척할 수 있는 기회를 가지는 대통령은 흔하지 않다. 본인의 노력만으로 되는 것도 아니고 시대의 성숙과 천운天運이 맞아떨어져야 한다.

박근혜 대통령은 다행히 이 문제에 관한 한 고민과 인식이 깊은 것으로 보인다. 2014년 1월 그는 '통일은 대박'이라며 통일준비론을 들고 나왔다. 이때부터 통일문제는 국가적 어젠다로 상정됐다. 인사 참사와 세월호 사태로 빛이 바래기는 했지만 임기 중반기부터 이 문제는 다시 전면으로 부상할 가능성이 높다. 북한의 상황이 그렇게 돌아가고 있다. 집권 1기를 상징하는 단어가 세월호라면 집권 2기엔 북한이 될 수 있다. 2015년부터 박근혜는 점점 태풍의 눈으로 진입하고 있는 것이다. 어쩌면 그는 북한이라는 시한폭탄을 넘겨받는 최종주자가 될 수도 있다.

(2) 흡수통일을 꿈꾸었던 박정희

북한이 자유민주 체제로 변하지 않는 한 통일은 남한이 북한을 흡수하는 방법 밖에는 없다. 흡수를 완수하려면 남한은 적어도 두 가지로 북한을 압도해야 한다. 하나는 강력한 자유민주체제이고 다른 하나는 큰 폭으로 우월한 경제력이다. 이 두 가지 경쟁력의 토대를 만든 사람이 박정희 대통령이다. 훗날 흡수통일이 이뤄지면 박정희는 '통일의 시조始祖'로 불려야 한다.

비판자를 포함해 적잖은 이가 박정희가 자유민주 체제의 토대를 만들었다는 데에 의아해할 것이다. 하지만 장기적이고 근본적인 관점에서 보면 그렇다. 현대사에서 경제성장과 중산층의 발전 없이 민주주의가 완성된 사례는 거의 없다. 1970년대 유신독재 기간에 한국은 급속한 경제발전으로 중산층이 성장했다. 이 중산층은 1970년대 말 자유의 확대를 요구하기 시작했고 이런 욕구가 정권과 충돌한 것이 부마사태다. 중산층은 1980년대 민주 시민항쟁의 중추가 됐다. 박정희는 한국 역사상 최초로 중산층을 만들어놓고 역설적으로 그들의 요구로 역사의 말에서 내려와야 했다.

박정희는 역사의 경쟁자로 김일성을 택했다. 그는 국력에서 북한보다 많이 뒤처진 상태에서 출발했다. 그는 경제력을 포함한 국력에서 북한에 역전하고 격차를 압도적으로 벌어놓아 결국 북한을 흡수통일해야 한다는 신념을 굳게 가지고 있었다. 한마디로 '역전과 흡수통일' 전략이었던 것이다.

1963년 민선대통령으로 취임하면서 그는 아예 이 전략을 공약해놓았다. 취임사에서 그는 "노예 상태 1,000만 동포"를 위해 공산주의에 승리하겠다고 공약했다. 박 대통령은 집권 내내 기회가 있을 때마다 통일에 관한 소명의식을 밝혔다.

1966년 12월 17일 기자회견에서 그는 이렇게 역설했다. "두 개의 한국이라는 것은 어떠한 경우에도 인정할 수 없고 받아들일 수 없는 것이며, 또 아무리 통일이 된다 하더라도 공산주의식 통일은 절대로 받아들일 수 없다."

박 대통령은 1967년 4월 23일 대구 유세대통령 선거에서는 이렇게 강조했다. "통일을 안 했으면 안 했지, 우리는 공산식으로 통일은 못한다. 민주통일을 해야겠다. 통일이 된 연후에 북한 땅에다가 자유민주주의의 씨를 심을 수 있는 민주적인 통일을 하자는 것이다. 그것을 위해서, 그렇게 하자니까 시간이 걸리고 우리의 노력이 필요하고, 우리의 실력의 배양이 필요한 것이다."

그는 '자유의 파도'란 말을 만들기도 했다. 1966년 2월 15일 대만을 방문했을 때 장제스 총통이 주최한 만찬회의 인사말에서 그는 이렇게 말했다. "혹자는 대한민국을 가리켜 자유의 방파제라고도 한다. 그러나 이런 비유를 받아들일 수 없다. 어찌해서 우리가 파도에 시달리면서도 그저 가만히 있어야만 하는 그러한 존재란 말인가. 우리는 전진하고 있다. 우리야말로 자유의 파도다. 이 자유의 파도는 멀지 않아 평양까지 휩쓸게 될 것을 나는 확신한다."

1976년 1월 24일 국방부 연두 순시에서 박 대통령은 통일에 대한 생각을 자세히 밝혀놓았다. 그는 준비된 원고 없이 담담하게 이야기 했는데 조갑제 기자는 녹음테이프의 녹취록을 조갑제닷컴에 남겨놓 았다. 박정희 대통령은 이렇게 말했다.

"특히 공산주의를 반대하는 논리를 이론적으로 여러 가지로 제시 할 수 있겠지만, 여기서 내가 강조하고 싶은 것은 우리는 공산주의를 절대로 용납할 수 없다. 왜냐. 우리의 민족사적 정통성을 유지하기 위 해서도 우리가 용납해선 안 된다. 공산당은 우리의 긴 역사와 문화·전통을 부정하고 달려드는 집단이니 도저히 용납할 수 없는 것입니다. 우리 대한민국만이 우리 민족사의 역사적 정통성을 계승하여 지켜가는 국가이다, 하는 점에 대해서 우리가 반공교육을 강화해야 하겠습니다.

공산당이 지난 30년간 민족에게 저지른 반역적인 행위는 우리가 절대로 용납할 수 없을 겁니다. 후세 역사도 절대로 용납하지 않을 겁니다. 우리가 정말 참을 수 없는 것을 참아온 것은 전쟁만은 피해 야겠다는 일념 때문이었습니다. 우리가 언젠가는 이 분단 상태를 통일을 해야겠는데 무력을 쓰면 통일도 되지 않을 뿐 아니라 한번 더 붙어서 피를 흘리고 나면 감정이 격화되어 몇 십 년간 통일이 늦어진 다, 그러니 통일은 좀 늦어지더라도 평화적으로 해야 한다고 우리가 참을 수 없는 그 모든 것을 참아온 겁니다. 우리의 이런 방침에 추호 의 변화가 없습니다.

그러나 공산당은 그렇게 생각하지 않습니다. 언젠가는 그들이 무력으로 접어들 때는 결판을 내야 합니다. 기독교의 성경책이나 불경 책에서는 살생을 싫어하지만 어떤 불법적이고 강한 자가 약한 자를 침범할 때는 그것을 쳐부수는 것을 정의라고 보고 있습니다. 그리스도교에서는 누가 내 볼을 때리면 이쪽 따귀를 내주고는 '때려라'고 하면서 적을 사랑하라고 가르치지만 선량한 양떼를 잡아먹으러 들어가는 이리떼는 이것을 뚜드려 잡아죽이는 것이 기독교 정신이라고 가르치고 있습니다. 북한 공산주의자들도 우리 동족임에는 틀림이 없습니다. 우리가 먼저 무력으로 쳐올라 갈 리야 없지만 그들이 또다시 6·25와 같은 반역적 침략을 해올 때에 대비하고 있다가 그때는 결판을 내야 합니다. 통일은 언젠가는 아마도 남북한이 실력을 가지고 결판이 날 겁니다. 대외적으로는 내어놓고 할 이야기는 아니지만 미·소·중·일 4대 강국이 어떻고 하는데 밤낮 그런 소리 해 보았자 소용 없는 이야기입니다. 어떤 객관적 여건이 조성되었을 때 남북한이 실력으로 결판을 낼 겁니다."

실력을 중시한 박정희는 항상 경쟁상대인 김일성을 의식했다. 북한은 적화통일 야욕과 대남 테러뿐 아니라 경제력으로도 상당기간 남한을 위협했다. 북한은 남한보다 일찍 공업화를 시작했으며 덕분에 1970년대초까지는 산업 경쟁력에서 남한을 앞질렀다. 그런 현실 속에서 박정희는 빨리 역전해서 체제경쟁에서 승리해야 한다는 중압감을 지니고 있었다. 박정희의 이런 심리를 보여주는 장면이 있다.

1973년 북한이 일본 조총련에 배포한 선전영화를 정보부가 입수했다. 박 대통령은 안보관련 장관들, 수석비서관들과 함께 남산 정보부 영사실에서 이 영화를 봤다. 당시 경제2수석으로 중화학공업을 담당했던 오원철씨는 나에게 이렇게 회고한 적이 있다.

"영화는 모두 세편이었는데 북한의 공업발전을 소개한 것이었습니다. 경공업에서부터 제철 등 중공업까지 북한이 엄청나게 발전한

걸로 되어 있었어요. 영화만 보면 북한은 세계 일류 공업국가 같았습니다. 깜깜한 영사실에 필름이 돌아가는데 시간이 갈수록 분위기가 가라앉았습니다. 사실 이 무렵만 해도 우리가 북한보다 공업력이 뒤졌었는데 그런 영화를 보니 누구 할 것 없이 기죽는 느낌이 드는 거죠. 꽤 오랫동안 본 것 같아요.

영화가 모두 끝나고 영사실에 불이 켜졌는데 박 대통령 앞 탁자 위 재떨이에 꽁초가 수북이 쌓여 있었어요. 대통령이 얼마나 침울하고 속이 상했으면 그렇게 줄담배를 피우셨겠습니까. 지금도 그때의 대통령 표정을 잊을 수 없어요. 박 대통령은 나지막하지만 날카로운 목소리로 장관 한 사람한테 'O장관, 어떻소'라고 물었어요. 장관은 '대단합니다'라고 짧게 대답했지요. 이 사람뿐만 아니라 모든 참석자들이 그렇게 느꼈을 거에요. '이러다가 이북에게 곧 먹히는 거 아니냐'는 불안감을 지울 수 없었던 거지요.

박 대통령은 그 대답을 듣더니 긴 말씀 안 하시고 자리를 떴어요. 청와대에 돌아와 내가 결재 받으러 들어갔더니 이번엔 나에게 물어보시더라고요. 나는 대번에 '그거 아무 것도 아닙니다'라고 했죠. 그리곤 내가 느끼고 분석한대로 모두 말씀 드렸어요. 그랬더니 박 대통령은 '사흘 후 안보회의가 있는데 오 수석이 그 내용을 브리핑하도록 해'라고 하셨어요. 그래서 나는 갱지 20여장에다가 북한 공업의 문제점을 상세히 썼어요. 핵심을 말하자면 '북한공업이 지금은 그럴듯하게 보이지만 구조를 살펴보면 세계 흐름에 거꾸로 가고 있다'는 거였죠.

실제로 그랬어요. 북한은 철강을 만들더라도 신기술이 전혀 없었어요. 사회주의 자립자족 경제를 주장해 세계의 신기술을 도입하는데에 부족했던 거지요. 석유화학도 영세규모고요. 그런 것들이 영화 속에서 다 보이더라고요. 3일 후 안보회의에서 차트를 넘겨가며 열심히 브리핑했지요. 브리핑이 끝나자 박 대통령은 얼굴 가득 미소를 짓더군요. 그러더니 이후락 정보부장에게 '이 부장, 이젠 알겠지? 이북의 공업이란 게 별 거 아니야' 하시더라고요."

박정희가 이 영화를 본 것은 1973년이다. 1972년 10월 유신 개발독재를 시작한 무렵인 것이다. 사실 박정희가 유신독재를 결행한 데에는 김일성 체제를 의식한 부분도 많았다. 1972년 북한과 교류하면서 박정희는 북한 체제가 김일성을 중심으로 견고하게 단결되어 있다는 걸 생생하게 확인했다. 그에 반해 남한은 민주주의 제도하에서 다양한 주장과 노선이 충돌하고 있었다.

1972년은 닉슨의 중공 방문을 비롯해 세계적으로 데탕트의 시절이었다. 남북한에도 교류가 시작됐다. 남북 적십자회담의 북측 예비회담 대표들이 서울에 왔다. 남북한의 특사가 서울과 평양을 방문했다. 이후락 중앙정보부장이 평양에 가고 북한의 박성철 제2부수상이 서울에 왔다. 이런 과정에서 남한과 북한 사회의 차이점이 극명하게 드러났다.

북한의 적십자 회담 대표단은 만찬과 리셉션 등 여러 자리를 통해 정치·경제·사회·문화 분야의 남한 인사들과 어울렸다. 남한은 자유민주주의 체제라 남한 인사들은 거리낌 없이 마음대로 자신의 의견을 얘기했다. 대부분 지도급 인사들이었는데 일부는 북한의 의도에 말려드는 듯한 이야기도 서슴지 않았다. 반면 북한 대표들은 마치 한 사람인 것처럼 똑같았다. 남한 인사들이 통일의 간절한 소망을 강조해도 그들은 동포애 같은 얘기보다는 반공법과 보안법의 철폐가 선행조건임을 반복해서 말했다.

북한 체제가 얼마나 경직됐고 김일성을 중심으로 단결되었는가를 박 대통령이 직접 체험하기도 했다. 유신 5개월전인 1972년 5월 박 대통령은 청와대에서 북한 김일성의 특사일행을 접견했다. 특사단 대표는 김일성의 친척이자 권력 서열 10위내에 드는 박성철 제2 부수상이었다. 박성철 부수상은 마치 로봇 같았다고 한다. 당시 청와대 비서실장이었던 김정렴씨는 회고록 『아, 박정희』에서 이렇게 적었다.

"박성철이 저고리 안 주머니에서 수첩을 꺼냈다. 그리고 '박 대통령 각하'로부터 시작해서 김일성의 박 대통령에 대한 인사, 남북접촉에 대한 북측의 기본적인 입장 등 깨알같이 적혀있는 것을 낭독해 내려갔다. 요점은 정치적 통일을 우선적으로 강조하는 종래의 북한의 정치적 입장을 되풀이하는 것이었다. 끝 인사말까지 수첩에 적혀있는 대로 낭독하고 박성철은 말을 끝냈다.

박 대통령이 인도적 견지에서 '남북 천만 이산가족 찾기 운동'을 비롯한 인적·물적 교류와 서신교환 등 쉬운 것부터 하나하나 실적을 쌓아 올려 최종단계로 정치적 통합을 이루어 나가자는 우리 입장을 조목조목 논리적으로 설명해나갔으나 박성철 등 북측 대표단은 모두 주의 깊게 듣고 열심히 메모를 하고 있을 뿐 일체 말이 없었다."

이렇게 강력한 결속력을 가진 김일성 체제로부터 국가안보를 지켜내고 경제발전에 국력을 집중하기 위해선 서구식 민주주의 보다는 강력한 권력체제가 필요하다고 박정희 대통령은 생각을 굳혔다. 미처 경쟁력의 기반을 갖추지 못한 상태에서 남한이 허술하고 방만한 체제에 머물면 북한을 막아내고 이겨내는 데에 어려움이 있을 것으로 박정희는 판단했다. 박 대통령은 여러 나라의 권력체제를 연구했으며 종합적인 산물이 1972년 10월 유신이다.

1979년 사망할 때 박정희는 김일성에 대한 승자가 되어있었다. 남한은 북한의 도발 야욕을 막아냈다. 중화학공업과 수출경제, 농업 개량과 새마을 운동으로 경제 면에서도 북한을 훨씬 앞서갔다.

(3) 실력과 도덕성에서 김일성을 이긴 박정희

독재에는 두 가지가 있다. 하나는 공동체를 위한 것이고 다른 하나는 권력자 개인을 위한 것이다. 두 개는 독재의 목적과 양태 그리고 결과에서 확연하게 다르다. 단순하게 애국독재와 탐욕독재로 구분할 수 있다. 박정희는 애국, 북한정권의 독재는 탐욕독재였다. 똑같이 장기집권을 하고 똑같이 국민의 자유를 제한해도 이처럼 양극으로 갈리는 것이다. 2010년 6월 중앙일보에 실렸던 칼럼을 여기에 기록해 둔다.

애국독재와 탐욕독재

애국적인 독재와 탐욕적인 독재는 창고에서 결판난다. 독재자의 창고가 홀쭉하면 국민이 풍성하고, 창고가 비옥하면 국민이 메말라진다. 과거의 독재자들은 호사스러운 저택을 숨길 수 있었다. 그러나 이제는 인공위성 때문에 숨길 수가 없다. 독재는 인류 문명의 양지에서 밀려나 점점 아시아나 아프리카의 구석으로 몰리고 있다.

포린 폴리시Foreign Policy나 CNN 같은 서방 언론이 최근 잇따라 김정일 북한 국방위원장의 저택과 사생활을 공개하고 있다. 평양 2채 등 북한 전역의 12채, 해저를 볼 수 있는 바닷가 7층 빌딩, 인공파도가 넘실대는 풀장, 코냑 파티···. 3년 전에는 홍콩의 파 이스턴 이코노믹 리뷰Far Eastern Economic Review가 북한 강제수용소 사진을 세상에 알렸다. 미국의 인공위성 디지털 글로브Digital Globe가 찾아낸 것이다. 독재자의 호사스러운 저택과 강제수용소라는 인민의 지옥··· 이것만큼 충격적인 '배반의 대비對比'는 없을 것이다.

남한의 독재자 박정희는 처절하게 검소했고 사치와 호사豪奢를 경계했다. 9년 2개월간 박 대통령의 비서실장을 지낸 김정렴씨는 이렇게 증언한다. "박 대통령은 공장을 둘러볼 때 사장실이 번쩍번쩍하면 얼굴이 굳어졌어요. 사장에게 '종업원 월급은 얼마냐'고 꼬치꼬치 묻곤 했죠. 그러곤 기숙사·식당·화장실을 둘러보는데 이런 곳이 부실하면 굉장히 언짢아했어요."

박 대통령은 고관이나 기업인의 호화 주택을 조사했다. 청와대 사정팀을 시켜 사진을 찍었는데 매출액 기준으로 대략 100명 정도가 대상이었다. 박 대통령은 앨범을 보고 몇몇 집을 지적해 김 실장에게 소유주를 잘 설득해 보라고 지시했다. 김씨의 증언. "뒷조사를 해보면 대개 첩에게 고래 등 같은 집을 사준 경우가 많았어요. 나는 한 사람씩 청와대로 불러 알아듣도록 얘기했습니다. 대통령의 청와대 거처가 얼마나 좁은지 얘기해 주었지요. 대부분 '죄송하다'며 집을 처분하겠다고 했어요." 박 대통령이 세상에 남긴 개인 재산은 신당동 집이 거의 유일하다. 군인 시절 구입한 방 3개짜리 집이다. 유족은 2억원 정도에 이 집을 박 대통령 기념사업회에 양도했다.

1986년 필리핀 독재자 마르코스 대통령 가족이 권력에서 쫓겨나 하와이로 망명했다. 그들이 오랫동안 살았던 말라카낭 궁이 세상에 공개됐다. 지하에 있는 가로 21m, 세로 21m짜리 큰 방엔 대통령 부인 이멜다의 온갖 치장용품이 가득했다. 유명 브랜드 구두 2,200켤레와 팬티 3,500장,

가운 2,000벌, 브래지어 500개, 수백 개의 보석상자….

박 대통령의 부인 육영수 여사는 한복을 즐겨 입었다. 화려하지도 비싸지도 않은 평범한 국산 옷감이었다. 유명한 한복 디자이너가 아니라 '이수진 할머니'라는 이름 나지 않은 한복집에서 옷을 맞추었다. 박 대통령의 단골 양복점 주인 윤인중씨는 이런 기억을 갖고 있다. "축농증 수술을 하고 박 대통령은 갑자기 허리 둘레가 늘어난 적이 있었어요. 청와대로 들어오라고 해 갔더니 '양복 다섯 벌의 사이즈를 늘려 달라'고 하세요. 바지 안감을 보니 너덜너덜해 새로 맞추는 게 낫겠다 싶었는데 대통령은 고집스레 낡은 양복을 수선해 입었습니다."

이 나라의 친북 세력은 집 한 채, 낡은 양복의 독재자에겐 거친 욕을 일삼으면서 집 12채, 강제수용소의 독재자에겐 침묵한다. 집 한 채와 저택 12채의 차이가 남한과 북한의 격차를 만들어 놓았다. 박 대통령이 쿠데타를 일으킨 1961년 필리핀의 1인당 소득은 95달러로 한국보다 13달러 많았다. 육영수의 한복과 이멜다의 구두 2,200켤레가 한국과 필리핀을 갈라놓았다. 비록 육신은 비극적으로 죽었지만 애국독재의 종말은 잘사는 대한민국이다. 탐욕 독재의 종말은 어디가 될 것인가.

2010년 이 칼럼을 썼을 때만해도 비교대상이 박정희와 김정일이었다. 그런데 김정일이 죽고 김정은이 권력을 잡았다. 탐욕독재라는 부분에서 김정은은 달라진 게 없다.

김정은의 호화 사치를 세계에 구체적으로 알린 사람은 북한인이 아니라 외국인이었다. 사실 일반적인 북한인은 최고권력자의 저택이나 유흥시설을 경험할 기회가 없다. 하지만 미국 프로농구 스타출신 데니스 로드먼은 손님으로 초청받았기에 그런 경험을 할 수 있었다. 2012년 10월 두 번째 방북을 마친 후 그는 영국 일간지 더 선The Sun과 인터뷰를 가졌다. 그는 7일 일정의 대부분을 김정은의 섬에서 음주

파티와 제트스키·승마 등을 즐기며 보냈다고 털어놨다.

그는 길이 60m 요트도 탔다고 했는데 이는 영화 'The Wolf of Wall Street'에서 증권브로커 갑부가 소유하고 있는 요트와 비슷한 것일 게다. 그 주인공처럼 북한 최고권력자도 예쁜 기쁨조를 요트에 태우고 산해진미를 즐길 가능성이 크다. 2014년 2월 우크라이나의 야누코비치 대통령이 쫓겨나면서 그가 살던 관저가 공개된 일이 있다. 여의도 절반 만한 크기였는데 골프장도 있었다. 여기에도 어김없이 배가 있었다. 파티를 즐기는 범선이었다.

'The Wolf of Wall Street'에서 요트 주인 갑부는 지중해에서 폭풍우를 맞는다. 제트스키들은 파도 속으로 사라지고 결국 배도 바다 속으로 가라앉는다. 급변사태와 통일의 폭풍이 몰아치면 김정은 권력의 제트스키들도 사라져갈 것이다. 영화 속에서 브로커를 감옥으로 보내는 FBI 수사관은 평범한 샐러리맨이다. 그는 지하철을 타고 퇴근한다. 아마도 지하철을 탔던 수사관은 샐러리맨으로 장수했을 것이다. 호화 요트를 탔던 황금의 노예는 감옥으로 갔다. 60m요트를 즐기는 북한 탐욕 독재자의 말로는 비참할 것이다.

통일이 되어 북한이 외부세계에 완전히 개방되면 북한 '탐욕독재'의 실상이 각종 증거물로 드러난다. 그런 추악한 유산은 자연스럽게 박정희의 '애국독재'와 극명하게 대조될 것이다. 그러면 박정희 독재를 둘러싼 남한 내 논란도 많이 줄어들 수 있다. 통일이 가져올 수 있는 대표적인 역사의 재평가다.

(4) 딸에게 넘겨진 흡수통일의 꿈

박근혜는 2013년 2월 25일 취임했고 한국 역사에서 최초로 부녀 대통령이 됐다. 이날의 취임식은 참으로 격세지감을 느끼게 하는 것이었다. 아버지 박정희는 정확히 50년 전인 1963년 12월 17일 취임했다. 취임식은 지금은 없어진 중앙청 앞 광장에서 조촐하게 열렸다. 비가 흩뿌렸다. 미국 대통령의 특사는 하와이 주지사였다. 미국에게 한국이란 나라는 변방의 주 정도에 해당하는 것이었다.

반면 50년 후 딸의 취임식은 장엄하고 화려했다. 대한민국의 위상에 걸 맞는 규모와 분위기였다. 세계의 고위급 축하사절이 취임식의 무게를 더 했다. 미국 대통령의 특사는 국가안보보좌관이었다. 이날 딸은 아버지만큼이나 엄중한 미래의 변수와 과업을 마주하면서 대통령이 되었다. 그날 아침 중앙일보에 쓴 칼럼이다.

박근혜, 한반도 운명 개척하라

남한 대통령에게 북한은 숙명적인 숙제다. 북한이 어디로 가느냐에 따라 7,500만 한민족 운명이 달라지기 때문이다. 한국인은 반세기 만에 한반도 남쪽에 위대한 국가를 만들어놓았다. '한국문명the Korean Civilization' 이라 부를 만하다. 그런데 안타깝게도 이 문명은 아직 미완성이다. 북쪽 2,500만이 압제와 가난 속에서 신음하고 있는 것이다. 이들을 구해내야 비로소 문명이 완성된다. 그러므로 남한 대통령은 북한 동포를 위해서도 북한을 극복해야 한다.

50년 전인 1963년 12월 박정희 대통령에겐 두 가지 숙제가 있었다. 김일성의 도발을 막아내고 남한을 가난에서 구하는 것이다. 취임식에서 박대통령은 비장한 표정이었다. 미스 코리아가 꽃다발을 전하고 여고 합창단이 축가를 불렀지만 그는 별로 웃지 않았다. 조선일보는 이렇게 적었다. "2년 전 5월 웃지 않는 얼굴로 데뷔한 그는 대통령에 취임하는 영광의 날에도 웃지 않는 얼굴로 일관했다."

취임사에서 박정희는 숙제에 정면으로 맞섰다. 그는 "치욕과 후진의 굴레"를 벗기 위해 "오염과 악풍을 세척하자"고 했다. 그는 북한도 잊지 않았다. "노예 상태 1천만 동포"를 위해 공산주의에 승리하겠다고 공약했다. 약속은 지켜졌다. 남한은 가난에서 탈출했고 경쟁에서 김일성을 이겼다.

오늘 그의 딸이 대통령에 취임한다. 겉으로만 보면 아버지보다 사정이 훨씬 좋다. 세계 5대 공업국, 7대 무역국, 10위권 경제에다 국민총생산GNP은 북한의 40배나 된다. 그러나 북한 문제로 보면 상황은 아버지보다 어렵다. 북한 정권은 안으로는 2,500만을 극한으로 몰고 있다. 밖으로는 핵으로 4,900만 동포를 위협한다. 김일성은 안정된 권력이었다. 반면 지금 31세 김정은은 불안하다. 인류사에서 3대 세습이 성공한 적은 없다.

안보의식으로 보면 상황은 더 심각하다. 아버지 시절, 가난하고 피폐했지만 국가 의식은 투철했다. 지도자는 "일하면서 싸우고 싸우면서 건설하자"고 외쳤다. 예비군을 만들고 방위산업을 일으켰다. 대부분 국민은 따라주었다. 눈에 불을 켜고 간첩을 신고했다. 월남 가는 장병들에게 태극기를 흔들었다.

지금 안보의식은 뿌리부터 흔들린다. 김대중은 김정일을 만나러 4억 5,000만달러를 주었다. 김정일을 만나고는 국민에게 "이제 한반도에 전쟁의 위험은 없다"고 했다. 역사상 가장 순진한 발언이다. 노무현은 "인도 핵은 되고 북한 핵은 왜 안 되나"라고 했다. 역사상 두 번째로 순진한 발언이다.

이명박과 그의 군대는 유약하고 무능했다. 섬마을이 불바다가 되는데도 보복 하나 하지 못했다. 국민이 혈세로 F-15K를 수십 대나 사주었는데도 응징작전에 벌벌 떨었다. 합참의장이란 사람은 북한이 핵을 만들어도 선제 타격하면 된다는 허풍 논리를 펴고 있다.

국민은 국민대로 풀어져 있다. 적잖은 이가 "설마 동포에게 핵을 쏘겠느냐"고 한다. 어떤 이들은 "적당히 돈을 줘서 달래지 왜 싸우나"라고 한다. 지도층 상당수는 "북핵은 미·중이 해결해야 한다"고 주장한다. 야당은 "전쟁이냐 평화냐"로 국민을 선동한다. 지금 남한은 인류 역사상 가장 순진하고 가장 무책임한 국가 중 하나다.

박근혜는 이런 지도층, 이런 군대, 이런 국민, 이런 야당으로 북한과 맞서야 한다. 북핵이라는 '검은 운명'과 싸워야 한다. 악惡 조건이다. 그러나 길은 있다. 그 길을 뚫으려면 박근혜는 자신부터 바꿔야 한다. '대북 신뢰 프로세스'라는 환상을 깨야 한다. 11년 전 그는 평양에서 융숭한 대접을 받았다. 그러나 그는 껍데기만 본 거다. 그가 보지 못한 곳에서 사람들은 굶주리고 갇혀 있다.

대선 직후 박근혜는 건강검진을 받았다. 컴퓨터단층촬영CT도 찍었을 것이다. 그의 심장에선 안보라는 글자가 찍혀 나왔는가.

박정희가 피살된 후 34년이란 세월이 지나 그의 딸이 대통령이 됐다. 통일이라는 과업에서나, 한국 현대사를 둘러싼 논란에서나, 아버지와 딸은 분리될 수가 없다. 아버지가 닦아놓은 통일의 기반도, 아버지 개발독재의 유산도 딸은 고스란히 인수해야 한다. 부녀 대통령의 탄생에서 세대를 건너뛰는 역사의 계승을 본다.

박정희와 박근혜는 모두 드라마틱한 요소를 가지고 있다. 박정희는 목숨을 걸고 권력을 잡았고 그 권력으로 인해 목숨을 잃었다. 자신도 부인도 암살자에게 희생됐다. 박근혜는 22살의 어린 나이에 퍼스트 레이디 역할을 수행했다. 18년간 청와대에 있었고 아버지가 피살된 후에는 18년간 은둔했다.

박근혜는 2006년 테러를 당해 목숨을 잃을 뻔 했다. 1961년 헌병대 총탄이 박정희 장군을 비껴간 것처럼 커터cutter가 박근혜의 경동맥을 비껴갔다. 만약 커터가 아래로 깊숙이 지나갔다면 한국의 현대사는 많이 달라져 있을 것이다.

테러를 당하거나, 테러로 목숨을 잃거나 하는 일은 모든 지도자에게 닥치지는 않는다. 이상하게도 이런 일들은 특정한 이들에게 몰린다. 운명의 비상한 방문이라고 할까. 그런데 능력이 뛰어나다고 해서 이런 방문을 받는 것도 아니다. 능력이 있기도 하고 그렇지 않기도 한데 이상하게도 어떤 지도자들은 운명의 바람을 더욱 거세게 맞는다. 왜 이런 일이 일어나는지는 역사의 신만이 알 것이다.

20세기 이후 대부분의 강대국에서는 국가의 최고지도자가 저격당하는 일은 별로 없었다. 소련이나 러시아, 영국·프랑스·독일·중국·일본 같은 나라에서 지도자가 임기 중에 암살이나 암살 미수를 겪는 일은 거의 없었다. 지도자들은 대부분 임기를 무사히 마쳤고 일부만이 병사했다. 암살은 후진국의 일이었다.

그런데 미국은 달랐다. 1865년 링컨 대통령이 암살 당했다. 그 사건은 19세기였다치자. 20세기 들어서도 암살은 사라지지 않았다. 1963년 케네디가 저격을 당해 숨졌다. 1981년엔 레이건이 총에 맞아 저승의 문턱까지 다녀왔다. 그런데 같은 총탄이라도 누구는 죽이고 누구는 살린다.

케네디 저격범 오스왈드는 해병대 저격수 출신이었다. 한 발은 케네디의 목, 다른 한발은 머리를 관통했다. 케네디는 즉사했다. 케네디 가문의 비극은 그러나 시작에 불과했다. 케네디 이전에 조종사 형은 제2차 세계대전에서 폭격기 폭발로 숨졌다. 이 형을 포함해 케네디의 형세·아들·손카 등 10여명이 비극적인 숙음을 겪었다. 암살, 비행기 사고, 마약 중독 등이었다.

케네디와 달리 레이건이 맞은 총탄은 심장을 12cm비껴갔다. 레이건 암살범은 여배우 조지 포스터를 짝사랑한 존 힝클리였다. 힝클리의 총탄이 레이건의 심장을 뚫었다면 세계 역사는 달라졌을 것이다. 강력한 반공주의자 레이건은 공산주의 소련을 '악의 제국'으로 몰아부치며 압박 전략을 구사했다. 그는 '스타 워즈the Star Wars'라 불리는 요격 미사일 개발을 비롯해 엄청난 군비경쟁으로 소련의 힘을 빼놓았다. 황새가 뱁새의 가랑이를 찢어놓은 것이다. 저격으로 레이건이 죽었더라면 공산주의는 더 오래갔을지 모른다. 독일 통일도 늦어졌을 가능성이 높다.

박근혜는 집안으로는 케네디의 비극을, 개인으로는 레이건의 행운을 겪었다. 어머니는 친북 재일교포 테러리스트, 아버지는 충직했던 부하의 총탄에 죽었다. 이런 일이 없었더라면 박근혜는 한 남자의 아내가 되어 평범한 인생을 살았을 것이다. 커터cutter 테러의 운명도 마찬가지다. 테러는 2006년 지방선거 유세 중 발생했다. 상처는 최대 깊이 3센티, 길이 11cm였다. 칼이 얼굴의 운동신경이나 침샘을 건드리거나 조금만 더 내려와 목의 동맥을 잘랐다면 박근혜의 인생은 달라졌을 가능성이 크다. 생명을 잃었거나 아니면 더 이상 대중 정치가로 활동하지 못했을 지 모른다.

부모나 자신에게 벌어진 사건으로 볼 때 박근혜도 운명의 특별한 방문을 받는 지도자가 아닐까. 운명은 여러 가지 사인sign으로 자신의 방문을 알리곤 한다. 박근혜에게는 숫자가 그런 사인이 아닐까. 박근혜의 득표율은 51.6% 였다. 왜 하필이면 5, 1, 6인가. 아버지의 숫자 5·16과 딸의 숫자 51.6은 단순한 우연일까. 뭔가 필연의 사연이 있는 건 아닐까. 아버지가 숫자로 딸을 지켜주고, 딸에게 과업의 메시지를 전하는 게 아닐까… 이런 상상을 나는 했다.

박정희는 살아있다면 지금이 북한에서 급변사태가 일어날 가능성이 높은 때라고 판단할 것이다. 박정희는 흡수통일을 위한 기반을 마련해놓았지만 통일과정을 시작할 기회는 갖지 못했다. 딸은 자신의 시대에 아버지의 못 다 이룬 꿈이 시작될 상황을 맞이할지 모른다. 정면으로 역사를 마주하면서 단호한 지도력으로 이 과업을 시작하라는 아버지의 뜻이 51.6에 담겨있는 건 아닐까.

(5) 박근혜, 북한에 속아선 안 된다

북한이라는 변수에 현명하게 대처하기 위해서 박근혜는 여러 필수적인 준비를 갖추어야 한다. 북한에 속지 않겠다는 의식을 다지고 북한이 모험을 생각하지 못하도록 '강력한 대통령'으로 버티고 있어야 한다. 가장 중요한 것은 북한의 위장 제스처에 속지 않는 것이다.

1993년 핵개발을 선언한 이래 북한은 20년 동안 세계를 속였다. 특히 미국과 한국의 지도자들을 속였다. 대표적으로 클린턴과 부시, 김대중과 노무현이다. 클린턴은 명석한 두뇌와 뛰어난 지도력으로 미국 역사상 능력 있는 대통령 중 한 명으로 꼽힌다. 르윈스키 스캔들이 있었지만 경제에서 큰 업적을 남겼다. 그의 재임 중에 경제호황이 길게 이어졌고 흑자예산이 달성됐으며 북미자유무역협정NAFTA과 복지개혁이 이뤄졌다. 하지만 클린턴은 북한의 핵개발을 막는 데에 실패했다. 그는 북한을 폭격하는 대신 1994년 제네바 합의로 북한을 되돌릴 수 있으리라 믿었다. 그러나 북한은 세계를 감쪽같이 속였다. 북한은 플루토늄 대신 우라늄으로 핵을 개발했으며 제네바 합의는

2003년 깨졌다.

철저한 기독교주의자 부시는 세계를 선과 악으로 구분했다. 그는 '악의 정권'을 무너뜨리는 데에 과감했다. 9·11 테러로 무너진 빌딩 하나에 한 개씩 부시는 정권을 부쉈다. 아프가니스탄 탈레반과 이라크 후세인 정권이 사라졌다. 그랬던 카우보이 부시도 김정일에게는 영락없이 속았다. 부시는 북한을 '악의 축' 3대 국가로 규정해 압박했으나 핵에 관해서는 실제로 아무 일도 못했다.

북한이 부시를 속인 카드는 6자회담이었다. 부시를 비롯한 서방 지도자들은 6자회담이 열리는 한 북핵이 해결되고 있다고 믿었다. 그러나 착각이었다. 이는 아들이 책상에 앉아있으니 수능 공부를 열심히 하고 있다고 믿는 것과 같았다. 아들은 게임을 하고 있었다. 북한은 부시 취임 5년 만에 지하에서 핵폭탄을 터뜨렸다. 6자회담은 결국 북한에 시간과 달러만 안겨준 꼴이었다. 6자회담은 6년 만에 파탄 났고 북한은 핵실험에 두 차례나 더 성공했다.

북한 핵은 미국보다 한국에게 훨씬 더 위험한 것이다. 그렇다면 한국 지도자들은 미국 대통령들보다 훨씬 각별한 경계심으로 북한을 대했어야 했다. 그런데 거꾸로 더 속았다. 2000년 6월 평양 정상회담에 다녀와서는 김대중 대통령은 충격적인 오판을 내놓았다. "이제 한반도에서 전쟁의 위험은 사라졌다." 2001년에 이런 말도 했다. "북은 핵을 개발한 적도 없고 개발할 능력도 없다. 만약 북이 핵을 개발한다면 내가 책임지겠다." DJ가 이렇게 말할 때 북한은 우라늄 핵개발에 몰두하고 있었다.

북핵에 관한 한 노무현 대통령은 속은 게 아니라 아예 눈을 감은 거나 마찬가지다. 그는 외국에 나가 동포들에게 북한 핵을 용인하는 발언을 했다. "북한 핵 주장은 일리 있는 측면이 있다고 본다." "북한은 체제안전을 보장받으면 핵 개발을 포기할 것이며 누구를 공격하거나 테러를 위해 핵개발을 한다고 단정할 수 없다." 그가 관대하게 대했던 바로 그 정권이 미국도, 중국도, 일본도 아닌 남한에게 핵 불벼락을 협박하고 있다.

가장이 바깥에 나가 속으면 피해는 고스란히 가족이 본다. 지도자가 속으면 국민이 피해를 당한다. 선대가 속으면 후대가 어려워진다. 클린턴과 부시가 속는 바람에 오바마가 악성 말기 암을 떠안게 됐다. 김영삼이 머뭇거리고 김대중과 노무현이 속는 바람에 남한 국민은 핵 공갈의 인질이 되고 있다.

박근혜는 2014년 8월 15일 광복절 축사에서 '핵을 머리에 이고 사는 나라'를 후세에게 물려줄 수 없다고 말했다. 그는 이 약속을 지킬 자신이나 능력이 있는가. 3차 핵실험을 끝낸 북한은 아예 노골적으로 나오고 있다. 대화 운운하면서도 핵을 절대 포기하지 않겠다고 공언한다. 이는 김정은 스타일로 세계를 상대하는 것이다. 북한은 이렇게 핵의 긴장지수를 잔뜩 올려놓은 다음에 적절한 위장술로 남한과 미국으로부터 영양분을 빼내려 할 것이다. 박근혜 대통령은 속지 않을 자신이 있는가.

박근혜는 이미 한 차례 북한의 위장술에 노출된 경험이 있다. 2002년 그가 북한을 방문하자 김정일은 환심을 사려고 치밀하게 계획했다. 특별기를 제공하고 박근혜의 숙소를 전격적으로 방문해 만찬을 했다. 그러면서 자신들에게 불리한 것은 철저히 숨겼다. 못사는 지역은 빼고 할리우드 세트 같은 과시용 평양 시설만 보여주었다. 박근혜는 결국 북한의 속살은 보지 못했다. 김정일은 남한으로 내려가는 박근혜에게 약속 보따리를 주었다. 이산가족 상설면회소, 6·25 때 실종된 한국군의 생사 확인, 금강산댐 공동조사…. 이 약속들은 허공으로 사라져버렸다. 대신 박왕자씨 살해, 천안함·연평도 도발 그리고 3차례 핵실험이 있었다.

급변사태가 일어나면 남한 대통령은 강력한 지도력을 발휘해야 한다. 밖으로는 미국·중국·일본의 협력을 끌어내고, 안으로는 반대자를 설득하며, 현명하고 단호하게 군대를 지휘해야 한다. 외교·정치·안보가 3대 핵심인 것이다. 박근혜 대통령이 걸어야 하는 길은 이처럼 명확하다.

하지만 '해야 한다'와 '할 수 있냐'는 다르다. 박근혜는 야당 지도자 시절 뛰어난 위기관리 능력을 보여주었다. 2004년 노무현 탄핵 파동으로 역풍을 맞아 한나라당은 총선에서 벼랑 끝에 내몰렸다. 박근혜는 구원투수 '박다르크'가 되어 당을 살려냈다. 총선 후 정식으로 대표를 맡아서는 노무현 정권을 상대로 '국가 정체성 수호 투쟁'을 이끌었다. 그는 사학법 개악을 저지하기 위해 엄동설한에 남자 국회의원들을 이끌고 오랫동안 거리 투쟁을 벌이기도 했다.

하지만 선거운동이나 정체성 수호 투쟁이 곧바로 대북 안보능력에 대한 신뢰를 보장하지는 않았다. 대통령 선거를 1년 2개월 앞둔 2006년 10월 북한이 처음으로 핵실험을 했다. 이는 안보불안을 자극했고 "여성 대통령이 안보위기를 관리할 능력이 있겠는가"라는 말들이 나왔다. 박근혜 지지율은 빠르게 떨어졌다. 군대 경험이 없기는 병역면제자 이명박도 마찬가지였는데 여성이라는 이유로 박근혜는 불이익을 당한 것이다.

남자이기 때문에 여자보다 나을 것이라는 속설은 별로 설득력이 없는 것으로 드러났다. 2010년 11월 북한이 연평도 섬마을을 불바다로 만들었을 때 이명박 대통령은 제대로 응징하지 못했다. F-15K같은 최첨단 고급 전폭기를 40여대나 가지고도 '폭격'이라는 결단을 내리지 못했다. 물론 폭격하지 않은 것은 군 지휘부의 결정이었다.

그러나 대통령이 무기 체계를 잘 알고 상황을 판단하는 군사전략가의 능력을 갖추었더라면 상황은 달랐을 것이다. 머뭇거리는 군대를 압박해 최고 지휘관으로서 단호한 보복의 결정을 내릴 수 있었을 것이다. 박정희라면 당연히 그렇게 했을 것이다. 이명박은 결단을 내리지 못했던 것을 나중에 후회했다. 하지만 안보에서 후회는 소용없다. 만약 연평도 사태 때 박근혜가 대통령이었다면 어떻게 했을까. 그것은 알 수 없다. 이명박처럼 했을 수도 있고 아니면 유약한 군 지휘부를 몰아쳤을 수도 있다. 분명한 것은 이명박은 실패했다는 것이다.

취임 이후 2014년 하반기까지 박근혜는 진정으로 중요한 안보위기를 겪지 않았다. 김정은 정권이 2013년 2월 3차 핵실험을 했을 때 그는 대통령 당선인이었다. 그가 취임한 후 김정은이 정전협정 파기를 선언하고 전쟁도발을 위협했지만 어디까지나 허풍이었다. 천안함도 연평도도 없었다. 개성공단 대립이 있었지만 안보위기까지는 아니었다. 장성택 집단처형은 북한 내부의 요동이지 안보사태는 아니었다. 박근혜는 아직 '실력'을 보여줄 기회를 갖지 못하고 있다.

안보대처 능력이 뛰어난 여성 지도자로 대처 영국총리가 꼽히곤 한다. 그는 1982년 포클랜드 전쟁을 승리로 이끌어 국토주권을 지켜냈다. 일부 남성장관들이 유화론을 폈지만 대처는 이를 눌러버렸던 것이다. 하지만 북한과 오랫동안 대치하고 있는 남한으로 보면 이스라엘의 여성총리 골다 메이어가 더 교훈적이다.

그는 이스라엘 건국투쟁을 이끌었던 지도자 중 한 사람이다. 그는 아랍의 총부리에 맞서 많은 투쟁을 벌였다. 총리1969~74로서는 1972년 9월 뮌헨 올림픽 테러를 겪기도 했다. 팔레스타인 테러단체

'검은 9월단'이 이스라엘 선수 숙소에 난입해 2명을 살해하고 9명을 인질로 잡았다. 테러범들은 이스라엘에 수감된 팔레스타인 죄수 234명의 석방을 요구했다. 골다 메이어는 거절했다. 구출 작전은 실패했으며 인질 9명, 경찰관 1명, 검은 9월단 5명이 사망했다. 그러나 사건은 그게 끝이 아니었다. 메이어는 특수 수사대를 조직해 10여년 동안 세계에 흩어진 테러범들을 추적했다. 테러범들은 암살됐고 이 스토리는 훗날 영화 '뮌헨'으로 만들어졌다.

메이어는 테러와 협박에 굴복하지 않는 지도자였다. 그는 '강한 자만이 살아남는다'는 철학을 가지고 있었다. 그는 어렸을 때 테러 공포를 처절하게 경험한 기억이 있다. 2009년 시사월간 신동아에 허문명 동아일보 기자는 메이어 스토리를 썼다. 이런 대목이 나온다.

"골다 메이어는 1898년 5월 3일 러시아 키예프에서 태어났다. 아버지는 목수였다. 전세계로 흩어져 살던 유대인에게 어느 나라라고 힘들지 않은 곳이 없었지만 그녀가 살았던 러시아는 너무 비참했다. 사회에 대한 불만이 극에 달했던 러시아 농민 폭도가 유대인들에게 분노를 폭발하면서 조직적으로 학살과 약탈을 일삼았다. 키예프는 러시아 내에서도 반유대주의 정서가 가장 팽배한 곳이었다.

골다는 네 살 때 폭도가 '유대인을 죽여라'며 고래고래 소리를 지르며 유리창을 조각 내고 쇠망치로 현관문을 부수던 일을 똑똑히 기억하고 있다. 유대인을 찾아 다니며 '그리스도의 살인자'라고 소리지르고 칼과 기다란 막대기를 휘저으며 달려들던 무리였다. 다행히 가족의 목숨은 건졌지만 어린 골다는 자기가 남과 다른 사람이라는 것을 깨달았다. 살아남기 위해서는 어떻게든 효과적인 행동을 취해야 한다는 본능적인 신념이 살과 피에 박혔다."

박근혜는 여고 1학년때 청와대에서 북한 무장공비들의 총소리를 들었다. '아버지의 목을 따라' 북한 특수부대가 청와대 근처 500m까지 접근한 것이다. 이 일이 그에게 구체적으로 어떤 영향을 미쳤는지는 모른다. 하지만 여고 1학년에게 이 일은 실존적인 기억으로 남아 있을 것이다. 더군다나 그로부터 6년 후 친북 암살범의 총탄에 어머니를 잃었으니 박근혜의 '안보 심리'는 남다르다고 봐야 할 것이다. 청와대 습격사건이 일어난 지 정확히 45년이 되는 2013년 1월 21일 중앙일보에 실었던 칼럼이다.

박근혜, 사격장에 가야 한다

1968년 1월 21일은 일요일이었다. 박정희 대통령 가족은 청와대 본관 2층에 살았다. 이틀 전 파주에서 무장공비 무리를 보았다는 신고가 들어와 있었다. 박 대통령은 감기약을 먹고 일찍 잠자리에 들었다. 성심여고 1학년 박근혜도 침대에 들었다.

그날 밤 10시15분쯤 첫 총성이 울렸다. 대통령 가족 침실에서 약 500m 떨어진 곳이었다. 북한 특공대가 최규식 종로서장에게 기관단총을 갈긴 것이다. 군경 수색대가 공비들과 교전했다. 기관단총과 수류탄 소리가 겨울 밤하늘을 찢었다.

박근혜는 자신과 가족에 대한 테러를 평생 다섯 번 겪었다. 1970년 북한 공비들은 국립묘지 정문에 폭탄을 설치하다 실패했다. 74년 어머니, 79년 아버지, 2006년엔 박근혜 자신이 테러를 당했다. 가족이 처음 테러 목표가 된 건 68년 1·21사태다. 오바마 대통령의 큰딸 말리아는 15세다. 그에게 비유하면 1·21 사태는 알카에다 테러분자들이 백악관 침실 500m까지 접근해 온 것이다.

1·21사태는 대통령과 국민을 바꿔놓았다. 20일 후 박 대통령은 경호실 사격장을 찾았다. 대통령은 권총과 카빈 소총을 번갈아 쏘았다. 육영수

여사에게도 총 다루는 법을 가르쳐주고 사격을 시켰다. 대통령의 사격 장면은 신문에 실렸다. 7월엔 육 여사가 M-1 소총을 들어보는 사진이 찍혔다. 그해 4월 250만 향토예비군이 창설됐다. 대통령은 "일하면서 싸우고 싸우면서 건설하자"는 구호를 쓰기 시작했다. **안병훈 편저 「대통령 박정희」**

45년이 흘렀다. 하지만 북한은 달라지지 않았다. 자신들의 요구를 들어주지 않으면 여전히 테러를 저지른다. 2010년엔 천안함을 폭침하고 연평도를 불바다로 만들었다. 68년 북한은 휴전선 철책 사이로 공비들을 보냈다. 2010년엔 바다 밑으로 잠수함부대를 보냈다. 연평도 때는 하늘 위로 포탄을 날렸다.

역대 대통령 중에서 박근혜는 가장 유동적이고 위험한 상황을 맞고 있다. 박정희 때 김일성은 도발했지만 북한에 핵은 없었다. 노무현 때 북한은 핵을 만들었지만 김정일이라는 안정된 권력이 있었다. 지금 김정은은 불안한 3대 세습이다. 왕조를 빼고 인류 역사상 3대까지 성공한 독재권력은 없다. 카다피는 1대, 시리아 아사드는 2대에서 무너졌다.

햇볕론자들은 개혁·개방으로 북한이 비非도발 국가가 될 수 있다고 주장한다. 그러나 이는 현실적이지 않다. 공산독재가 개혁·개방에 성공한 사례가 있기는 하다. 78년 덩샤오핑, 그리고 86년 고르바초프와 베트남 지도부다. 하지만 이들은 북한과 결정적으로 다르다. 개인숭배와 권력부패가 없었다.

개인숭배와 권력부패가 있으면 개혁·개방이 어렵다. 개방 바람이 불면 인민이 진실에 눈을 뜨기 때문이다. 그러면 정권 자체가 위험해진다. 90년대 초 동유럽권이 무너질 때 김정일에겐 개방의 기회가 있었다. 서방국가에서 공부했다는 김정은도 개혁·개방을 안다. 그런데도 못하는 건 결국 개인숭배와 부패 때문이다.

박근혜 임기 중에도 북한의 개혁은 어려울 것이다. 물론 그렇다고 변화를 유도하는 노력을 포기해선 안 된다. 하지만 환상은 금물이다. 북한을 조금이라도 바꾸는 건 달러나 식량이 아니다. 원칙 있는 대응이다. 남한이 평화를 구걸하진 않으며 도발엔 대가가 따른다는 걸 보여주는 것이다. 이 원칙을 지켜낸 게 이명박 정권이다. 현인택 전 통일부 장관, 천영우 외교안보수석, 그리고 김관진 국방장관 3인이 중요한 일을 해냈다. 북한에 이들은 절도 있는 교육가였다.

1·21은 과거가 아니다. 천안함과 연평도에 살아 있다. 박근혜 정권에서도 언제든 터질 수 있는 폭탄이다. 공산주의자를 다루는 법을 박근혜는 잘 알 것이다. 오른 손엔 총을 굳게 잡고, 왼손을 내미는 것이다. 힘과 원칙 없이 공산주의를 이긴 사례가 없다. 청와대에 들어가면 박근혜는 사격장에 가야 한다. 가녀린 독신 여성 대통령이 K-1 소총을 조준하는 사진이 신문에 실려야 한다. 그래야 북한이 생각을 고쳐먹을 것이다.

지도자란 무엇인가. 자신이 속한 공동체를 이끌어가는 사람이다. 원시 부족사회에서 현대에 이르기까지 지구상에는 수많은 지도자가 명멸했다. 대부분은 공동체의 삶을 책임지는 역할에 머물렀다. 하지만 어떤 지도자들은 공동체 울타리를 넘는다. 인류의 사상이나 흐름에 영향을 미치는 역사적 격류와 마주치는 것이다. 이런 지도자들의 성공과 실패는 다른 공동체에 영향을 미친다. 시간과 공간이 잘 맞아야 그런 역사적인 자리에 있게 되니 어떤 면에선 운 좋은 사람들이다. 하지만 부단히 상황의 하중과 싸워야 하므로 '운 나쁜' 사람이기도 하다.

자신이 원하든 원치 않든 그런 지도자들은 그런 자리에 있게 된다. 역사에 영향을 미치는 유별난 사건들이 주변에서 터지기 때문이다. 역사는 그런 지도자들이 어떻게 행동하느냐에 따라 달라진다. 특히 공산주의의 경우는 더욱 그러했다. 신념과 용기로 공산주의라는 인류의 위협을 돌파한 지도자들이 있었기에 공산주의는 더 빨리 무너질 수 있었다. 그들이 유약했다면 공산주의는 더 오랫동안 더 큰 굉음과 발악으로 인류에게 더 가혹한 피해를 남겨놓았을 것이다.

취임 후 지금까지 박 대통령은 공산집단 북한을 정상적인 궤도에서 원칙적으로 대하고 있다. '통일은 대박'이라고 선언한 걸 보면 결국 한반도 문제의 해결책은 통일이라는 정확한 인식을 갖고 있기도 하다. 통일이 단순히 군사·경제적인 문제가 아니라 마지막 악성 공산주의 왕조를 제거하는 정의의 실현이며 가난과 압제에 시달리는 2,500만 인류를 문명으로 이끌어내는 인도적인 작업이라는 확고한 철학을 다지면 박 대통령은 인류 도덕의 요구에 부응하는 지도자가 될 것이다.

박근혜는 어쩌면 운이 좋은 지도자다. 2014년 현재 지구상에서 '공산주의 붕괴'라는 역사적 작업을 할 수 있는 지도자는 거의 없기 때문이다. 쿠바가 사회주의 국가로 남아있지만 북한과는 천양지차다. 이미 상당부분 자유 경제개혁이 진행됐고 무엇보다 카스트로 형제는 3대 김씨 왕조와는 다르다. 개인숭배 같은 광신이나 절대적인 부정부패는 없다. 현실적으로 어려운 일이지만 설사 오바마가 쿠바를 압박해 카스트로 체제를 무너뜨린다 해도 파괴력의 크기가 북한 붕괴나 한반도 통일과는 비교가 되지 않는다.

과업은 양면의 얼굴을 갖고 있다. 기회 자체는 운이 좋은 거지만 만약 과업에서 실패하면 불행이 된다. 이 두 운명을 가르는 담장은 무엇보다도 용기일 것이다. 문제의식·정의감·인간애로 뭉친 지도자라면 결단의 시기에 자연스레 용기를 발휘할 수 있다. 용기가 나오는 곳은 화려한 학벌, 두툼한 지식, 건장한 체구가 아니다. 지도자를 용맹스럽게 만드는 건 옳은 것에 대한 신념이다. 이를 증명한 대표적인 지도자가 트루먼이다.

트루먼은 고등학교만 나온 농부 출신이다. 작은 체구에 촌스러운 스타일 때문에 '미주리 소인小人'으로 불렸다. 하지만 신념에서만큼은 그는 대인이었다. 그는 집무실에 소설가 마크 트웨인의 친필을 걸어놓았다고 한다. "항상 옳은 일을 하라."

1948년 베를린 사태는 현대사에서 자유진영과 공산세력이 최초로 대결한 위기의 현장이었다. 소련이 베를린을 봉쇄하자 미국의 군 지휘관과 정치·외교 참모들은 1차적으로 미군 철수를 건의했다. 트루먼 대통령은 한마디로 묵살했다. "미국은 피하지 않는다." 그러곤 11개월 동안 역사적인 공수작전을 전개했다. 결국 소련이 굴복했다.

레이건은 용기와 신념의 또 다른 증거물이다. 그는 지방의 작은 대학을 나왔다. 1946년 9월 그는 할리우드 B급 배우였다. 공산주의자들이 주도하는 노조 쟁의가 벌어져 수천명이 매일 피켓 시위를 벌였다. 통근버스는 이 앞을 지나가야 했는데 회사는 이렇게 주문했다. "돌이나 병이 날아들지 모르니 버스 바닥에 바싹 엎드려라."

스타도 엑스트라도 모두 엎드렸다. 그런데 오직 한 사람만이 곧게 서 있었으니 레이건이었다. 쟁의가 이어지면서 공산당원들은 레이건을 협박했다고 한다. "계속 쟁의를 반대하면 얼굴이 성치 못할 것이다." 협박은 레이건을 더 강하게 만들어 놓았다. 그는 열렬한 반공주의자가 됐고 이듬해 미국연기자협회 회장으로 선출됐다.

레이건의 용기는 대통령이 되고서 더 빛을 발했다. 1981년 1월 그가 취임한 지 반년 만에 항공관제사 1만3,000여명이 불법파업을 벌였다. 레이건은 선언했다. "48시간 내에 복귀하라. 그러지 않으면 해고될 것이며 해고된 이는 평생 공무원에 취업하지 못할 것이다." 실제로 1만1,300여명이 파직됐다.

용기에는 비용이 따른다. 항공관제가 정상화되는 데에는 수년이 걸렸다. 하지만 비용이 아무리 커도 레이건은 원칙을 내주지 않았다. 그런 뚝심과 용기가 나중에는 '악의 제국' 소련을 무너뜨렸다. 레이건 덕분에 인류는 훨씬 좋은 세상에서 살고 있다.

지도자의 용기가 부족하면 국민이 어려움을 겪는다. 2008년 광우병 사태가 터졌다. 불법·폭력 시위대가 경찰관을 납치해 옷을 벗기고 벽돌로 때렸다. 신문사 현관을 부수고 버스에 돌을 던졌다. 그런데도 이명박 대통령은 제대로 맞서질 못했다. 2010년 북한의 연평도 공격 때도 그는 용기를 내지 못했다. 민간인 마을이 불타는데도 단호히 응징하지 못했다. 대통령이 용기를 냈으면 북한 정권은 충격을 받았을 것이다. 그러면 많은 게 달라졌을 것이다.

용기란 작은 걱정보다 큰 신념을 택하는 것이다. 일이 터지면 항상 작은 걱정이나 투정이 있게 마련이다. 2013년 12월의 철도 불법파업도 마찬가지였다. 파업기금이 수십억원이라는데 노조가 쉽게 굴복하겠나, 잡지도 못할 걸 경찰이 왜 민주노총에 들어가서 일을 시끄럽게 만드나, 수서발 KTX 자회사를 꼭 만들어야 하나…. 트루먼이나 레이건에게 이런 걱정은 고민거리도 되지 않을 것이다. 한국의 박근혜 대통령도 그들과 다르지 않았다. 결국 불법은 항복했고 기차는 다시 달린다.

이때까지만 해도 박근혜는 원칙과 용기를 바탕으로 리더십을 세우고 있었다. 인사 실패가 있었지만 리더십을 위협할 정도는 아니었다. 그런데 세월호 사태에서 그는 뒤뚱거렸다. 이 사태를 교훈 삼아 위기관리 능력을 재편하면 박근혜는 타고 난 능력을 부활시킬 수 있다. 그렇지 않고 세월호의 그림자에서 헤매면 더 큰 위기에서는 더 큰 혼란을 부른다. 흔들리지 않고 피는 꽃이 없듯이 실패 없는 화려한 성공은 없을 것이다. 드러나지 않았지만 트루먼과 레이건도 시행착오를 많이 겪었을 것이다.

(6) 박근혜, 세계 지도자와 경쟁하라

박근혜 대통령은 머지 않은 시기에 '북한의 급변과 통일과정'이라는 변혁과 부닥치게 될지 모른다. 이는 한반도를 넘어 세계적인 문제다. 우선 2,500만 인류를 문명의 세계로 이끌어내는 것이기에 그렇다. 그리고 7,400만 통일한국이 만들어낼 동북아 변화를 생각하면 더욱 그러하다.

이런 운명을 상대해야 하는 박근혜 대통령은 여성이다. 그렇기 때문에 그의 성공여부는 또 다른 측면에서 세계의 주목을 받을 것이다. 인류 역사에서 여성 대통령은 선례가 많다. 하지만 주요 10개국에서는 박근혜가 최초다. 역사적인 기록인 것이다. 국내총생산GDP으로만 따지면 한국은 10위안에 들지 못한다. 한국은행과 세계은행에 따르면 2013년 한국의 명목 GDP는 1조3천45억달러로 14위였다. 1~10위는 미국·중국·일본·독일·프랑스 그리고 영국·브라질·러시아·이탈리아·인도다. 그러나 세계 역사에 끼치는 영향력으로 보면 브라질을 제치고 한국이 10위안에 들어갈 수 있다.

세계 주요 10개국에는 여성 총리가 3명 나왔다. 영국의 대처, 독일의 마르켈 그리고 인도의 인디라 간디. 하지만 총리는 간접적으로 선출되는 지도자다. 총리는 다수당 대표만 되면 자동적으로 된다. 한국이 내각제라면 박근혜는 벌써 두 번 총리를 지냈을 것이다. 총리와 달리 대통령은 당내 경선을 거쳐 국민 직접투표에서 이겨야 한다. 두 차례 어려운 관문을 통과해야 하는 것이다. 230여 년 역사의 미국에 흑인 대통령은 있지만 여성 대통령은 없다. 프랑스와 러시아에도 없다. 주요 10개국에서는 박근혜가 처음이다.

여성이 최고 정치지도자가 되는 건 유럽에서도 어려운 일이었다. 여성이 참정권을 갖게 된 건 1893년 뉴질랜드가 처음이다. 영국에선 1928년, 한국에선 1948년이 돼서야 여성은 투표할 수 있었다. 20세기 후반에 이르러서야 선거를 통해 여성 총리가 나왔는데 유럽 최초는 1979년 영국 대처였다. 독일에서는 2005년 여성 총리가 탄생했다. 앙겔라 메르켈이다.

박근혜는 남성우월주의가 여전히 남아있는 동북아 유교문화권에서 최고지도자가 됐다. 그것도 총리가 아니라 대통령이다. 그래서 세계는 더욱 주목할 것이다. 박근혜의 성공 또는 실패는 여성 지도자의 능력과 관련되어 중요한 실험사례가 되고 있다.

세계사에서 최초 여성 대통령은 아르헨티나의 이사벨 페론이다. 그런데 이사벨은 자신이 정치인으로 자립하여 대통령을 쟁취한 것이 아니다. 남편 페론을 빼놓고는 이사벨을 설명할 수 없다. 20세기 초반 많은 나라에서 그러했듯이 페론도 쿠데타로 집권했다. 페론 대령은 1943년 쿠데타에 주도적으로 가담했고 부통령을 거쳐 1946년에 대통령으로 선출됐다.

페론은 첫 아내가 죽은 후 독신으로 살고 있었다. 그런 페론에게 에바가 나타났다. 에바는 시골에서 사생아로 태어났으며 수도 부에노스 아이레스에서 3류 배우로 활동했다. 에바는 페론 대령을 만난 후 그의 출세를 위해 헌신했으며 둘은 결혼했다. 페론 부부는 '페론주의'라 불린 정책을 밀어붙였다. 페론주의는 일종의 국가사회주의였다. 페론은 외국자본을 배제하고 주요 산업을 국유화했다. 안으로는 노동자의 임금인상과 권리향상을 위한 제도를 추진하고 여성의 인권을 크게 개선했다.

남편 페론은 사생아로 태어나 가난을 겪은 부인 에바를 페론주의 정책의 상징물이자 전도사로 활용했다. 에바는 서민·노동자·여성으로부터 열광적인 인기와 사랑을 받았다. 아르헨티나인들은 에바를 에비타라는 애칭으로 불렀고 에비타는 영원한 우상이자 성녀로 추앙받았다. 그런 에바는 33세이던 1952년 자궁암으로 세상을 떠났다.

에비타의 스토리는 나중에 미국에서 뮤지컬과 영화로 만들어졌다. 뮤지컬은 1978년 브로드웨이에서 초연됐는데 거장 앤드류 로이드 웨버가 여주인공 에비타가 부르는 노래를 작곡했다. 이 노래는 이런 가사로 시작한다. Don't cry for me Argentina. The truth is I never left you…" 영화에서 에비타 역은 헐리우드 섹시스타 마돈나가 맡았다.

1952년 에바가 죽은 후 1961년 페론이 결혼한 세 번째 부인이 이사벨이다. 이사벨은 서민 집안 출신의 무용수였는데 파나마에 망명 중이던 페론을 만난 것이다. 망명지에서 와신상담하던 페론은 1973년 부인 이사벨을 러닝메이트 부통령으로 삼아 대통령에 당선됐다. 3선을 기록한 것이다. 하지만 이듬해인 1974년 페론은 죽었고 헌법에 따라 부통령인 부인 이사벨이 대통령을 이어받았다. 선거대통령이 아니라 보궐 대통령인 셈이다.

세계 최초 여성 대통령이 됐지만 혼란스런 국가를 이끌기에 이사벨은 능력이 매우 부족했다. 이사벨은 에비타의 인기를 자신의 통치에 이용하기 위해 외국에 있던 에비타의 미이라를 자신의 관저로 옮기기도 했다. 하지만 통치를 하는 건 사람이지 미이라가 아니었다. 경제파탄으로 국민은 살인적인 인플레이션에 시달렸고 좌익게릴라는 준동했으며 우익 폭력집단은 테러를 자행했다. 결국 군부도 등을 돌려 집권 2년만인 1976년 이사벨은 쿠데타로 쫓겨났다. 그는 공금횡령 혐의 등으로 재판에 회부돼 징역을 살다가 남편처럼 외국으로 망명했다.

세계사에서 최초 여성대통령이 탄생한 지 38년 후에 박근혜는 여성 대통령이 됐다. 그것도 주요 10개국 중에서는 최초다. 한국 역사에서는 여기에 기록 하나가 더 보태진다. 최초의 부녀 대통령이다. 봉건시대 이후에도 민주제도를 통해 최고 지도자의 자손이 최고 지도자가 되는 사례가 적지 않다. 아버지나 어머니가 국민에게 존경 받는 지도자라면 그들의 정치적 유산이 후손에게 유리한 정치적 환경이 되기 때문이다.

세계 최초의 부녀 대통령은 필리핀 아로요2001~2010년 재임다. 그녀의 아버지는 9대1962~65년 대통령을 지낸 디오스다도 마카파갈이다. 아로요의 정치인생은 전반부는 빛, 후반부는 그늘이었다. 대통령이 되기까지는 잘 성장했다. 그는 대통령 아버지 밑에서 고교 시절을 보냈고 미국 워싱턴에 있는 조지타운 대학으로 유학을 갔다. 이 대학을 다녔던 빌 클린턴 미국 대통령과 동기동창이다.

필리핀으로 돌아온 아로요는 대학교수, 칼럼니스트, 무역산업부 차관보를 거쳐 상원의원으로 성장했다. 1998년엔 부통령에 선출됐으며 2001년 1월 에스트라다 대통령이 부정부패로 사임하자 대통령이 됐다. 아로요는 2004년엔 대선에서 승리해 재선이 됐다. 하지만 그 후 대선과 총선의 개표부정, 선거결과 조작 등의 의혹에 휩싸였으며 결국 2010년 대선에서 낙선했다. 대통령에서 물러난 후 아로요는 사법처리를 당해 실패한 대통령이 되고 말았다.

필리핀에는 모자母子 대통령도 있다. 코라손 아키노 대통령의 아들 베니그노 아키노가 2014년 9월 현재 대통령이다. 필리핀은 세계에서 유일하게 부녀와 모자 대통령의 기록을 가지고 있다.

부녀 대통령으로서 박정희-박근혜와 유사한 역사는 인도네시아에 있다. 인도네시아는 봉건왕조 시절이던 17세기부터 네덜란드의 식민지배를 받았다. 제2차 세계대전이 벌어진 1942~1945년엔 일본이 네덜란드를 물리치고 일시적으로 인도네시아를 점령했다. 전쟁이 끝나자 인도네시아는 무력투쟁으로 네덜란드로부터 독립해 1950년 공화국을 수립하게 된다. 한국처럼 봉건왕조-식민지배-공화국이란 과정을 거친 것이다.

1950년 인도네시아 초대 대통령이 된 이가 독립운동을 이끌던 수카르노다. 그는 16년을 집권했다. 수카르노는 두 번째 부인과의 사이에서 딸 메가와티를 가졌다. 메가와티는 대학생 때부터 독립운동에 가담했고 이를 발판으로 여성 정치인의 길을 걸었다. 그의 아버지 수카르노는 수하르토 장군의 반공反共 쿠데타로 실각됐다. 딸 메가와티는 수하르토 대통령과 싸우는 야당세력의 지도자로 부상했다. 1999년 메가와티는 부통령에 당선됐다. 2001년 7월 압둘라만 와히드 대통령이 탄핵된 후 대통령으로 취임해 2004년까지 잔여 임기를 마쳤다. 7개월만 일찍 대통령이 됐다면 메가와티는 아로요에 앞서 세계 최초 부녀 대통령 기록을 세웠을 것이다. 메가와티는 아로요와 달리 재선에서는 실패했다.

부자 대통령으로 유명한 사람은 미국의 부시 대통령들이다. 시리아의 알아사드 대통령도 부자 대통령이다. 하지만 철권통치자 아버지 하페즈 알아사드 대통령이 생전에 둘째 아들 알아사드를 후계자로 키운데다가 아버지가 사망하자마자 아들이 대통령이 됐다는 점에서 자유선거로 선출된 조지 W 부시 대통령과는 차원이 다르다. 알아사드는 독재를 계승했으며 시리아는 지금 심각한 내전에 빠져 있다.

선대와 후대를 잇는 국가 지도자 기록 중에서 빼놓을 수 없는 나라가 인도다. 봉건왕조와 북한의 신흥 3대 세습왕조를 제외하고 근대국가 중에서 유일하게 3대 지도자를 배출한 것이다.

제2차 세계대전이 끝나고 2년후인 1947년 인도는 식민 지배자 영국으로부터 독립하여 인도 공화국이 되었다. 초대 총리가 민족 독립운동 지도자였던 네루다. 네루는 17년간 집권하면서 신생 공화국의 터전을 닦았다. 1964년 네루가 사망하자 샤스트리가 2대 총리가 됐는데 2년만에 죽었다. 1966년 네루의 외동딸 인디라 간디가 총리로 취임하면서 부녀총리라는 기록을 세웠다.

인디라 간디는 파키스탄과의 전쟁에서 승리하고 핵실험을 성공시키는 등 인도를 군사강국으로 만들었다. 1984년 인디라 간디는 시크교도 호위병에게 암살됐다. 총리가 죽자 장남이자 여당 총무였던 라지브 간디가 총리가 됐다. 라지브는 1989년 총리에서 물러나고 2년후인 1991년 총선 유세 중 암살 당했다. 모자가 암살 당하는 비운의 가문이 된 것이다.

박근혜 대통령은 '주요 10개국 최초 여성대통령'이어서 세계의 특별한 주목을 받는다. 그런데 동북아에서는 여기에 추가되는 게 있다. 한·중·일의 지도자가 모두 '지도자 가문' 출신이라는 점이다. 더구나 이들의 아버지들은 이념과 전쟁이 요동치던 시절에 국가 주요직에 있었다. 이들의 역할이 국가와 동북아의 진로에 영향을 미쳤다. 이들의 2세는 이제 또 다른 차원에서 역사 주도권의 경쟁을 벌이고 있다. 북한에서 급변이 발생하면 3인의 경쟁은 더욱 치열해질 것이다. 2013년 5월 6일 중앙일보에 실었던 칼럼이다.

한·중·일 지도자, 가문의 대결

지금 한·중·일에선 화려한 가문의 대결이 벌어지고 있다. 지도자가 모두 역사적 인물의 후손인 것이다. 이웃 3국에서 이런 일이 생긴 건 현대사에서 처음이다. 이 대결의 승패가 역사를 좌우한다.

시진핑習近平 중국 국가주석은 시중쉰習仲勛의 아들이다. 시중쉰은 1930년대 중국 서북 지역에서 공산당과 인민해방군을 이끌었다. 중화인민공화국 건국 후에는 국무원 부총리까지 지냈다. 90년대에는 덩샤오핑鄧小平 등과 함께 '8인 원로'를 구성했다.

아베 신조安倍晋三 일본 총리의 외할아버지는 기시 노부스케岸信介다. 기시는 제2차 세계대전 때 상공장관을 지냈고 전후 A급 전범으로 징역을 살았다. 기시는 57~60년 총리를 지내면서 일본의 재건을 이끌었다. 기시의 동생 사토 에이사쿠佐藤榮作는 6년64~70년이나 총리를 맡았다. 그의 재임 때 일본은 경제대국으로 다시 일어섰다. 올림픽을 치렀고 패전으로 빼앗겼던 오키나와도 돌려받았다.

아베 신타로安倍晋太郎는 기시의 사위이며 아베 총리의 아버지다. 그는 82~86년 외무장관을 지냈다. 나카소네 야스히로中曾根康弘와 다케시타 노보루竹下登에게 패해 총리가 되진 못했지만 신타로는 주요 국가지도자였다. 그를 포함하면 아베 가문에선 총리급이 4명이나 나왔다. 4인은 모두 야마구치현 출신이다. 야마구치현은 메이지 유신 주역들을 배출한 권력의 뿌리다. 야마구치 사단은 군국주의로 무장해 한반도 정복과 대동아공영권을 향해 질주했다. 안중근 의사가 저격한 이토 히로부미도 이곳 출신이다. 아베 총리의 몸에는 이런 야마구치 피가 흐르고 있다.

박정희·시중쉰·기시 3인은 20세기 역사의 격랑을 온몸으로 부닥쳤다. 개인적으로는 모두 옥고獄苦를 치렀다. 박정희는 남로당 활동으로 사형 판결을 받았다. 시중쉰은 반당분자로 몰려 16년이나 감옥에 있었다. 기시는 A급 전범으로 옥살이를 했다.

박근혜의 아버지 박정희와 아베의 작은할아버지 사토는 1965년 1차 대결을 벌였다. 한·일 협정 당시 각자가 해당국 지도자였던 것이다. 사토는 협정으로 전후 정리를 끝내고 부흥정책으로 내달렸다. 박정희에게 협정은 생사生死의 승부수였다. 국내에선 격렬한 반대시위가 정권을 위협했다. 박정희는 계엄령으로 버티면서 협정을 밀어붙였다. 그러고는 일본에서 받아낸 청구권 3억달러를 경제개발에 쏟아 부었다.

위대한 가문에서 태어난 국가 지도자는 종종 조상과 경쟁하곤 한다. 그래서 부국강병의 업적주의에 쉽게 빠져든다. 아버지 부시 미국 대통령은 1991년 쿠웨이트를 침공한 이라크를 물리쳤다. 그래도 후세인 정권은 살려두었다. 아들 부시는 2003년 이라크를 침공했고 후세인을 아예 없애버렸다.

시진핑은 화평굴기和平崛起를 넘어 '패권 중국'을 향해 돌진한다. 아베는 제국주의 일본의 영화榮華를 재현하려 한다. 야마구치 사무라이의 혼이 그의 등을 밀고 있다. 중·일 '부흥 전쟁'에서 한국의 박근혜는 무엇을 할 것인가.

박 대통령은 경제부흥을 주요 국정목표로 제시했다. 가문의 대결에서 이는 필수과목이다. 부흥 없이는 대결 자체가 성립되지 않는다. 하지만 부흥만으론 부족하다. 중국의 패권과 일본의 우경화를 뛰어넘으려면 한 차원 높은 전략이 필요할 것이다. 그것은 한반도의 평화적 흡수통일이다. 통일로 7,400만 '한국 문명the Korean Civilization'을 완성하는 것이다.

박 대통령은 통일 기반 구축도 국정목표에 넣었다. 그러나 기반 구축만으론 약하다. 보다 적극적으로 '통일 시작'이라는 판을 벌여놓아야 한다. 김정은 정권을 단호하게 압박해 변화를 폭발시켜야 한다.

통일이 되면 2,500만 인류가 폭정暴政과 기아로부터 해방된다. 이런 일을 이루면 박근혜의 역사는 시진핑이나 아베와는 차원이 다를 것이다. 그들이 패권이라면, 박근혜는 문명이다. 가문의 대결에서 박근혜는 진정한 승자가 될 수 있다.

박근혜-시진핑-아베 체제가 중요한 것은 한반도 통일과 깊숙이 관련되어 있기 때문이다. 국제법적으로 남북 통일은 독일 통일과는 다르다. 통일을 하기 위해서 분단을 결정한 강대국들의 동의를 받아낼 필요가 없다. 하지만 군사·외교적인 이유로 보면 상황은 다소 달라진다.

일본은 통일을 막을 수는 없는 나라다. 하지만 일본이 적극적으로 도우면 통일은 더 빨리 그리고 더 쉽게 될 수 있다. 가장 중요한 이유는 경제다. 통일과정에서 일본이 과거 북한 지역을 식민 지배했던 것에 대한 배상문제가 해결되어야 한다. 남한 지역에 대한 것은 1965년 한일협정으로 해결됐으나 북한에 대한 건 미해결로 남아있다. 일본은 북한 또는 통일한국에 이 배상금을 지급해야 하며 이는 북한의 경제재건에 쓰일 것이다. 보상액 합의가 수백억달러가 되면 이 돈은 긴요할 것이다. 군사적으로도 일본의 협조는 중요하다. 급변사태가 북한의 대남 도발로 이어지거나 북한의 치안붕괴로 한·미 연합군이 북한에 진주해야 하는 상황이 발생하면 정보와 군수 측면에서 한·미·일 동맹이 긴밀하게 작동해야 한다.

그러나 역시 한반도 통일에서 가장 중요한 외국 변수는 중국이다. 가장 첨예한 이해관계를 가졌기 때문이다. 북한에 급변사태가 터질 경우 국제법적으로 중국이 북한에 군대를 진입시킬 수 있는 경우는 제한적이다. 첫째, 북한이 중국에게 구체적으로 핵이나 미사일 등으로 위협을 가하거나 둘째, 유엔 안보리 결의가 있거나 셋째, 새로 등장하는 북한 정권이 중국에 파병을 요청하는 경우 등이다.

국제법으로 중국의 군사적 개입은 제한을 받지만 정치·외교적으로 중국은 여러 방법으로 통일에 영향을 미칠 수 있다. 남한 입장에서 가장 우려되는 것은 김정은 정권이 붕괴한 후 새로 들어서는 정권이 중국과 밀착하는 경우다. 이 상황에서 중국의 지도부와 북한 정권이 한반도 통일에 부정적이거나 북한 정권이 추진하는 통일을 중국이 방해한다면 한반도 통일은 장애를 받게 된다. 때문에 시진핑 같은 중국 지도자가 어떤 생각을 갖느냐가 중요하다.

시진핑 같은 상황에 처한 소련 지도자가 고르바초프였다. 염돈재 전 국정원 1차장은 독일통일 직전인 1990년 8월부터 주독 한국대사관 공사로 근무하면서 통일 과정을 지켜보았다. 그는 『독일 통일의 과정과 교훈』이란 책을 냈다. 이 책은 동독에 관한 소련의 이해관계와 통독에 대한 소련의 입장변화를 이렇게 설명한다.

"우선 심리적으로 소련에게 강력한 통일독일은 언제나 두려운 상상이었다. 소련은 제2차 세계대전에서 독일과의 싸움으로 2,000만명의 인명피해를 보았다. 여러 공산권 국가 중에서 동독은 가장 잘 살고 복지를 잘 갖춘 나라였다. 그런 나라가 서독으로 흡수 통일된다면 이는 소련이 경영하고 있는 동구 공산권 체제에 대한 심각한 타격이었다.

군사적으로 소련에게 동독은 공산권 체제의 최전방이었다. 소련을 주축으로 동구권 8개국은 바르샤바 조약기구라는 군사동맹을 체결했는데 사령부가 동독에 있었다. 조약에 따라 소련은 회원국에 군대를 주둔할 권리를 가졌는데 동독에 있는 소련군은 38만명이나 됐다. 이들은 미국이 중심이 된 나토 연합군과 맞서는 최전방 부대였다. 동·서독 통일은 이런 최전방이 무너지는 것이었다. 이런 이해관계를 가진 소련이 군대 철수를 거부하면 독일 통일은 불가능한 일이었다."

이런 소련도 통독이라는 역사의 거대한 파도를 막지는 못했다. 염돈재의 분석이다. "당초 소련은 동독의 소멸이나 독일 통일을 용인하려는 의도가 전혀 없었다. 독일통일이 가시화된 이후에도 통일을 방해 또는 지연시키려고 온갖 노력을 다했다. 그러나 경제사정 악화로 국제정세 관리능력이 현저히 약화된 데다 서방측이 미국을 중심으로 확고히 단결하여 소련을 압박했기 때문에 통일을 불가피하게 승인했다. 물론 서독 콜 총리와 고르바초프 소련 대통령간의 인간적 신뢰, 고르바초프가 서독을 방문했을 때 서독 국민이 보여준 환대, 그리고 서독의 대규모 경제지원이 소련의 태도변화에 도움이 된 것은 사실이다. 그러나 힘의 논리가 지배하던 냉전시기에 이런 요인들은 어디까지나 부차적 사항이었다."

고르바초프라는 인물의 존재가 부차적인 요인이었다는 지적은 맞을 것이다. 하지만 부차적인 요인이 통일을 막을 수는 없지만 통일 과정에 영향을 미칠 수는 있다. 만약 스탈린이나 브레즈네프 같은 인물이 소련 지도자였다면 어떻게 됐을까. 소련의 행동에 따라 군사적 충돌이 발생하거나 통독이 상당기간 늦춰졌을지 모른다. 때문에 고르바초프의 실용적이며 개혁적인 성격과 정책이 통독에 의미 있는 역할을 했음은 부정할 수는 없을 것이다. 통일 시점에 소련에 고르바초프가 있었다는 건 독일인에게 행운이었다. 그렇다면 지금 중국에 시진핑이 있는 것은 한국인에게 행운이 될 것인가. 2013년 6월 24일 중앙일보에 쓴 칼럼이다.

눈물 젖은 빵을 먹어본 시진핑

특별한 사정이 없는 한 시진핑 중국 국가주석은 앞으로 10년 동안 중국을 이끌게 된다. 그 기간 중에 한반도에는 결정적인 변화가 생길 가능성이 높다. 1990년 독일 통일을 지켜본 소련 지도자는 고르바초프였다. 어쩌면 시진핑은 한반도 통일을 목격하는 중국 지도자가 될지도 모른다. 완전 통일은 아니더라도 적어도 통일 과정이 시작될 수는 있다.

중국은 집단지도체제지만 주석의 영향력은 매우 크다. 덩샤오핑이나 장쩌민이 그랬다. 독일 통일에 고르바초프가 역할을 했듯이 한반도 통일에 시 주석이 영향을 미칠 수 있다. 그래서 그가 한반도 미래를 어떻게 생각하느냐는 중요한 문제일 것이다. 통일한국은 다가오고 있으며 통일한국이 중국에 도움이 될 거라는 인식이 시 주석의 뇌리에 자리 잡는다면 이는 역사발전에 긍정적인 것이 될 것이다. 27일 정상회담은 박근혜-시진핑 체제의 시작이다.

두 지도자는 비슷한 인생 경험을 공유하고 있다. 두 사람은 권력 속에서 어린 시절을 보냈다. 1952년에 태어난 박근혜는 아홉 살에 권력자의 딸이 됐고 그 위상은 18년 동안 지속됐다. 53년 시 주석이 태어날 때 아버지 시중쉰은 공산당 실세였다. 시중쉰은 서북지방 당·정·군 책임자였는데 베이징으로 차출돼서는 저우언라이 총리의 비서실장이 됐다. 시진핑이 귀족처럼 성장하던 50년대, 대약진운동의 부작용으로 수천만명이 굶어 죽었다. 또래들이 굶을 때 시진핑은 입에 금 숟가락을 물고 있었던 것이다.

그렇다고 어린 시절이 사치스러운 건 아니었다. 아버지 시중쉰은 항상 근검절약과 혁명정신을 강조했다. 박근혜도 여유로웠을 뿐 사치와는 거리가 멀었다. 아버지도 검소했지만 특히 어머니는 근검을 몸소 실천했다.

박근혜와 시진핑은 모두 비극적인 추락을 겪었다. 아버지가 피살된 후 박은 청와대를 나와 권력이 없는 생활을 시작했다. 은둔생활은 18년 동안 이어졌다. 시진핑이 아홉 살이던 때 아버지 시중쉰은 반당분자라는 모함을 받아 연금됐다. 13세가 되던 해 문화대혁명의 광풍이 몰아쳤다. 다니던 귀족학교는 해체됐고 시진핑은 서북지방 산골마을로 하방下放됐다.

박과 시는 똑같이 하락을 겪었지만 신고辛苦의 강도는 차이가 크다. 아버지 정권에 대한 공격과 사람들의 배신으로 박근혜는 상처를 입었다. 하지만 사회적인 위상과 경제적인 여유는 있었다. 하지만 시는 철저하게 바닥까지 떨어졌다. 오지 마을에서 시는 주민과 똑같이 요동窯洞이라 불리는 동굴생활을 해야 했다. 농사일은 중노동이었고 더 힘든 건 이와 벼룩이었다. 가려움을 참지 못하고 긁어대는 바람에 시의 피부는 피투성이였다.

시신핑은 3개월 만에 베이징으로 도망쳤다. 몸은 편해졌지만 마음은 그렇지 않았다. 시는 결국 하방을 택했다. 오지로 돌아가 기층 민중으로 다시 태어나겠다고 마음 먹었다. 6년 만에 시는 지방 공산당 요원이 됐다. 180도 다른 사람으로 변신한 것이다 홍순도, 「시진핑」.

눈물 젖은 빵을 먹어본 지도자는 시각이 실용적이며 종합적일 가능성이 상대적으로 높다. 북한 문제에서 시진핑은 핵뿐 아니라 '인민을 굶기는 실패 국가'라는 측면을 중시할 수 있다. 중국통인 이세기 전 통일원 장관은 "시 주석은 전임자들보다 더 시장 친화적이고, 더 실용적이다. 이게 한반도 정세에 영향을 미칠 것"이라고 분석한다.

여러 면에서 중국은 변하고 있다. 북한 문제에 있어서도 지도자들이 근원적이며 종합적인 처방을 고민하기 시작할 가능성은 매우 크다. 배고픔을 아는 시 주석이 이런 흐름을 주도한다면 이는 한반도 통일에 긍정적으로 작용할 수 있다. 박근혜와 시진핑은 시대와 경험을 공유하고 있다. 잘 엮이면 그들은 역사적인 과업을 해낼 수도 있다. 그것은 동북아 2500만 인류를 비非문명에서 구해내는 것이다.

8

'흡수통일' 운명을 외면하는 사람들

(1) 북한에 대한 3단계 미망, 맹북-친북-종북

유럽에는 중세 때부터 내려오는 도심 건축구도를 간직한 도시들이 많다. 대개 이런 도심은 한 가운데에 원형 또는 사각형으로 된 광장이 있다. 성당이나 다른 건물들이 광장을 에워싸고 건물 뒤로는 미로처럼 골목들이 이어져 있다.

공동체에서 살아가는 양태를 이 구도에 비유하자면, 뒷골목의 사람들과 광장의 사람들이 있다. 대부분의 평범한 사람은 뒷골목에서 사는데 그들은 대체로 공동체의 문제에 적극적으로 나서지는 않는다. 특별한 경우가 아니면 이런 문제가 자신들의 생업과 별로 관계가 없기 때문이다. 이들은 대개 투표나 여론조사에 응하는 방법으로 생각을 조용히 표출한다.

하지만 '광장의 인간'들은 다르다. 광장으로 뛰쳐나오는 소수는 공동체를 이끌거나 아니면 공동체 운영에 적극적인 역할을 하는 사람들이다. 대표적으로 국회의원 같은 정치인이나 열정적인 지식인, 시민운동가들이다. 특히 정치를 한다는 것은 주도적으로 광장에 나와 큰 소리로 외치는 것이다.

광장의 인간들이 공동체의 주요 문제에 어떤 생각을 갖고 있느냐는 매우 중요하다. 공동체의 생사生死와 발전에 커다란 영향을 미친다. 일본은 아베 총리를 비롯한 광장의 인간들이 역사문제에서 바르지 못한 생각을 갖고 있어 '논란 국가'로 퇴행하고 있다.

그렇다면 한국이란 공동체는 어떤가. 중요한 문제에 대해 광장의 인간들이 반듯한 인식을 갖고 있는가. 앞으로 한국인의 삶에 가장 큰 영향을 미칠 문제를 정확하게 고민하고 있는가. 이를 판단할 수 있는 주요 기준이 북한문제. 북한은 남한이란 공동체에 영향을 미칠 핵심 변수이기 때문이다. 심각한 것은 남한 지도자들 중에 북한의 본질을 놓치고 있는 이들이 많다는 것이다.

서독 지도자들은 여야로 정권이 바뀌어도 동독 공산정권의 본질을 꿰뚫고 있었다. 공산정권이 어떤 제스처를 하든 속아 넘어가지 않았다. 동독에게 퍼주어도 반드시 그 만큼의 대가를 받아냈다. 대표적인 게 '자유를 산다'는 프라이카우프 정책이다. 통일 전인 1963~1989년 서독은 동독에게 34억4,000만 도이치 마르크약 15억달러 상당의 현금과 물자를 제공하고 정치범 3만3,000여명을 데리고 왔다. 서독 지도자들은 장기적으로는 서독 기본법이 규정한대로 서독의 자유민주체제가 동독의 공산체제를 흡수해야 한다는 걸 명확하게 인식하고 있었다. 광장의 사람들이 정확한 사고를 가져 독일은 궤도를 이탈하지 않고 통일과 번영의 길로 달려갈 수 있었다.

그런데 남한은 서독과 다르다. 북한을 잘못 인식하고 있는 광장의 사람들이 너무 많다. 시각이 너무 비뚤어져 일부는 거의 미망迷妄수준이다. 미망에는 3단계가 있는데 맹북盲北, 친북 그리고 종북從北이다.

맹북은 인권탄압이나 국가테러처럼 북한이 잘못하는 것에 대해 눈을 감는 것이다. 대표적인 경우가 천안함 폭침에 대한 진보·좌파의 태도다. 2010년 6월 29일 민주당은 북한의 천안함 폭침을 규탄하는 국회 결의안에 반대했다. 어뢰 잔해라는 결정적인 증거물이 발견됐고 거의 모든 나라가 규탄했는데도, 정작 피해국가의 제1 야당이 외면한 것이다. '천안함 사건은 폭침이며 북한의 소행'이라는 걸 공개적으로 인정하는 것을 민주당은 2년 넘게 거부했다.

민주당은 그러다가 2012년 대선국면에서 슬그머니 태도를 바꿨다. 선거를 앞두고 표를 의식해서 그런 것이다. 천안함 같은 국가 안보문제에 분단대치 국가의 제1 야당이 이런 태도를 취하는 건 이해하기 어려운 일이다. 일부 맹북주의자들은 강제수용소 같은 인권탄압 사례도 모른 척 한다. "정치범 수용소 같은 건 직접 보지 않아 알 수 없다. 탈북자들의 증언은 신뢰성이 떨어진다"는 말도 한다.

친북은 조금 더 나아가 북한의 여러 문제를 우호적인 시각으로 바라보는 것이다. 친북주의자는 '내재적內在的 접근법'이란 말을 즐겨 쓴다. 북한 내부의 관점에서 보면 핵 개발이나 3대 세습, 정치범 수용소 같은 게 어느 정도 이해된다는 것이다. '어느 정도 이해되는 것'이기 때문에 이들은 이런 문제를 별로 거론하지 않는다. 이런 시각은 김대중·노무현 정권의 햇볕정책을 떠받치는 데에 일정부분 기여했다.

통합진보당 이상규 의원은 북한 핵 개발에 찬성하지 않지만 그래도 처지를 이해해야 한다고 주장한 적이 있다. "북한이 세계 최강국인 미국과의 관계에서 압박을 받으며 고립·봉쇄된 채 늘 군사적 대결상태에 있는 조건을 고려해야 하는 문제가 있다." 미디어오늘 인터뷰 언뜻 그럴듯해 보이지만 대결 상황을 초래한 북한의 책임과 도발이라는 북한의 잘못된 대응을 덮어버린 반쪽짜리 내재론이다. 군사적 대결상태를 만든 건 미국이 아니라 6·25 남침을 저지른 북한이다. 테러와 도발로 세계와 한국을 압박한 건 미국이 아니라 북한이다.

내란선동 혐의로 사법처리를 받은 이석기 의원은 언론인터뷰에서 3대 세습에 대해 이렇게 말한 적이 있다. "송두율 교수의 내재적 접근론에 공감하는 편이다. 이명박 대통령은 내정간섭이라고 여길 만한 북한 체제와 새 지도자에 대한 훈계로 북한을 자극하고 있다." 물론 정치·사회 현상을 분석하는 데에 내재적 접근이 필요한 경우도 있다. 경찰이 범인 심리를 분석하는 게 대표적이다. 그러나 내재적 분석을 할 때도 윤리와 인권 같은 보편적 가치를 간과해서는 안 된다. 히틀러의 욕망과 독일의 국가 상황을 내재적으로 이해한다고 유대인 학살을 용인할 수는 없지 않은가. 일본의 군국주의와 일본군의 성욕을 내재적으로 고려한다고 일본군 위안부 사건을 용납할 수는 없지 않은가.

그리고 설사 분석이 내재적이라도 대처방법은 객관적이고 종합적이어야 한다. 딸을 성폭행한 범인이 '성욕 이상자'라고 치자. 내재적으로 그런 사정을 이해한다고 그를 용인할 수 있는가. 이해는 이해고 조치는 조치다. 범인을 가두어야 하고 전자팔찌를 채워야 하는 거다. 똑 같은 논리로 설사 북한이 핵을 개발할 이유가 있다 해도 세계가 핵을 용납해서는 안 되는 것이다.

친북이 발전하면 종북이 된다. 최근 법원은 종북의 의미를 '조선노동당을 추종하는 것'이라고 협소하게 해석하는 판결을 내렸다. 그러나 한국 사회에서 종북은 광범위한 의미에서 북한의 핵심적인 생각과 노선을 추종하는 것으로 사용되어왔다. 예를 들어 한·미 동맹 해체와 주한미군 철수를 당의 강령으로 주장하는 것은 종북주의적 성향이라는 비판을 받을 수 있다. 종북주의적 태도가 정당이나 단체에 스며들면 맹북이나 친북보다 훨씬 위험하다. 평택 미군기지의 건설, 한·미 연합군사훈련 그리고 북핵 등 국가안보 현안에 대한 국가정책에 종북주의적 저항이 발생할 수 있기 때문이다.

미망의 3단계가 위험한 건 미망이 위험한 수준으로 성장할 수 있기 때문이다. 맹북이 친북으로 자라고, 친북이 종북으로 커지면 마지막에 '합북슴北'으로 갈지도 모른다. 합북이란 북한이 추구하는 고려연방공화국을 하자는 것 같은 주장이다. 작은 구멍이 둑 전체를 무너뜨릴 수 있다. 맹북과 친북 단계에서 억제해야 종북을 누르고 합북을 막을 수 있다. 북한을 변화로 유도하되 북한의 잘못은 정면으로 엄격하게 다루어야 한다. 그게 정북正北이자 길게는 흡수통일을 의미하는 정북征北이다. 한민족의 미래로 보면 맹북·친북·종북은 남북 모두에게 혼란과 퇴행이다. 정북은 남북 모두가 사는 길이다.

(2) '남북대화 환각증' 안 된다

진보·좌파는 남·북한의 문제를 풀기 위해서는 무조건 대화를 해야 한다고 본다. 대화를 하려면 북한을 자극하지 말아야 하며 그러려면 핵이나 인권 문제 같은 것을 피하고 5·24 조치도 해제해야 한다고 주장한다. 이런 태도는 논리적이지 않고 남한 국익을 위협하기까지 한다. 그 동안의 잘못된 대화가 어떤 결과를 낳았는지 잊고 잘못된 대화가 가져올 미래의 결과에 환상을 가지는 것이다. 이게 '남북대화 환각증'이다.

남북대화에는 두 가지가 있다. 하나는 '갑의 대화'인데 명분과 실리를 쥐고 상대방을 압박하면서 자신에게 유리하게 대화를 진행하는 것이다. 반면 '을의 대화'는 끌려 다니는 것이다. 당장 발등에 떨어진 아쉬움 때문에 저자세로 대화를 요청하거나 갑의 대화요구에 무조건 응하는 것이다. 남한은 '갑의 대화'를 해야 한다. 핵 문제나 남북관계에서 북한이 진정성을 보여야 한다고 요구하는 건 강력한 명분이다. 금강산 관광이나 남북무역 등으로 북한이 아쉬워하는 달러를 쥐고 있는 건 확실한 실리다. 명분과 실리가 이렇게 확실한데 대화에 끌려 다닐 이유가 없다.

모든 대북정책의 목표는 최대한 북한정권을 변화시키는 것이다. 그게 불가능하다면 최종적으로 김정은 정권의 교체를 추구해야 하지만 그 전까지는 정권이 개혁·개방에 나서도록 모든 수단을 동원해보는 것이다. 대화는 어디까지나 그런 수단의 하나로 거론되어야 한다. 대화보다 봉쇄와 압박이 효과적이라면 대화는 배제되거나 제한적으로 병행되어야 한다. 대화를 할 때는 조건을 분명히 하고 합의의 실천을 까다롭게 따져야 한다.

공산주의자와 대화할 때는 근거 없는 기대를 철저히 경계해야 한다. 공산주의는 본질상 대화 계산법이 자유민주 정권과 다르다. 그들은 사회주의 혁명이라는 목적을 위해서는 수단과 방법을 가리지 않는다. 대화는 많은 경우 위장전술이다. 공산주의자와 테이블에 앉을 때는 손을 보지 말고 테이블 밑의 발을 보라고 한다. 이는 그런 속성을 간파한 것이다.

역사를 보면 공산주의자들이 대화에 나서는 목적은 자유민주 정권과는 다르다. 자유민주 정권의 목적은 상대방을 궁극적으로 변화시키거나 아니면 최소한 인도주의적 가치를 달성하려는 것이었다. 반면 공산주의자들은 그들에게 필요한 구체적이고 현실적인 실리 때문에 대화했다.

북한 공산정권이 이산가족 상봉에 동의하는 것은 북한에 살고 있는 이산가족의 아픔을 덜어주려는 인도주의적 목적이 아니다. 북한에게는 행사 자체가 적잖은 사회·경제적 부담이다. 상봉행사가 북한사회에 미치는 영향을 막기 위해 사전에 합숙교육도 해야 한다. 북한의 궁핍한 모습을 가리기 위해 준비에 많은 돈을 써야 한다. 이런 부담에도 불구하고 상봉행사를 하는 건 위장평화 공세로 금강산 관광이라는 달러를 노리기 때문이다. 그들에게는 1년에 3,000만달러를 벌 수 있는 금강산 관광이 절실하다. '이산가족 정서'라는 건 그들에겐 허공으로 흩어지는 새 울음 같은 거다.

달러 말고 다른 아쉬운 것이 있을 때도 북한은 대화에 매달리곤 했다. 이명박 정권 후반부에 청와대 외교안보 수석은 천영우였다. 그는 어떤 경우에 북한 공산주의자들이 대화 테이블에 나오는지를 생생히 경험했다. 2010년 3월 천안함 폭침 이후 이명박 정권의 5·24 조치로 대북지원이 전면 차단됐다. 남한의 군과 민간 양쪽에서 대북 심리전 조치가 강화됐다. 정통성이 취약한 정권은 심리전에 흔들린다. 전방지역 애기봉愛妓峰에 설치되는 거대한 크리스마스 트리나 바람을 타고 날아가는 대북 전단 등으로 북한의 군인과 주민은 심리적인 동요를 느낀다.

이런 심리전으로 북한 당국자들은 두 가지 스트레스를 받는다. 하나는 북한 주민들이 체제에 반감을 갖게 되는 상황이다. 다른 하나는 심리전을 막지 못해 절대 권력자로부터 질책을 듣는 것이다. 실무 당국자들은 후자가 더 두렵다.

남한의 심리전 조치가 강화되자 북한 당국자들은 남북 접촉을 '애걸'했다고 한다. 그래서 비밀접촉이 수 차례 진행됐다. 북한 측이 가장 원한 건 심리전의 중단이었다. 특히 애기봉 크리스마스 트리를 설치하지 말고, 민간의 대북 전단살포를 막아달라는 부탁을 간절하게 하더라는 것이다.

남한 당국자들은 북한 측에게 "우리가 할 수 있는 조치를 해주면 당신들은 우리에게 무엇을 해줄 건가"라고 물었다고 한다. 북한 측은 "그러면 우리도 이명박 대통령에 대한 비방을 중지하겠다"고 했다는 것이다. 남한 측에게 이는 코미디 같은 얘기였다. 남한 당국자들은 "당신들이 우리를 잘 모른다. 당신들이 우리 대통령을 아무리 욕해도 우리 당국자들은 남한 내에서 아무런 문제가 없다"고 설명해 주었다고 한다.

관료주의에 빠져있는 북한 공산주의자들은 인도주의나 개혁·개방 같은 가치보다는 심리전 중단이나 개성공단·금강산관광 같은 달러에 목이 마르다. 그래서 대화에 나서는 것이다. 평화로 위장해서 시간과 달러를 벌어 핵을 개발하고 세습정권을 강화하는 것이다. 그런데도 남한 내에서는 이런 속셈을 간과하고 대화에 환상을 가지는 이들이 적지 않다.

공산주의와의 대결에서 가장 중요한 건 속지 않는 것이다. 미국과 서독이 승리한 것은 소련과 동독에게 속지 않았기 때문이다. 서독은 대화를 진행하면서도 엄격한 조건과 규칙을 지켰다. 1990년 통일까지 서독과 동독은 많은 대화를 가졌다. 두 나라의 대화 환경은 한반도와는 달랐다. 동독은 서독을 침략하거나 테러를 저지르지 않았다. 핵을 개발하지도 국민을 굶기지도 않았다. 두 나라의 1인당 소득격차도 3배에 불과했다. 서독은 이런 환경을 이용해 대화와 지원이라는 열쇠로 동독의 빗장을 열려고 했다. 하지만 공짜는 아니었고 동독은 대가를 지불해야 했다. 이런 시도는 장기적으로 성공했다. 서독은 동독의 정치범들을 넘겨받기 위해 돈을 썼다. '자유를 산다'는 프라이카우프Freikauf였다. 이로써 26년간 비밀리에 3만3,000여명이 서독으로 왔다.

20세기 중반 인류는 핵 공포에 시달렸다. 미국과 소련이 경쟁적으로 핵을 늘렸기 때문이다. 양국은 1969년 대화를 시작했다. 협상은 '더 늘리지 말자SALT'로 출발해 '아예 대폭 줄이자START'로 진화했다.

닉슨·레이건·부시는 소련·러시아 지도자와 30여 년간 씨름했다. 덕분에 핵은 많이 줄었다. 숫자도 숫자지만 인류는 핵 문제에서 진보했다. 역사에 남을 문명적인 협상이었다.

서독·미국 지도자들은 모두 강력한 자신감으로 동독과 소련을 상대했다. 자신감의 원천은 자유민주체제와 경제력이었다. 염돈재는 서독주재 공사로 통일을 지켜봤다. 그는 저서 『독일통일의 과정과 교훈』에서 이렇게 분석한다. "서독의 동방정책도 힘이 있어 가능했다. 통일의 동력은 힘이다." 레이건은 '강력한 미국' 정책으로 '악의 제국' 소련을 해체했다. 뱁새 소련은 황새 미국을 따라가다 가랑이가 찢어졌다.

남한의 햇볕정책 지도자들은 과정과 결과 모두에서 대북대화를 잘못 이끌었다. 김대중·노무현 정권은 북한을 지원하면서도 북한을 제대로 변화시키는 데에 이를 활용하지 못했다. 아니 거꾸로 남한에 대한 북한의 위협을 증가시켜 놓았다. 의도적으로 그렇게 한 게 아니라면 이들이 대화에서 실패한 건 '남북대화 환각증' 때문이다.

이들은 무조건 대화만 하면 긴장이 해소되고 결국은 북한이 긍정적인 방향으로 바뀔 거라는 환각증을 가졌다. 김정일 정권과 남북 정상회담을 갖자 김대중 대통령은 대뜸 전쟁 위험이 사라졌다고 말했다. 김정일을 만나고는 노무현 대통령은 서해 평화지대가 가능하다고 했다. 북한 핵도 별로 걱정하지 않는 눈치였다. 환각이 사라지자 더욱 엄혹해진 현실이 눈앞에 나타났다.

북한에 김정은 정권이 들어선 이후에도 남한 내에서는 다시 환각증에 빠지려는 사람들이 많다. 북한이 변화의 진정성을 보이지 않는다 해도 이에 구애 받지 말고 5·24 조치를 해제하여 경제교류를 재개하자는 것이다. 이들은 금강산 관광도 다시 시작하자고 주장한다.

이들은 개성공단과 금강산 관광에 과도한 의미를 부여한다. 공단과 관광은 남북대화의 상징이며 북한을 변화시키리라는 기대에서다.

하지만 이것은 대표적인 환각이다. 금강산은 튜브tube 관광이다. 튜브 속을 지나는 것처럼 완전히 밀폐된 것이다. 개성공단은 외로운 섬이다. 북한이 공단으로부터 자유경제체제를 배우면 의미가 있으나 현실은 그렇지 않다. '초코파이 효과'도 지극히 제한적이다. 공단이나 관광이나 개방 효과는 거의 없다. 대신 매년 거액의 달러가 북한 정권으로 간다. 두 개를 합치면 1년에 1억달러가 넘는다. 남한에게는 작은 돈이지만 북한에게는 거액이다. 변화는 환각이고 실체는 달러인 것이다.

현대사에는 수많은 국가 간 대화가 있었다. 거의 모든 대화는 문명국 간에 상황을 개선하려는 것이었다. 하지만 남북대화만은 다르다. 남북 양극화가 너무 처절하기 때문이다. 남한은 자유와 번영의 한국문명the Korean Civilization을 이뤄냈다. 반면 북한에는 역사상 가장 기이한 비非문명이 있다. 남북대화의 최종목표는 2,500만 인류를 비非문명에서 구해내는 것이어야 한다. 그래서 남북대화는 잔치가 아니다. 생존게임이다. 생존게임을 벌이는데 환각을 가져서야 되겠는가.

북한 세습정권의 본질을 고려하면 가장 효과적인 대북정책 수단은 대화가 아니라 압박일지 모른다. 압박을 통해 정권으로 하여금 결사적인 변화를 선택하게 하든지 아니면 정권 내에 반反 김정은 압력을 높여 급변사태를 유도하는 것이다. 김정은 정권이 무너지면 새로 등장하는 정권과 북한 주민을 잘 설득해 조속한 평화적 흡수통일로 가는 것이다.

남한에게는 이런 정책을 구사할 수 있는 절호의 기회가 있었다. 1994년 김일성이 죽고 북한은 1996년까지 이른바 '고난의 행군'이라는 비상 시기를 겪었다. 피폐한 경제에 자연재해까지 겹쳐 많은 주민이 굶어 죽는 등 국가가 벼랑 끝에 몰린 것이다. 이때부터 2000년대 중반까지 남한 정부가 대북지원을 통제해가면서 김정일 정권을 압박했다면 역사는 달라졌을지 모른다. 북한의 도발에 대해서도 강력하게 대응했다면 김정일 정권은 생존을 위한 변화를 고민할 수밖에 없었을 것이다. 변화할 수 있느냐는 다음 문제이고 일단 변화라는 화두가 정권의 고민으로 등장했을 것이다.

그런데 남한은 다른 길을 선택했다. 압박 대신에 햇볕이라는 유화정책을 취한 것이다. 1998년 등장한 김대중 정권은 북한에 대한 대규모 지원으로 북한이 위기를 극복할 수 있는 동력을 보태주었다. 영양실조 정권에게 보약을 제공한 것이다.

국가가 결단하지 못하고 미봉책을 택하면 국가가 직면한 문제는 더욱 커진다. 생생한 증거물이 북한의 실패 정권과 핵이다. 국가가 압박을 결단하지 못하고 햇볕이라는 미봉책을 택하니까 북한은 시간과 달러를 벌었다. 결국 세 차례나 핵실험을 했고 천안함·연평도로 남한을 위협했다. 이제는 체제유지를 위해 장성택 그룹을 박멸하고 반대세력을 수용소에 몰아넣는 비정상적인 지경에 이르렀다. 문제는 더 커졌으며 해결 비용은 더 늘어났다.

(3) 단테의 섬뜩한 경고

2014년 3월 5일 나는 중앙일보에 이런 칼럼을 썼다.

단테의 섬뜩한 경고

"지옥의 가장 뜨거운 자리는 도덕적 위기의 시기에 중립을 지킨 자들에게 예약되어 있다The hottest places in hell are reserved for those who, in times of great moral crisis, maintain their neutrality."

단테1265~1321는 이탈리아의 시인·정치인·행정가다. 그는 피렌체에서 태어났으며 유명한 서사시 '신곡神曲'을 썼다. 자신이 지옥·연옥·천국을 여행하는 스토리다. 저승을 보면서 단테는 이승의 업보業報를 경고한다. 악이나 잘못에 맞서는 게 얼마나 중요한지 강조한 것이다.

미국의 베스트셀러 작가 댄 브라운은 피렌체와 신곡을 엮어 소설 '인페르노Inferno-지옥'를 썼다. 브라운은 신곡에 나오는 유명한 글이라며 '지옥의 가장 뜨거운 자리' 문장을 적어놓았다. 하지만 신곡엔 그런 문장이 없다. 단테의 메시지를 압축해 케네디 미국 대통령이 문장을 만들어낸 것이다. 어쨌거나 양심과 행동에 관한 한 이 문장은 묘비명 같은 것이다.

한국인에게 중요한 도덕적 위기는 무엇인가. 북한의 '인권 지옥' 아닐까. 인권은 국경을 초월하는 보편적인 것이다. 그래서 북한 인권은 세계인 전체에게 심각한 문제다. 한국인에겐 더욱 그러하다. 2,500만 북한인이 동포이기 때문이다.

그런데 이상하게도 한국보다 세계가 더 적극적이다. 2014년 들어 세계는 두 번 충격을 받았다. 하나는 장성택 처형이고 다른 하나는 유엔 보고서다. 유엔 북한인권조사위원회COI는 인권탄압 책임자들을 국제형사재판소에 세울 것을 유엔에 권고했다. 뉴욕타임스는 더 나아갔다. 사설은 아예 김정은을 지목해 정의의 심판을 받게 해야 한다고 주장했다. 이런 변화는 매우 의미가 있다. 북한 공산정권 수립 66년 만에 세계가 구체적으로 단죄의 칼을 빼어 든 것이다.

언론뿐이 아니다. 미국 지도자들은 인권탄압 범죄자들을 강하게 압박한다. 케리 국무장관은 방송에서 북한은 '악의 땅an evil place'이라고 규탄했다. 미국 지도자의 입에서 악이란 단어가 나오면 사태는 심각한 것이다. 미국이 악이라고 규정한 정권들은 대개 망했다.

1983년 3월 레이건 대통령은 소련이 주도하는 공산체제를 '악의 제국the Evil Empire'이라고 비난했다. 레이건은 소련과 대화를 했지만 최종 전략은 악의 제국을 끝장내는 것이었다. 레이건은 고르바초프에게 베를린 장벽을 허물라고 촉구했다. 결국 장벽은 무너졌고 악의 제국은 해체됐다.

악에 대한 두 번째 공격자는 조지 W 부시 대통령이었다. 2002년 1월 국정연설에서 그는 세 나라를 '악의 축the Axis of Evil'으로 꼽았다. 이란·이라크·북한이다. '악의 축'은 '악의 제국'과 제2차 세계대전의 3대 추축국Axis Powers–독일·이탈리아·일본에서 따온 것이다. 지금 이라크 후세인 정권은 사라졌고, 이란은 미국에 순응하고 있다. 북한의 운명만 안개 속에 있다.

북한이 만들어내는 도덕적 위기에 세계가 목소리를 높인다. 그런데 오히려 한국은 침묵한다. 유엔은 1년간이나 북한 인권을 조사했다. 미국은 북한인권법을 만들고 북한인권특사를 임명했다. 일본도 같은 법을 제정했다. 북한인권법은 인권침해를 기록하고 인권운동을 지원하자는 거다. 그런데 한국 국회는 이런 법을 아직도 만들지 않고 있다. 여야의 이견異見이 발목을 잡고 있다.

민주당은 법안에 북한 주민의 생활을 지원하는 내용도 담아야 한다고 주장한다. 주민을 도와야 한다는 건 옳다. 하지만 문제는 방법론이다. 지원도 종류에 따라 다르다. 영유아·임산부는 적극적으로 지원해야 하는데 이는 지금도 아무런 장애 없이 이뤄진다.

하지만 일반적인 지원은 엄격히 다뤄져야 한다. 남에서 주는 식량은 북한 주민에게 실질적 도움을 주지만 일부는 군대나 핵심계층에게 돌아간다는 게 탈북자들의 증언이다. 따라서 이런 부분은 국회가 법으로 정할 게 아니라 정부의 판단에 맡겨야 한다. 민주당은 북한인권 운동이 햇볕정책이라는 자신들의 정체성을 훼손할까 걱정하는 부분이 있을 것이다. 하지만 장성택 처형이나 유엔 보고서를 보면 이런 우려보다는 행동이 더 중요하지 않을까. 새누리당도 책임이 적잖다. 민주당과의 이견을 좁히기보다는 이를 핑계 삼아 손을 놓고 있는 건 아닌가.

보수주의 원조로 불리는 영국의 에드먼드 버크1729~97는 정치인의 구체적인 실천이 세상을 바꾼다고 역설했다. 그는 "악의 승리에 필요한 유일한 조건은 선한 사람들이 수수방관하는 것"이라고 했다. 국회의 '선한 사람들'이여, 버크와 단테가 들리지 않는가.

북한 정권이 저지른 인권탄압은 거악이다. 북한의 정치범수용소는 스탈린의 강제수용소, 나치의 유대인수용소와 더불어 3대 지옥 수용소로 불려야 할 것이다. 수용소 안에 있는 사람들뿐만이 아니다. 수용소 밖에 있는 사람들도 감시와 통제, 끼니 걱정, 자유의 박탈, 제대로 치료받을 권리의 상실, 가혹한 대우 등으로 고통을 겪고 있다. 그들은 인권이란 것이 무엇인지도 모르는 인생을 살고 있다. 북한은 나라 자체가 거대한 수용소다. 인민의 참상은 유엔의 북한인권조사 보고서에 낱낱이 적혀있다.

문제는 이러한 탄압이 김씨 세습왕조의 선택이라는 것이다. 그들은 고르바초프나 덩샤오핑처럼 개혁·개방을 선택해야 했다. 그러면 인민의 지옥은 없었을 것이다. 하지만 그들은 자신들을 위한 개인숭배와 장기독재를 위해 정권의 개혁 대신 인민의 지옥을 택했다. 자신들 손톱 밑에 박히는 가시에는 벌벌 떨면서 국민의 굶주림과 죽음에는 까딱하지 않는 것이다. 이는 인간의 악질적인 이기적 본성이 극도로 발현된 대표적인 경우다. 인류사에서도 손꼽히는 도덕적 범죄다.

이런 범죄에 단호하게 대응하는 것이 '단테의 섬뜩한 경고'를 명심하는 것이다. 한국인은 북한의 거악을 3단계로 다루어야 한다. 압박과 단죄 그리고 청산이다. 1단계는 통일되기 전까지 북한을 압박해 인권을 탄압하는 손길을 약화시키는 것이다. 대표적인 정책이 북한인권법을 만들어 북한민주화 운동을 지원하는 것이다.

2단계와 3단계는 통일 이후에 해당된다. 통일이 되면 새로운 국가의 이름으로 북한 정권에서 벌어진 반反 인도적 범죄를 법정에 세워야 한다. 마지막은 철저한 진상 조사와 기록이다. 북한 정권이 저지른 악행을 햇볕 아래 드러내고 기록하고 청산해야 한다. 그래야 한민족은 인권 지옥이라는 끔찍한 과거의 늪에서 탈출할 수 있다.

동·서독 분단시대에서도 동독 인권상황은 서독인에게 중요한 문제였다. 사실 동독 정권의 인권탄압은 북한이나 소련 그리고 다른 유럽 공산권 국가와 비교하면 정도가 약한 편이었다. 그래도 서독은 기본법헌법 정신에 따라 신중하고 체계적으로 동독 인권 문제에 대처했다. 전체적으로는 압박과 거래, 단죄 그리고 청산이라는 독일식 3단계를 거쳤다.

대표적인 압박은 1961년 중앙기록보존소를 설치한 것이다. 이 기관은 동독의 인권침해 사례를 축적했다. 이는 동독 책임자들에게 훗날 문책당할 수 있다는 걸 경고하기 위한 것이었다. 보존소는 1990년 통일 때까지 8만 여명의 기록을 보관했다. 1만 여명은 인권탄압에 관여한 경찰, 판·검사, 비밀정보기관 슈타지Stasi 요원과 협조자 등 형사소추가 가능한 대상이었다. 7만 여명은 피해자와 증인이었다. 이 기록은 통독 이후에 책임자들을 사법처리하고 동독 출신 사법관리들의 임용을 제한하는 데에 유용한 자료였다.

서독 정부는 이런 압박 말고 협상과 거래도 활용했다. 대표적인 것이 프라이카우프Freikauf인데 이런 거래가 성사될 수 있었던 것은 동독의 인식이 북한 같은 나라와는 달랐기 때문이다. 동독은 처음에는 서독을 포함한 서방의 인권개선 요구가 반체제 세력을 지원해 동독체제를 흔들려는 이데올로기 공세라고 판단했다. 하지만 1973년 동·서독 관계정상화 이후에는 많이 달라졌다. 정상화를 하면서 두 나라는 모든 유엔인권협약과 유럽안보협력회의CSCE라는 국제체제에 가입했다. 동·서독 기본조약에도 인권보호를 핵심조항으로 명시했다.

통독 때 주 서독 공사를 지낸 염돈재는 저서 『독일통일의 과정과 교훈』에서 동독의 인식변화를 이렇게 설명했다. "1973년 동·서독 관계 정상화 이후 동독 정부는 서독과의 체제 경쟁을 의식했다. 그래서 주민의 정치적 자유를 확대하고 생활수준을 향상시키는 문제에 더욱 관심을 가지게 되었다. 동독은 CSCE회의에서 인권보장과 정보교류 문제가 자주 거론됨에 따라 여러 조치를 취했다. 1970년대 이후 동독 주민이 서독의 라디오와 TV를 듣고 볼 수 있도록 허용했고, 1987

년 사형제도를 폐지했다. 서독으로부터 경제적 지원을 받는 것을 대가로 국경지역에 설치된 자동발사장치를 철거했으며, 동독 주민이 서독으로 여행하거나 이주하는 범위를 확대했다."

제1 단계 압박과 거래에 이어 2단계에 해당되는 단죄는 독일 통일 이후 신중하면서도 철저한 방법으로 이뤄졌다. 독일은 보복이 아니라 법치를 확립한다는 정신으로 단죄를 진행했다. 서독법이 아니라 과거 동독에 있었던 법에 따라 범법을 재판했다.

염돈재의 저서에 따르면 1996년 9월까지 약 2만건의 고발이 접수됐고 이중 360여건이 기소됐다. 그 중 80건은 동독을 탈출하기 위해 국경을 넘는 사람들에 대해 총격을 가한 사건이다. 통일독일은 총격을 가할 수 있도록 결정한 동독 정치국원들과 실제 사격을 행한 군인들을 주로 심판했다. 동독 정치국원 20명 중 6명이 3~6년 형을 복역했다. 탈출자에 대해 발포명령을 내린 고위장성 9명도 같은 형을 선고 받았다.

동독의 집권당은 사회주의통일당이었다. 호네커는 1971년부터 1989년 베를린 장벽 붕괴 직전까지 서기장을 지냈다. 동독의 최장기 최고권력자였던 것이다. 1990년 10월 독일이 통일되고 2개월 후 호네커에 대한 체포영장이 발부됐다. 호네커는 러시아로 피신했지만 1992년 7월 독일로 소환됐다. 그는 재판을 받았으나 간암이 악화돼 1993년 1월 석방됐다. 호네커는 칠레의 산티아고로 망명했으며 1994년 5월 그곳에서 사망했다. 건강했다면 호네커는 말년을 감옥에서 보냈을지 모른다. 김정은은 통일독일의 법정에 섰던 호네커를 잘 기억해야 할 것이다.

독일의 과거청산 3단계는 진상조사와 피해자에 대한 복권과 보상이었다. 독일 의회는 두 차례에 걸쳐 '동독'을 연구하여 보고서를 만들었다. 동독의 권력구조와 국가운영, 잘못된 일이 결정된 과정과 책임, 동·서독 관계, 동독 주민의 봉기와 통일, 독재체제의 후유증, 동독 사회주의통일당의 영향 등을 조사한 것이다.

부당하게 피해를 입은 사람들은 사면·복권·복직 되거나 경제적인 보상을 받았다. 연방의회는 1992년 6월 공산주의 폭정으로 희생당한 사람과 그 가족들의 고난과 희생이 고귀하며 독일통일에도 기여했다는 점을 인정하면서 경의와 감사를 표시하는 결의안을 채택했다. 이런 과정을 설명하면서 염돈재씨는 저서에서 "통일독일의 과거청산 작업은 큰 갈등 없이 합법적·체계적으로 이루어진 것으로 평가된다"고 분석했다.

한국이 통일되면 북한정권이 저지른 악행이 햇볕 아래 드러날 것이다. 대한항공 여객기와 천안함·연평도에 대한 공격을 명령하고 기획한 자들, 국경을 넘는 이들에 대한 사살을 명령하고 집행한 자들, 지옥 같은 강제수용소 설치를 지시하고 운영한 자들 그리고 인민을 가혹하게 폭행하고 고문한 자들이 다 드러날 것이다. 통일한국은 이들을 어떻게 단죄하고 과거를 청산할 것인가.

(4) 천안함, 헌신의 영웅과 진실의 패배자

국가마다 공동체에 영향을 미치는 독특한 세력이나 역사적 사건이 있다. 이런 세력이나 사건이 논란적일 때 그것에 대해 어떤 인식을 가지느냐가 중요하다. 인식은 그 사람의 세계관을 판단할 수 있는 자료가 된다. 일본이라면 침략전쟁의 역사가 그런 것일 게다.

한국인에게는 북한이란 존재다. 북한을 보는 시각에 따라 세상을 보는 인식도 달라지는 경우가 많다. 시각이 다르면 북한의 행동을 해석하는 것도 다르다. 대표적인 경우가 천안함 폭침이다.

내가 천안함에 집착하는 것은 그 사건이 인간의 적나라한 다양성을 보여주기 때문이다. 어떤 사람은 위험한 작업을 후배에게 맡길 수 없다며 물에 뛰어들었다가 순직했다. 어떤 사람은 악조건 속에서 선원들을 격려해가며 열심히 그물을 던져 북한 어뢰를 건져냈다.

그런데 어떤 이들은 북한 어뢰가 올라왔는데도 북한의 소행이란 걸 인정하지 않는다. 북한을 규탄하기 보다는 "무능하다"며 남한 정부를 공격한다. 골수 좌파 세력만 그런 게 아니다. 충격적인 것은 10년의 집권 경험이 있는 이 나라의 제1 야당이 그런 행태를 보였다는 것이다. 이는 한국 사회의 정신이 뿌리부터 흔들리고 있다는 걸 증명하는 것이다.

천안함이 폭침된 지 4년 넘게 세월이 흘렀다. 그 동안 많은 게 달라졌다. 과거 민주당 세력은 2년반 동안 천안함 폭침을 인정하지 않다가 지금은 태도를 바꾸었다. 하지만 급진 통진당 세력은 여전히 북한의 소행이란 걸 공개적으로 표명하지 않고 있다.

나는 그 동안 천안함에 관해 많은 칼럼을 썼다. 2012년 2월에 펴낸 칼럼집 『대한민국의 비명』에도 7편이 들어있다. 이 책에는 그 이후에 쓴 3편을 넣었다. 나는 천안함에 관한 글을 계속 쓸 것이다. 통일이 되면 천안함 폭침 작전에 대한 진실이 드러날 것이다. 북한 어뢰를 보고도 북한을 지목하기를 거부했던 미망의 세력이 그 진실 앞에서 어떻게 행동하는지 지켜볼 것이다.

2014년 3월 26일

훈련병 고름을 빨았던 한주호

4년 전 오늘 밤 9시 45분, 백령도 바다는 새까만 어둠에 덮여 있었다. 검은 바닷속에서 검은 물체가 움직였다. 먼바다를 돌아온 북한 잠수함이었다. 검은 배는 검은 어뢰를 쐈다. 46명이 검은 물속으로 사라졌다. 그날 밤은 모든 게 검정이었다.

전쟁 중이라면 흔히 있는 일이었다. 그러나 그날은 전쟁이 아니라 평시였다. 젊은 장병 46명은 그저 근무 중이었다. 누군가의 남편, 누군가의 아들이 그렇게 죽어갔다. 천안함은 검은 비극이었다.

기자 생활 30년 동안 나는 수많은 사건을 목격했다. 그 중에서도 천안함은 특이하다. 비극이지만 뜨겁고 공포스럽지만 전설적이다. 천안함이란 드라마에는 영웅들이 있다. 대표적으로 두 사람이다. 잠수하다 순직한 한주호 준위와 북한 어뢰를 건져 올린 김남식 선장이다.

신문에서 '천안함'을 볼 때마다 나는 한주호를 생각했다. 그는 어떤 인간인가. 어떤 인간이길래 그런 일을 할 수 있나. 며칠 전 나는 진해 UDT 부대에 갔다. 해군 특수전 전단이다. 어둠이 깔리는 언덕에서 총소리가 울렸다. 저격수 3인이 엎드려 총을 쏘고 있었다. 200m 앞에 휴대전화만한 철판이 매달려 있다. "깡 깡" 총알이 철판을 때렸다.

부단장 권영대 대령이 교관을 불렀다. 김원인 상사다. 그는 아덴만 해적 진압 때 허벅지에 총알을 맞았다. 그는 "걷는 데 불편은 없다"고 했다. 수십 년 동안 바람 부는 이 언덕에서 수많은 김 상사가 수없이 총을 쐈을 것이다. 그들은 홍대앞도, 강남역도 모른다.

단장 오고산 대령이 UDT 역사관을 보여주었다. 한 준위가 입었던 잠수복이 있다. 고무 옷은 가위로 잘라져 동강 나 있었다. 오 대령이 말했다. "의식을 잃은 한 준위를 급히 산소치료기에 넣기 위해 잠수복을 찢었습니다."

4년 전 그날 천안함이 침몰하자 해군은 잠수요원들을 동원했다. 배를 수색하고 로프를 연결하는 게 그들의 임무였다. 바닷속은 차고 탁했으며 조류가 빨랐다. 숙련된 잠수부라 해도 안전을 위해선 하루에 한 번만 작업해야 했다. 그런데 한 준위는 이틀에 네 번이나 들어갔다.

사고 전날 저녁 한 준위는 지쳐서 침대에 쓰러져 있었다. 지휘팀장 권 대령은 다음 날 작업조에서 그를 뺐다. 권 대령은 회고했다. "밤늦게 일어나 명단을 보더니 한 준위는 몇몇 후배 이름을 지웠습니다. '애들은 경험이 적어 잘못하면 사고 난다'며…. 그러곤 자기 이름을 넣었습니다."

권 대령은 1989년 UDT 교육을 받았다. 교관 중 한 명이 한주호 상사였다. 한 상사는 호랑이 교관이었다. 그런데도 훈련병들은 그를 미워할 수 없었다. 권 대령의 증언. "뻘에서 뒹굴면 상처가 많이 생깁니다. 제때 치료하지 못하니 곪기 일쑤지요. 한 상사는 훈련병의 상처에 생긴 고름을 입으로 빨아냈다고 합니다. 1992년 송원정 훈련병이 겪은 일입니다."

국가는 무엇으로 사는가. 국가의 손끝에서 국가가 원하는 걸 만들어내는 사람들, 입만으로 떠드는 게 아니라 육체를 던져가며 실행하는 사람들…이들로 인해 사는 게 아닐까. 국가가 요구하면 해적을 사살하고, 검은 바다에 뛰어들고, 철모 끈에 불이 붙어도 K-9 자주포를 쏴대는… 그런 이들로 인해 국가는 사는 것 아닌가.

한 준위마저 죽어 국민은 슬픔에 잠겼다. 해군은 초조했다. 시간은 자꾸 가는데 증거물은 나타나지 않았다. 어뢰 파편만 건지면 되는데, 그것만 있으면 북한을 꼼짝 못하게 할 수 있는데… 그런데 그 어뢰가 보이지 않네….

해군은 쌍끌이 어선을 동원했다. 그물로 바닥을 훑는 어선이다. 그러나 쉽지 않았다. 인천 어선들이 연달아 실패하자 해군은 낙담했다. 그런 해군에 공군이 말했다. 부산에 대평호가 있다고. 대평호는 동해와 서해에서 전투기 잔해를 건져 올린 '전과戰果'가 있었다.

그러나 베테랑에게도 작업은 어려웠다. 바닥은 돌 투성이고 조류도 빨랐다. 대평호는 그물을 던지고 또 던졌다. 찢어지면 선원들이 새벽까지 고쳤다. 5월 15일 드디어 '발전기 같은 게' 올라왔다. 어뢰 추진기였다.

어뢰는 완전히 판을 바꿨다. 많은 나라 의회가 북한을 지목하고 규탄했다. 그런데 정작 한국에선 이상한 일이 벌어졌다. 상당수가 북한 소행을 인정하지 않은 것이다. 제1 야당 민주당이 대표적이었다. 며칠 전 나는 김남식 선장에게 전화를 걸었다. 그는 열띤 목소리로 말했다. "나는 전남 고흥 출신으로 민주당 지지자입니다. 그렇지만 당시 민주당의 태도는 이해할 수 없어요. 어뢰로도 안 되면 도대체 뭘 더 건져야 한단 말입니까."

종종 어떤 사건은 사건과 관련된 인물 때문에 역사적인 사건을 넘어 '철학적인 사건'으로까지 승화한다. 천안함이 대표적인 경우다.

한주호 준위는 서울에서 공고를 졸업하고 해군에 입대했다. 그는 서민의 아들로 태어났고 학력도 뛰어나지 않아 어찌 보면 사회적 경쟁에서 약자가 될 뻔 했다. 그러나 뼈 속까지 들어있는 UDT 정신이 그를 승자로 만들었다.

그가 없었더라면 해군의 사기는 천안함과 함께 그대로 가라앉았을 것이다. 한국형 구축함과 이지스함을 자랑하던 해군이 가난한 북한 해군의 어뢰 한방에 무너져버린 것이다. 그런데 한국 해군에는 한주호가 있었다. 한주호라는 인물을 보면서 국민은 군대에 대한 신뢰의 끈을 다시 잡아당겼다.

천안함 4주년을 맞아 나는 진해 여행을 계획했다. 내 눈으로 UDT부대를 보고 싶었다. 바람 속에서라도 한주호라는 인간이 남긴 체취를 맡아보고 싶었다. 내가 이토록 그에게 끌린 것은 4년 전에 있었던 추억 때문이다.

2010년 3월 26일 천안함 사건이 터진 후 나는 여러 차례 칼럼을 썼다. 북한의 어뢰공격을 규탄하고 천안함 인양과 어뢰 잔해 수색에 심혈을 기울인 해군과 민간인의 노력을 지지했다. 어느 날 군인 3명이 나를 찾아왔다. 그 중에는 해군 특수전 베테랑 문석준 중령이 있었다.

우리는 신문사 앞 돼지고기 집에서 소주 잔을 기울였다. 문 중령은 해군 소위 때 특수전 교육을 받은 후 평생을 특수전에 바치겠다고 결심했다고 한다. 해군 특수전 요원은 인원이 많지 않아 경력이 오랜 사람끼리는 서로 잘 알았다. 문 중령은 1957년, 한 준위는 1956년 생이었다. 2014년 5월 현재 문석준 예비역 대령은 대덕에 있는 전문대학에서 해양수중과 교수로 재직하고 있다. 이 학과 졸업생들은 해군 특수전 부사관에 응모한다.

통상 UDT라 불리는 해군 특수전 전단은 5개 대대로 구성된다. 3개 대대는 유명한 SEAL이다. seal은 원래 바다표범을 가리키는 영어 단어다. 해군에서는 sea, air, land의 머리 글자를 모아 특수전 부대를 지칭하게 됐다. 잘 알려져 있는 수중 폭파대UDT-underwater demolition team는 SEAL 대대 산하에 있는 작전팀이다. 나머지 2개 대대는 아덴만 작전에 동원된 특수임무대대와 훈련을 담당하는 교육대대다. 천안함 수색팀장은 1대대장 권영대 중령이었다.

천안함이 가라앉아 있는 바다는 작업하기 어려운 환경이었다. 수온은 낮고 바닷물은 탁했으며 조류는 거셌다. 잠수부들은 바다 위에 떠있는 부이buoy에 연결된 로프를 잡고 30여m를 잠수해 천안함에 도달해야 했다. 그런데 조류가 너무 거세 대부분의 부대원이나 민간 잠수부들은 10여m 정도만 가도 더 내려갈 수 없는 경우가 많았다고 한다.

잠수는 너무도 힘든 일이어서 안전을 위해선 베테랑도 하루에 한 번만 들어가야 했다. 그런데 한 준위는 고집을 부려 사고 전날까지 하루에 두 번씩 들어갔다. 한 준위의 안전을 걱정한 권 중령은 1대대장을 지낸 선배 문석준 중령에게 전화를 걸어 한 준위를 말려달라고 부탁했다. 운명의 날 점심 때 문 중령은 한 준위와 통화했는데 한 준위는 이렇게 말했다고 한다. "바다 속 상황이 너무 어렵다. 후배들에게 맡길 수가 없다. 오후에 내가 한번만 더 들어가 로프를 마저 걸면 중요한 작업은 끝난다." 2시간 반 후 한 준위는 실신한 채로 끌어올려졌다. 문 중령은 나에게 이렇게 말했다.

"평소에 그렇지 않던 친구가 어쩌다 한번 우연히 그런 일을 해서 영웅이 됐다면 나는 별로 인정하지 않을 겁니다. 하지만 30년을 지켜본 한 준위는 달랐습니다. 원래가 그랬습니다. 어려운 일에는 늘 앞장 섰습니다. 그날 그렇게 죽으려고 50여년 인생을 그렇게 진하게 살았던 모양입니다."

한 준위의 순직은 여러 파장을 낳았다. 국민에게는 큰 슬픔과 함께 '우리 군에 저런 인물이 있었구나'라는 뿌듯함을 주었다. 하지만 해군의 느낌은 다른 것이다. 군은 프로페셔널professional해야 하는 집단인데 '천안함 수색 전투'에서 실수로 '전사자'가 발생한 것이다. 해군은 명예회복을 위해서라도 서둘러 침몰의 원인을 밝혀내야 했다. 해군은 북한의 어뢰 공격이었을 것으로 생각했다. 나도 그렇게 판단했다. 천안함 침몰 10일 후인 2010년 4월 5일 나는 '5.4cm 그물눈과 국가의 진로'라는 칼럼을 썼다. 침몰 모양새, 북한 잠수정의 능력, 북한의 도발 목적을 고려할 때 어뢰가 가능성 1위이며 '쌍끌이' 수색으로 증거물을 건져내야 한다고 촉구했다.

"바다가 평원이라면 파편은 풀 한 포기다. 기뢰탐지함이나 잠수대원이 갯벌 속에서 파편을 찾아내는 건 거의 불가능할지 모른다. 쌍끌이 저인망 어선이 바다 밑을 훑어야 한다. 그물 수백 개가 찢어지더라도 훑고 또 훑어야 한다. 그물눈의 크기는 54mm라고 한다. 그 5.4cm에 대한민국의 진로가 걸려 있다."

쌍끌이 수색은 매우 힘든 일이었다. 비극이 이어졌다. 수색에 나섰던 인천 선적 금양호가 침몰해 선원 9명이 죽은 것이다. 그러나 해군과 선장들은 포기하지 않았다. 드디어 침몰 50일 후 기적이 일어났다. 부산 선적 대평호가 북한 어뢰 프로펠러를 건진 것이다.

기적은 인간과 하늘의 합작이다. 하늘이 인간 노력에 감읍해 천운天運을 허락하는 것이다. 사실 하늘이 감읍할 만도 했다. 작업 환경이 아주 어려운 곳에서 최첨단 수색함도 아니고 쌍끌이라는 재래식 어선이 생고생을 하니 흔한 일은 아니었던 것이다. 이런 일을 해낼 수 있는 나라는 많지 않다. 아니 아주 드물다. 세계 전사戰史에서도 이런 드라마는 찾기 힘들다.

그 드라마의 주역이 부산 선적 대평호다. 김철안 대평수산 사장은 대평 11호와 대평 12호 등 쌍끌이 어선 2척을 가지고 있다. 대평 11호는 김남식 선장이, 12호는 김 선장의 친동생이 지휘한다. 대평호는 한반도 주변 바다에서 여러 차례 추락한 비행기의 잔해를 건져 올린 경력을 가지고 있다. 대평호는 민간 어선으로 아마도 이 분야에서 세계기록을 가지고 있을 것이다. 희한한 경험은 2006년에 시작됐다.

그 해 6월7일 공군의 차세대 주력 전투기 F-15K 1대가 동해에서 야간 임무를 수행하던 중 레이더에서 사라졌다. 비행기는 포항 앞바다에 가라앉은 것으로 드러났다. F-15K는 '슬램 이글Slam Eagle'이란 애칭으로 불리는데 slam은 카드놀이에서 전승全勝이란 뜻으로 쓰인다. 당시 공군은 이를 주력전투기로 사용할 계획이었다. 엔진은 미국 제네럴 모터스가, 비행기는 보잉사가 제작했다. 최신예인만큼 이를 만든 미국 회사들이나 이를 사들인 한국 공군은 추락 원인에 촉각을 세웠다. 원인을 알아내려면 블랙박스를 포함한 주요 부품을 수거해야 했다.

그런데 추락 장소는 수심이 400m나 됐다. 미국 측과 공군은 해저 케이블을 설치하는 선박을 투입했다. 해저 작업을 전문적으로 하는 선박인 만큼 바다 밑에 있을 잔해를 찾는 일도 해낼 것이라고 기대했다. 그러나 이 배는 실패했다.

배의 선장은 공군 측에 다른 기능을 가진 선박을 투입해보라고 제안했다. 쌍끌이 어선이었다. 공군은 선박협회에 타진했고 협회는 쌍끌이 어선 모임의 대표를 맡고 있던 김철안 사장에게 문의했다. 김 사장은 내게 "보통 쌍끌이는 수심이 깊어야 200m 정도 되는 곳에서 작업하므로 400m는 너무 깊다 싶었습니다. 그런데 못할 것도 없다는 생각이 들었죠. 일을 하려면 세게 한번 해보는 게 좋고 나라 일을 돕는다는 게 의미가 있다는 생각도 했습니다."

김남식 형제가 선장을 맡고 있는 대평 11과 12호는 성공했다. 블랙박스를 찾지는 못했지만 박스를 싸고 있던 케이스를 포함해 잔해의 상당부분을 건져 올린 것이다. 대평호는 얼마 후 서해바다에 떨어진 KF-16의 잔해를 건져 올리는 작업에도 투입됐다. 한국 공군의 '인양 전문 전력'으로 자리를 잡은 것이다.

2010년 천안함 침몰 때 처음에는 백령도 근처 바다에서 조업하던 쌍끌이 어선들이 동원됐다. 하지만 그들은 실패했다. 이곳의 바다 밑은 돌이 많고 거칠어 잔해 조각을 인양하기 위해선 특수 그물이 필요했다. 그런데 어선들은 고기잡이용 그물을 그대로 사용했고 그물은 여지 없이 찢겨져 나갔다.

합동조사단에 참여하고 있던 공군이 해군에게 대평호를 추천했다. 김철안 사장은 이렇게 회고한다. "조사단 회의에 참석해서 수거 계획을 협의했습니다. 해군은 증거가 될 만한 모든 걸 건져주기를 희망했죠. 가로 500m, 세로 500m 지역을 설정하고 그 바다 밑에 있는 건 무조건 모든 걸 건져 올린다는 각오로 일을 시작했습니다. 우리는 그물을 따로 만들었습니다. 바깥에는 고기잡이용 그물을 쓰고 안쪽에 촘촘한 그물을 댔습니다. 이중 그물을 만든 것이지요. 북한 어뢰 프로펠러는 결국 이 그물에 걸려들었습니다."

대평 11호를 지휘한 김남식 대평호 선장은 1962년 생으로 전남 고흥 출신이다. 천안함 폭침 4년이 되는 2014년 3월 26일에 즈음해 나는 그에게 전화를 걸었다. 그는 여전히 선장으로 근무하고 있었다. 3월 무렵에는 통영 바다로 나가 멸치와 전어 같은 걸 잡고 있었다. 이런 고기들은 대개 가두리 양식장의 먹이로 판다고 했다. 그는 4년 전의 작업을 회고하며 아직도 믿겨지지 않는다고 했다.

"참으로 힘들었습니다. 수색 대상이 넓은 데다 바닥은 돌 투성이고 조류는 빨랐습니다. 아주 어려운 작업이었죠. 그물을 던지고 또 던졌습니다. 찢어지면 선원들이 새벽 1~2시까지 고쳤습니다. 5월 15일 어뢰 프로펠러가 올라왔는데 군인과 선원 모두 제 정신이 아니었죠."

16세기 이순신 장군과 조선수군은 왜적을 물리치고 나라를 지켰다. 김남식 선장과 선원들은 북한의 거짓과 남한 내 미망의 세력을 물리치고 진실을 지켜냈다. 그들이 헌신적인 노력으로 어뢰 잔해를 찾아냈기에 천안함 사건이 북한의 소행임이 만천하에 드러났다.

그들로 인해 남한의 많은 사람들이 북한의 실체를 더 정확하게 알게 되었다. 그들마저 수색에 실패했다면 천안함은 여전히 안개 속에 있을 것이다. 북한에 우호적이고 남한 정권에 적대적인 이들이 온갖 음모론을 만들어냈을 것이다. 북한 어뢰가 발견됐는데도 천안함과 관련된 이상한 영화가 만들어졌다. 그럴 정도이니 만약 어뢰가 없었다면 남한 정권이 북한 소행을 조작했다는 대대적인 제작물들이 나왔을 것이다.

천안함 사건이 의미심장한 것 중 하나는 한국 사회에 숨어있는 비열한 분열이 적나라하게 드러났다는 것이다. 같은 하늘 아래 두 종류 국민이 있다. 어떤 국민은 "위험해서 후배에게 맡길 수 없다"며 어두운 바다로 뛰어들었고 그렇게 목숨을 바쳤다. 어떤 국민들은 "우리가 건져야 한다"며 그물을 던지고 또 던졌다. 진실의 증거를 찾기 위해 거친 바다와 싸웠다. 그런데 어떤 국민들은 죽을 힘을 다해 진실을 거부한다. 그들은 처음엔 "어뢰라니 증거가 있느냐"고 따졌다. 어뢰를 건져 올리자 "북한 거라는 증거가 있느냐"고 했다. 북한 글씨가 적혀있고 북한이 만든 카탈로그에 적혀있는 것과 똑 같은 어뢰인데도 안 믿는다. 야당이 추천한 조사위원은 조사에 참여하지도 않으면서 '충돌·좌초' 주장을 한다. 정부를 의심하는 세력은 어뢰가 나왔는데도 그랬으니 어뢰가 나오지 않았다면 어떻게 됐을까. 그들은 "왜 북한을 지목하느냐"며 길길이 뛰었을 것이다.

참으로 개탄스러운 것은 이런 미망의 세력에 제1 야당 민주당이 들어있었다는 것이다. 북한의 '어뢰 소행'은 증거가 드러난 것이다. 미국·영국·호주·스웨덴 전문가가 참여한 국제조사단에서도 동의한 것이다. 미국·일본·유럽 등 선진국 정부와 의회가 인정했다. 그런데도 민주당은 북한의 천안함 도발을 규탄하는 국회결의안에 반대했다. 민주당은 북한 소행을 인정하지 않는 태도를 그 후 2년이나 이어갔다.

2012년 대선 과정에서는 이런 일도 있었다. 한반도평화포럼이라는 모임이 차기 정부에서 천안함 사건을 재조사해야 한다고 주장한 것이다. 이들은 "침몰 원인에 대한 정부 조사 결과에 대해 전문가들이 제기한 합리적 의심을 해소해야 한다"고 했다. 그러면서 세계가 인정한 조사 결과를 그들은 "부실하다"고 매도했다.

포럼엔 김대중·노무현 정권에서 대북 정책을 집행·연구한 고위 인사와 학자들이 참여하고 있다. 공동대표는 임동원 전 국정원장과 야권원로회의를 주도하는 백낙청 서울대 명예교수다. 포럼이 열렸던 창립 기념식에는 이해찬·한명숙 전 총리와 정세현·정동영·이종석·이재정 전 통일부 장관도 참석했다.

민주당 세력의 이런 태도는 대선에서 불리하게 작용했을 것이다. 민주당은 '북한 소행 인정 거부'에서 취약한 안보관을 드러냈으며 이에 불안감을 느낀 유권자가 적지 않았을 것이다. 대선 이듬해 천안함 침몰 3주년을 하루 앞둔 날 나는 이런 칼럼을 썼다.

천안함 3년, 민주당의 죄업

서울엔 개나리가 피었지만 백령도는 아직 바다가 차다. 해마다 3월이 오면 그 바다가 운다. 잔잔한 날에도 울고 거친 날에도 운다. 로렐라이 소녀처럼 흐느끼고 포세이돈처럼 울부짖는다. 내일이면 천안함 폭침 3년, 올해도 어김없이 46인이 울고 있다.

기자 생활 29년 동안, 나는 수많은 사건을 목격했다. 그 중 가장 충격적인 게 천안함 폭침이다. 북한의 잔인함이나 46인의 비극성 때문이 아니다. 바로 이 나라 제1야당 민주당 때문이다. 정치세력은 곧잘 탈선하곤 한다. 선동·배신·거짓말·비방 그리고 최루탄 폭력…. 이런 것들은 끔직하지만 그래도 '일어날 수 있는' 것이다. 하지만 민주당의 천안함 부정은 '일어날 수 없는' 것이었다. 그래서 충격적인 것이다.

민주당은 대표적인 대한민국 정통 정당이다. 50여 년 역사와 10년 집권 경험이 있다. 그런 당이 2010년 6월 29일 천안함 폭침을 규탄하는 국회 결의안에 반대했다. 당시는 이미 진실이 드러난 때였다. 북한 어뢰 잔해가 발견됐고 국제조사단의 결과가 나왔다. 미국과 유럽·중남미·아시아 국가들은 진실을 받아들이고 북한을 규탄했다. 그런데 정작 피해 국가의 제1야당은 살인자를 지목하는 걸 끝내 거부했다. 그들은 "조사가 미흡하다"고 주장했다.

나는 '민주당의 맹북주의 6·29'라는 글을 썼다. "굳이 야당 선조들의 철학을 빌리지 않더라도, 공동체가 있어야 야당도 있다. 민주당 의원들이 기사가 모는 고급 승용차를 타고, 고급 음식점에서 영양식을 즐기고, 국내외에서 의원님으로 대접받는 것도 다 공동체와 국민 세금 덕분이다. (중략) 그런 민주당 의원들이 공동체를 공격해서 젊은 군인 46명을 죽인 살인자를 규탄하는 걸 거부하고 있다. 엉터리 인사를 조사위원이라고 추천해놓고는 조사단을 믿지 못하겠다고 한다. (중략) 그들은 맹북盲北주의라는 미망의 춤을 추고 있다."

더 충격적인 건 민주당이 최고 인텔리·지도층이라는 점이다. 나는 의원 87명의 경력을 분석해보았다. 청와대 9, 부총리·장관·차관 15, 언론계 8, 법조계 12, 육군대장 1, 예술인 1명…. 운명의 장난인가, 모두 46명이었다. 그 해 10월 나는 '천안함 46인, 민주당 46인'이라는 칼럼을 썼다. "민주당 46인은 천상에 가 있는 천안함 수병 46인이 호명하는 이름이다. 민주당은 종교처럼 서민을 외치고 있다. 천안함 46인은 거의 모두 서민의 아들이다. 그들을 죽인 자에 침묵하면서 민주당 의원들은 오늘도 고급 승용차를 타고 기름진 음식을 먹고 있다."

민주당은 오랫동안 북한 소행을 인정하지 않았다. 46인의 어머니들이 절규해도 그들은 꿈적하지 않았다. 민주당에게 천안함은 안보가 아니라 정치였다. 그들은 폭침을 규탄하면 자신들의 햇볕정책이 무너질까 걱정했다. 이는 선량한 다수 국민에 대한 배반이다. 적에게 살해된 국민보다 국민을 살해한 적의 눈치를 본 것이다. 민주당은 지난해 대선 국면에 들어서야 폭침을 말하기 시작했다. 결국 진실보다는 표에 굴복한 셈이다.

대선 후 3개월이 지났다. 당내에선 패배 이유에 대해 여러 분석이 쏟아진다. 친노 독주, 이념 과잉, 중산층 외면, 단일화 갈등…. 하지만 내가 보기에 핵심적인 원인은 다른 데에 있다. 그들이 패한 건 '비非정상적'이기 때문이다. 남북대화를 추구하더라도 규탄할 건 규탄하는 게 정상이다. 정치투쟁과 안보를 구분하는 게 정상이다. 그게 안 되니 많은 정상적인 유권자가 그들을 거부한 것이다.

3년이 지났지만 46인은 시퍼렇게 살아있다. 그들은 앞으로도 살아있을 것이다. 한 사람 한 사람이 수만 표를 굳게 쥐고 있을 것이다. 그들은 백령도 바닷속에 있지만 국가의 중대 고비마다 바다 위로 나올 것이다. 그래서 '정의의 결정권'을 행사할 것이다.

민주당은 2012년 대선과정에서 할 수 없이 북한의 천안함 폭침을 인정했다. 선거를 앞두고 그런 일을 했기 때문에 나는 그들의 진정성을 별로 믿지 않는다. 민주당이 진실로 몸과 마음을 다해 이 비극을 대하는지 여전히 의심스럽다.

천안함이 폭침된 3월 26일은 역사적으로 의미가 깊은 날이다. 1910년엔 안중근 의사가 처형됐다. 2014년 민주당과 안철수가 만든 새정치민주연합은 이날을 창당일로 정했다. 이날 김한길·안철수 공동대표는 대전 현충원에서 열린 추모기념식에 참석했다. 신당 지도부는 행사에 앞서 천안함 46인과 한주호 준위의 묘소에 가서 사죄의 참배부터 했어야 했다. 자신들의 판단이 틀렸고 자신들의 정신이 어지러웠으며 국가와 국민에게 커다란 잘못을 저질렀다고 사죄했어야 했다.

통일이 되면 북한의 천안함 공격을 증명하는 각종 자료와 증언이 쏟아질 것이다. 잠수함을 타고 서해 바다를 멀리 돌아 천안함에 접근했던 부대원들, 어뢰 발사 버튼을 눌렀던 북한 해군 병사, 천안함 공격과 모의 훈련을 기획한 북한 정찰총국과 해군의 지휘관들…이들이 입을 열지 않을 수 없을 것이다. 남한에서는 많은 이가 지금도 북한에서 벌어진 어둠의 작전에는 눈을 감고 '천안함 조작 미스터리'를 주장하고 있다. 이들이 나중에 무슨 얘기를 할지 나는 지켜볼 것이다.

(5) 여전히 북한에 눈을 감는 문재인

새정치민주연합 문재인 의원은 중요한 정치인이다. 2012년 대선 때 그는 당내 경선에서 13연승을 기록했고 본선에서는 48%를 얻었다. 지금도 야권의 유력한 차기 대선주자 중 한 명이다. 설사 대선에 도전하지 않는다 해도 그는 친노 세력을 대표하는 주요한 정치 지도자다. 친노를 넘어 한국의 진보·좌파 진영 전체로 봐도 핵심 좌표를 차지하고 있다.

한국 사회에서 그의 위상이 이러하니 그의 북한관과 안보관을 분석하는 것은 중요한 일이다. 2003년 노무현 정권의 출현 이래 10여년간 문재인은 편향된 북한관과 허술한 안보관을 나타냈다. 특히 그는 2012년 대선기간 중에 박근혜 후보와 대비되는 취약한 안보관으로 중도와 보수 세력으로부터 많은 표를 잃었다.

문재인은 대선 재도전을 기획하고 있을 것이다. 그는 대선 패배 1년만에 『1219 끝이 시작이다』라는 책을 냈다. 대선후보였던 사람으로서 대선과정을 복기復棋하고 패인을 분석한 책이다. 하지만 강조점은 '시작'에 있다. 그는 사실상 '2017년 재도전'을 선언한 것이다. 그는 성격적으로 그리고 환경적으로 노무현을 부인할 수 없다. 따라서 특별한 상황변화가 없다면 그는 2017년 여전히 친노 세력을 대표하는 대선주자가 되어있을 것이다.

책에서 그는 핵심적인 쟁점에 대해 자신의 생각을 밝혀놓았다. 1년 전 대선에 비해 달라진 것이 거의 없다. 대선 1년 후 쏟아져 나온 그의 언어에서 나는 문재인의 대북관과 안보관에 여전히 다음과 같은 문제가 있다는 걸 발견했다.

1. 그는 이명박 정권 때 남북관계가 파탄됐다고 비판한다. 책임이 이명박 정권 탓이라는 것이다. 남북관계에 긴장이 있다고 해서 그게 '파탄'인 건지, 파탄이라면 그런 파탄은 과연 해로운 건지, 파탄은 누가 만든 건지, 이런 질문에 대해 그는 틀린 답을 갖고 있다.
2. 남북관계에서 천안함은 의미와 영향이 큰 대표적인 사건이다. 그런데 문 의원은 북한이 천안함을 폭침했다는 것을 명시하지 않는다. 북한을 규탄하지도 않는다. 이상하다.
3. 그는 김대중·노무현 진보정권 10년 동안 남북화해가 이루어지고 남한 정권이 안보를 튼튼하게 유지해 남한 안보에 위해가 발생하지 않았다고 주장한다. 아니 북한의 핵개발은 무엇인가. 남한에게 그것보다 더 큰 안보 위협이 있는가.
4. 그는 북한 붕괴와 흡수통일은 현실적으로 가능하지 않다고 말한다. 남한이 지금처럼 북한과 적대하다가는 북한에 급변사태가 생기더라도 북한이 중국에 기댄다는 것이다. 이는 북한 정권과 주민을 구별하지 못하는 판단 부족이다. 그리고 중국의 역할과 영향력을 과도하게 부풀려서 보는 것이다.

〈1번의 문제〉

1. 그는 이명박 정권 때 남북관계가 파탄됐다고 비판한다. 책임이 이명박 정권 탓이라는 것이다. 남북관계에 긴장이 있다고 해서 그게 '파탄'인 건지, 파탄이라면 그런 파탄은 과연 해로운 건지, 파탄은 누가 만든 건지, 이런 질문에 대해 그는 틀린 답을 갖고 있다.

문 의원은 남한의 보수정권과 보수세력이 북한의 강경 정권과 적대적인 공존관계에 있으며 이런 공존의 이익을 위해 일부러 긴장을 조성하는 것 아니냐는 의문을 제기했다. 책에서 그는 한완상 전 서울대교수의 저서 『한반도는 아프다』 중에서 한 대목을 인용했다. 한 전 교수는 진보 학자이며 김영삼 정권의 초대 통일부 장관을 지냈다. 그는 미전향 장기수 이인모 노인을 북에 보내는 정책 등을 추진했다.

"남한의 강경 냉전 권력은 북한의 교조적 지배세력을 공식적으로는 그토록 규탄하고 악마화하면서, 결과적으로 그리고 역설적으로는 지배세력의 지배력을 강화시켜 준다. 그러니 남한의 극우는 북쪽의 극좌 모험주의 세력을 도와주고 있다. 그 반대도 사실이다. 이것이 바로 오늘 한반도에서 놓쳐서는 안될 가장 심각한 모순이요 비극이고 아픔이다. 이것이 바로 적대적 공생관계의 비극이다. 한마디로, 남북관계가 악화될수록 이것을 빌미로 이득을 보는 세력이 있다. 곧 남북의 극단적 반민주세력이다. 여기서 나오는 아픔은 참으로 아리다."

문 의원은 대목을 인용하면서 이렇게 적었다. "중요한 선거 때마다 북한은 늘 복병입니다. 평상시엔 안보·통일·평화의 대상이지만 선거 때만 되면 늘 진보진영을 곤란하게 만드는 진원지입니다. 우연인지 필연인지 구분이 안 갈 정도로 선거 때만 되면 북한 악재가 늘 우리의 선거판을 흔듭니다. 보수진영이 북한 이슈를 최대한 부각해 안보 의제를 선거에 악용하는 요인도 큽니다. 하지만 어떤 때에는 우리의 수구세력과 북한이 적대적 공존을 도모하는 것 같기도 합니다."

문 의원과 한 교수가 주장하는 '적대적 공존' 이론은 현실에 맞지 않는 분석이다.

그것은 보수 세력에 대한 이해가 부족한 것이다. 사람들은 편의상 보수를 강경보수와 온건보수로 나눈다. 그런데 강경이란 말에는 다소 부정적인 뉘앙스가 있다. 그래서 나는 대신 정통보수와 중도보수라는 분류법을 쓰겠다.

모든 대북정책의 목표는 북한 정권을 변화시키는 데에 초점을 맞추어야 한다. 변화가 아니라 '현 상태의 평화적 관리'가 되면 이는 도덕적으로 옳지 않고 현실적으로도 위험하다. 정통보수는 김정은 정권을 변화시키는 수단으로 대화보다는 압박을 지지한다. 햇볕정책을 사용해봤지만 3대 세습왕조에게 이는 실효성이 없는 것으로 드러났기 때문이다. 햇볕은 약발이 없을 뿐만 아니라 병을 악화시키는 것으로 판명됐다. 그러니 압박을 통해 김정은 정권에게 정책 변경을 강제하든가 아니면 아예 정권이 붕괴되고 새 정권이 들어서는 상황을 유도해야 한다는 게 정통보수의 전략이다.

하지만 중도보수는 북한을 경계하면서도 대화와 교류를 추진하는 걸 지지한다. 햇볕처럼 퍼주기는 하지 않으면서도 제한적인 대화와 지원을 통해 변화를 모색한다는 것이다. 중도보수는 그런 맥락에서 '조건부 남북정상회담'을 수용하기도 한다.

이명박 정권은 중도보수였다. 처음엔 원칙주의로 출발하는 듯 했으나 취임 첫해 여름 광우병 촛불사태로 정권이 크게 밀리자 노선변경을 시도했다. 정권은 실용주의를 내세웠는데 이는 사실상 좌클릭이었다. 그러나 이런 변화는 얼마 가지 못했다. 그 해 7월 북한이 금강산 관광객 박왕자 씨를 사살한 것이다.

누구도 예상하지 못했던 사건으로 남북관계는 경색됐다. 금강산 관광이 중단되면서 북한은 1년에 3,000만달러 정도 되는 수입이 끊겼다. 북한에게는 현실적인 타격이었다. 북한은 박왕자 사건에 대한 책임은 피하면서 이명박 정권을 압박해 금강산 관광을 재개시키려 했다. 북한은 2009년 5월 2차 핵실험을 단행했다. 그런데도 이명박 정권이 움직이질 않자 이번엔 당근 전략을 구사했다. 2009년 가을 남북정상회담을 위한 비밀접촉을 진행한 것이다.

비밀접촉에 나선 이는 이 대통령의 측근 임태희 노동부 장관이었다. 북한은 남한이 정상회담을 하고 싶으면 상당한 규모의 대북지원을 해야 한다고 요구했는데 남한으로서는 수용할 수 없는 것이었다. 천영우 외교안보수석과 현인택 통일부 장관 등 원칙주의자들은 이런 조건을 받아들여선 안 된다는 흐름을 주도했다. 이 대통령은 결국 이들의 판단을 받아들였다.

핵실험도 효과를 보지 못하고 남북정상회담이란 돌파구까지 막히자 북한은 몽니를 부리기 시작했다. 전형적인 협박 전술이다. 북한은 이듬해 천안함과 연평도 사건을 터뜨렸다. '우리의 요구를 너희들이 거절하면 한반도에서는 긴장이 고조되고 이는 남한에게 매우 불리할 것'이라는 메시지였다. 북한의 기대는 어긋났다. 이명박 정권의 원칙론자들은 5·24조치라는 압박으로 북한을 봉쇄하기 시작했다.

남북간 경제교류가 끊겼다. 개성공단을 제외하고는 남한에서 북한으로 흘러 들어가는 달러는 없었다. 게다가 북한 민주화 운동을 하는 단체들은 대북전단 살포를 강화했고 이는 김정일 정권에게 적잖은 위협이 됐다. 북한은 수십 년 만에 처음으로 저자세로 대화를 요청했다. 남한단체들의 대북정단 살포를 막아달라고 부탁한 것이다.

이명박 정권 때 벌어진 남북긴장은 몇 가지 교훈을 남겼다. 남북교류가 끊긴다고 남한의 국가이익에 해가 되는 건 별로 없고, 이를 불편하게 생각하는 국민도 거의 없으며, 긴장은 한국군이 안보태세를 정비하도록 하는 자극제가 된다. 북한의 도발과 그에 따른 긴장은 자라나는 세대가 북한의 실체를 알게 하는 데에도 도움이 된다.

원칙적이고 단호한 태도만이 공산주의자들을 조금이라도 변하도록 만든다. 햇볕정책 때는 전혀 변하지 않고 오히려 남한을 속였던 북한이 5·24라는 압박을 쓰자 대화를 요청하는 저자세로 나왔다. 2010년 이후 4년 동안 북한은 군사 도발을 자행하지 못하고 있다. 남한이 단호한 태도를 보이기 때문이다. 대신 북한은 사이버 테러를 반복적으로 저질렀는데 증거가 애매한 관계로 남한이 응징조치를 취하지 않고 있기 때문이다. 이것도 응징한다면 북한은 손을 뗄 수 밖에 없을 것이다. 이명박 정권의 대북정책은 이런 몇 가지 중요한 인식을 박근혜 정권에게 넘겨줬다. 지난 수년간 벌어진 일을 보면 문재인 의원의 인식이 얼마나 비현실적인가를 알 수 있다.

전면적이든 제한적이든 남한 보수세력이 압박정책을 쓰는 이유는 긴장을 조성해 북한과 '적대적 공존'을 하려는 게 아니다. 북한을 변화시키려는 것이다. 어떡해서든 북한을 바꿔놓아 한반도의 긴장을 근본적으로 해소하고 통일이라는 합일습—로 가려는 것이다. 문 의원은 색안경을 끼고 보수를 바라보고 있다.

〈2번의 문제〉

2. 남북관계에서 천안함은 의미와 영향이 큰 대표적인 사건이다. 그런데 문 의원은 북한이 천안함을 폭침했다는 것을 명시하지 않는다. 북한을 규탄하지도 않는다. 이상하다.

　역사관을 둘러싼 논쟁이 벌어질 때 진보·좌파 중에는 "판단을 꼭 말해야 할 이유가 무엇인가. 왜 답변을 강요하는가. 일종의 매카시즘 아닌가"라고 주장하는 이들이 많다. 사상과 양심의 자유가 있는데 머리 속에 있는 판단을 밖으로 끄집어내라고 요구하는 건 자유에 대한 침해라는 것이다. 그들은 대표적으로 천안함 폭침 문제를 든다. 북한이 그 일을 저질렀다는 것을 인정하라고 왜 강요하느냐는 것이다. 북한 소행으로 인정하기에는 증거가 부족해 인정하지 않을 수도 있는 것이며 설사 인정한다 해도 그것을 공개적으로 발언하라고 압박하는 건 정치·이념 공세라고 그들은 주장한다.

　이 문제에 있어 공동체의 안전과 결속을 위협할 수 있는 두 경우가 있다. 하나는 증거가 충분하고 실체를 판단하는 과정이 명확해 '역사적 사실'로 굳어진 것에 대해 계속해서 의문을 제기하고 혼란을 부추기는 일이다. 다른 하나는 머리 속으로는 이미 사실을 인정하면서도 현실적인 여러 이유로 머리 밖으로는 인정하지 않는 것이다. 전자는 역사에 대한 공격이요 후자는 역사에 대한 침묵이다.

　천안함에 대해 문재인은 후자인 것 같다. 사법고시를 통과한 명석한 두뇌로 볼 때 그가 천안함의 침몰 원인을 이해하지 못한다는 건 상상하기 어렵다. 대선 기간 중이던 2012년 10월 12일 문재인은 평택 2함대 사령부를 방문해 천안함을 보았다. 그는 희생자 46명에게 헌화를 한 뒤 "(천안함을) 일반 공개한 건 참 잘하신 것 같다. 천안함 사건에 대해 갖고 있는 여러 가지 의혹들을 해소하는 데 도움이 되죠"라고 말했다.

두 동강 난 천안함은 잘려진 부위의 거대한 금속 단면이 놀라울 정도로 선명한 모습을 띠고 있다. 선체 외판이 깊이 휘어져 있으며 늘어져 있는 전선 끝 단은 열로 녹은 게 아니라 깨끗하게 끊겨서 잘려 나가 있다. 이를 보면 마치 허리 꺾기 같은 공격을 당한 것 같다. 배가 '어뢰에 의한 버블 충격'으로 쪼개졌음을 한눈에 알 수 있는 것이다. 내부 사고에 의한 폭발이라면 '깨끗한 두 동강'이 아니라 배가 너덜너덜하게 찢겨졌을 것이다. 암초에 걸려 침몰한 거라면 그저 배 밑바닥에 구멍만 뚫려 있을 것이다. 사건을 분석하는 게 주요 업무인 변호사 출신인데 문재인이 이런 '천안함 검시결과'를 놓쳤을 리가 없다.

그런데도 문재인은 대선 때 폭침이란 표현을 거의 쓰지 않았다. 대신 침몰이라고 했다. 천안함 전시 현장에서도 그는 폭침을 규탄하거나 책임자에 대해 언급하지 않았다. 폭침과 침몰은 하늘과 땅 차이다. 폭침은 북한의 공격으로 배가 침몰했다는 것이다. 침몰은 가해자나 원인 부분은 덮고 배가 가라앉았다는 결과만 얘기하는 것이다. 이것은 살인 사건을 살인이라고 명시하지 아니하고 사망이라고 쓰는 것과 같다. 천안함 사건은 북한의 기습 어뢰공격이기 때문에 제대로 방어하는 게 매우 어려운 일이었다. 남한 해군의 허술한 방어 태세를 지적해야 하지만 이에 앞서 가해자의 테러 공격부터 비판하는 게 정도일 것이다.

문재인은 대선이 끝나고 1년 후에 펴낸 책에서도 북한 폭침을 명시적으로 얘기하지 않는다. 그는 왜 이렇게 명백한 일에서조차 도발자 북한을 지목하고 규탄하는 걸 거부하는가. 대선 당시 민주당은 늦었지만 어쨌든 북한의 소행이라는 걸 인정했다. 그런데 그 당의 대통령 후보였던 사람이 대선 후 1년이 넘도록 북한의 범죄 책임을 외면한다. 여기에는 매우 수상한 구석이 있다.

한국전쟁 이후 북한이 남한에 저지른 4대 테러는 1968년 울진·삼척 무장공비 120명 침투, 1983년 버마 아웅산 묘지 폭파, 1987년 대한항공기 폭파, 2010년 천안함 폭침이라고 할 수 있다. 천안함을 빼고 나머지 3개에서는 범죄자의 모습이 눈앞에 나타났다. 울진·삼척 사건에서는 북한 124군부대 소속 군인들이 체포되거나 사살됐다. 아웅산 테러에서도 북한군 소속 테러범들이 잡혔다. 그러니 이들 테러가 북한 소행이라는 데에 문제를 제기하는 이는 거의 없었다.

1987년 대한항공기 폭파 때도 범인 김현희가 잡혔다. 그런데 북한군 소속이 아니고 일본말을 쓰는 민간인이라는 점이 달랐다. 국내 일부 좌파세력은 이 점을 이용했다. 그래서 노무현 정권이 들어선 2003년부터 김현희 조작설을 들고 나온 것이다.

대한항공기 사건은 그나마 낫다. 일부 이상한 세력이 시비를 걸긴 하지만 김현희라는 인물이 잡힌 것이다. 그러나 2010년 천안함 사건에서는 잡힌 인물이 없다. 북한 잠수함 부대는 어뢰를 쏘고 그대로 도망갔다. 한국 해군은 쌍끌이 어선의 도움으로 천신만고 끝에 북한 어뢰잔해라는 결정적 증거를 찾아냈다. 그런데 사람이 아니라 어뢰 프로펠러라는 쇳덩이니까 이를 인정하지 않으려는 세력이 많았다. 민주당은 2년반이나 이를 회피했고 일부 좌파세력은 지금도 이를 받아들이지 않고 있다. 이들이 속으로는 믿으면서 겉으로 천안함 의혹설을 퍼뜨리는 것이라면 이는 보수·우파 정권의 입지를 약화시키고 북한 정권을 도왔던 햇볕정책을 보호하려는 의도일 것이다.

문재인 의원에게도 이런 의도가 있는 것은 아닐까. 비록 그가 '의혹설'에까지 가담하지는 않았다 해도 그는 북한을 지목하는 데에 매우 소극적이다. 한때 국민 안보를 책임지는 대통령이 되겠다고 했던 사람으로서는 부족하고 이상한 일이다.

　인류 역사에서 공동체는 악이나 범죄에 대한 고발과 단죄의 제도를 갖추어놓았다. 악이 발생하면 이를 적극적으로 고발하고 대처해야 한다는 것이다. 신학자 디트리히 본회퍼는 '독일의 양심'이라 불린다. 그는 제2차 세계대전 종전 직전 히틀러 암살작전에 가담했다가 체포돼 교수형을 당했다. 그는 "악에 침묵하는 것도 악"이라는 유명한 말을 남겼다. 공동체 구성원들은 악에 가담하지 않는다고 해서 의무를 다하는 게 아니다. 악이 드러났을 때 침묵하지 아니하고 악을 가리켜 악이라고 얘기해야 한다. 그것이 규탄이고 고발이다. 악을 방치하면 악이 세력을 키워 공동체의 생존을 위협하게 된다. 그래서 악을 제어하는 일은 국가안보가 되는 것이다.

　공동체의 이런 의무에 앞장서야 하는 사람들이 정치인이고 지식인이다. 특히 정치 지도자들은 많은 사람에게 영향을 주는 존재여서 책무가 각별하다. 악에 대해 그들이 어떻게 하느냐가 공동체에 깊은 영향을 준다. 특히 지도자들은 자라나는 세대에게 롤 모델role model이 되므로 그들의 영향력은 더욱 크다. 그렇기 때문에 천안함 폭침의 범인인 북한을 적극적으로 문책하지 않는 건 '범죄'에 가까운 잘못이다. 폭침으로 죽은 46인 중에 자신의 아들이 있어도 그렇게 침묵하겠는가. 문재인은 이 질문에 답해야 한다.

〈3번의 문제〉

3. 그는 김대중·노무현 진보정권 10년 동안 남북화해가 이루어지고 남한 정권이 안보를 튼튼하게 유지해 남한 안보에 위해가 발생하지 않았다고 주장한다. 아니 북한의 핵개발은 무엇인가. 남한에게 그것보다 더 커다란 안보 위협이 있는가.

문재인은 김대중·노무현 진보정권 10년 동안 남북화해와 국가안보 두 마리 토끼를 동시에 잡았다고 주장한다. 긴장이 완화되어 천안함이나 연평도 같은 사태가 없었다는 것이다. 이는 국가안보의 개념을 잘못 파악하고 실제로 일어난 안보위협도 잘못 평가하고 있는 것이다.

국가안보는 외부와 내부라는 두 가지 측면이 있다. 외부적으로는 군사적으로 튼튼한 방비를 갖추어 위협을 막아내야 한다. 내부적으로는 공동체 위협세력에 대한 공감대를 강화하여 이스라엘처럼 정신적 응집력을 높이는 것이다.

김대중·노무현 10년 동안 외부와 내부에서 많은 문제가 있었다. 외부적으로는 2002년 북한의 기습공격으로 남한의 경비정이 침몰했다. 2000년 남북정상회담이후 불과 2년만에 일어난 일이다. 정상회담 6년 후인 2006년에는 북한이 처음으로 핵실험에 성공했다. 말로만 협박하던 핵 위협이 실제로 나타난 것이다. 핵은 한반도의 안보균형을 깨뜨릴 수 있는 결정적 무기다. 외형으로만 보자면 한반도의 안보 긴장지수는 햇볕정책을 추구했던 진보·좌파 정권 때 부쩍 높아졌다고 할 수 있다. 위장된 평화라는 게 얼마나 안보에 위험한지를 보여주는 살아있는 사례다.

내부적으로 김대중·노무현 10년 동안 국가안보에 대한 정신적

체제가 많이 허물어졌다. 붕괴의 시초는 부실하고 성급하게 추진된 2000년 남북정상회담이었다. 이 회담으로 많은 국민이 북한정권에 환상을 갖게 되었다. 일부 극단적인 진보·좌파는 환상을 넘어 아예 친북노선을 주저하지 않았다. 이런 상황으로 DJP정권에서 보수세력 JP가 철수하는 일까지 생겼다.

JP는 DJ의 친북 참모들에게 불만이 컸는데 특히 임동원 국정원 장을 못마땅해 했다. JP는 국가의 정보책임자가 존재를 요란하게 드러내거나 북한에 대해 당당하지 못해선 안 된다고 믿었다. 그런데 임 국정원장은 2000년 6월 평양 정상회담 때 김정일 옆에서 두드러지게 굽실거리는 모습을 보였다.

그러던 중 2001년 8·15 민족통일 대축전 남측 대표단 사건이 터졌다. 강정구 교수를 비롯한 방문단이 김정일과 북한체제를 찬양하는 언행을 보인 것이다. 강 교수는 김일성 생가 방명록에 문제의 글을 남겼고 일부는 평양 기관에서 김일성 장군 노래를 불렀다. 김일성 밀랍 인형을 보고 눈시울을 적신 여성들도 있었다.

JP는 분노했고 DJ에게 임동원 통일부 장관의 경질을 요구했다. DJ가 거부하자 JP는 한나라당이 제출한 해임안에 전격적으로 동의 했다. DJP 정권은 3년반 만에 쪼개졌다. DJP 사건은 이질적인 세력이 만든 공동정권의 원초적 갈등을 보여주었다. JP는 자민련 의원들에게 이렇게 말했다. "국립묘지 방명록에 나는 '생잔자生殘者-살아남은 사람'라고 썼어. 육사 8기 동기생 1,600명 중 430명이 6·25 때 죽었지. 김일성 밀랍인형 앞에서 눈물 흘린 사람들 얘기를 들으면 그들이 뭐라겠는가."

남북정상회담이 한국 사회에 가져온 부정적 효과는 2007년 평양 정상회담에서도 마찬가지였다. 특히 이 회담에서는 국민이 모르는 사이에 남한의 노무현 대통령이 북한 김정일에게 NLL을 포기할 수도 있는 듯한 발언을 했다.

당시 문재인은 청와대 비서실장으로서 정상회담 준비위원장을 맡고 있었다. 노무현 대통령의 그런 '국가안보 위험 외교'에 중요한 책임이 있는 것이다. 2012년 대선기간에 문재인 후보는 '김장수 전 국방장관이 NLL 문제에 너무 경직된 자세를 보이는 바람에 남북 간 서해평화회담이 결렬됐다'는 취지로 비판한 적이 있다. 이에 대해 김 전 장관은 "당시 청와대 외교안보장관 회의에서 NLL 문제에 대해 너무 강경하다며 나에게 굽힐 것을 요구했다"고 증언했다.중앙일보 2012년 10월 12일자 그렇다면 NLL 문제에 대한 노무현 정권의 논란적인 태도에 문재인도 일정 부분 책임이 있다고 볼 수 있다.

문재인은 특수부대에서 병역을 마쳤다. 한국 사회에서 특전사나 해병대처럼 명성이 높고 훈련이 힘든 부대에서 군대생활을 한 건 충분히 자부심을 가질 만한 것이다. 대선기간 중에 문재인은 이를 자신의 홍보에 활용했다. TV프로에서는 격파 시범을 보였고 자서전에는 군대 사진 여러 장을 실었다.

그러나 노무현 정권 동안 문재인은 그런 경력에 어울리지 않게 오히려 허술한 안보관을 보여주었다. 그가 청와대 실세로 있는 동안 안보를 위협하는 일들이 벌어졌는데 문재인은 이를 적극적으로 막지 못했다. 2005년 극단적인 반미세력은 맥아더 동상을 쓰러뜨리려 했는데 이는 동맹국 군사지도자에게 가했던 패륜이었다. 2006년 5월 평택에선 미군기지에 반대하는 극렬 시위대가 몽둥이로 군인을 패고 초소를 부쉈다. 그런데도 문재인을 비롯한 정권의 핵심인사들은 대응에 소극적이었다. 정권이 그러하니 한명숙 총리가 군인을 팬 시위대를 감싸는 일까지 벌어졌다.

문재인의 취약한 안보관은 2012년 대선기간 중에 여러 차례 드러났다. 그는 TV토론에서 천안함과 연평도를 언급하면서 이명박 정권이 우왕좌왕해서 "전쟁 날 뻔했다"고 비판했다. 실제로는 이명박 정권의 응징이 부실해 전체적인 상황을 그르쳤는데 문재인은 거꾸로 '긴장 조성'을 비판한 것이다. 그는 도발자 북한에 대해선 지목도, 규탄도 하지 않았다. 발언만 보면 다른 나라 후보 같았다.

문재인은 당선이 되면 대북 유화 정책을 실시하겠다고 공약했다. 취임식에 특사를 부르고, 첫해에 남북 정상회담을 하며, 조건 없이 금강산 관광을 재개한다는 것이다. 그가 대통령이 됐다면 2013년 2월 취임식에 김정은의 특사가 귀빈석에 앉았을 것이다. 북한이 핵실험을 하든 안 하든 문재인 대통령은 평양에 가서 김정은을 만나고 남한의 대규모 북한 지원을 약속했을 것이다. 아무런 조건 없이 금강산 관광이 재개돼 매년 수천만달러가 김정은 정권의 금고로 가고 있을 것이다. 그러면 김대중·노무현 정권 때 저질러진 햇볕정책의 오류가 그대로 반복되는 것이다.

문재인이 국가안보에 취약한 것은 그가 보수 군사정권에 대항해 투쟁했던 인권변호사 출신이기 때문일 거란 분석도 있다. 보수 군사정권은 반대세력을 억누르기 위해 국가안보를 악용했고 그렇기 때문에 보수세력이 얘기하는 안보 위협을 액면 그대로 받아들여선 안 된다는 소신을 그가 갖고 있다는 것이다. 이는 일리가 있는 분석이다. 그런 면에서 문재인은 자신이 겪은 개인적인 경험을 국가안보라는 공동체 전체의 일과 혼동하고 있는 것은 아닌지 모르겠다. 군사정권이 반공을 악용한 사례가 일부 있었지만 그것은 어디까지나 남한의 문제다. 남한 정권이 반공을 악용하든 안 하든 북한 정권의 실체는 변하지 않았다.

국가 지도자는 안보를 자신의 목숨보다 소중하게 생각해야 한다. 대통령이 되기 전에 무슨 일을 했든 대통령이 되면 안보의 수호자가 되어야 한다. 오바마 미국 대통령은 시민운동 변호사 출신이다. 하버드대를 졸업한 후 시카고 빈민지역에서 인권활동을 벌였다. 안보에 관한 한 미국은 인권변호사건, 여야건 차이가 없다. 9·11 테러 10년 만에 빈 라덴을 사살한 건 '진보' 민주당 정권이었다. 빈 라덴 사살은 오바마 재선에 도움이 됐다. 민주당은 오바마를 치켜세우고 공화당 롬니를 비판하는 동영상 광고를 내보냈다. 광고는 4년 전 롬니 발언을 지적했다. "한 사람을 잡기 위해 수십억달러를 써가며 백방으로 노력할 가치는 없다."

　혹자는 이렇게 말할지 모른다. "빈 라덴은 척결 대상이다. 하지만 북한은 대화·협력 상대 아닌가." 틀린 말은 아니다. 북한의 반쪽은 대화 상대다. 하지만 다른 반쪽은 도발자다. '도발자 북한'은 강하게 응징해야 한다. 그래야 도발자 반쪽은 죽고 '대화 상대' 반쪽이 큰다. 이스라엘에게 팔레스타인은 평화협상 파트너이자 도발자다. 이스라엘은 협상을 회피하지 않는다. 그러나 팔레스타인이 도발자로 변하면 무자비하게 응징한다.

　2014년 팔레스타인 무장세력 하마스가 이스라엘 청소년 3인을 납치해 살해하자 이스라엘은 공습과 지상군 공격으로 가자지구를 쑥대밭으로 만들었다. 민간인이 아무리 많이 죽어도, 세계가 한 목소리로 비난해도, 그들은 꿈쩍하지 않았다. 그들은 나치의 유대인 학살을 기억하고 있다. 생존과 안보보다 더 중요한 것은 없다는 걸 뼛속 깊이 새기고 있다. 이스라엘의 안보 정신은 국가 지도부로부터 나온다. 안보의식은 지도부와 국민을 밀착시키는 접착제요 공동체를 지탱하는 척추다.

    2014년 8월 이스라엘이 가자지구을 공격했을 때 당시 이스라엘 지도부는 한마디로 특공대였다. 대통령과 총리가 모두 특공작전과 관련이 있다. 페레스 대통령은 유명한 1976년 우간다 엔테베 공항 인질구출 때 국방장관이었다. 작전에서 유일하게 죽은 이스라엘 군인이 지휘관 네타냐후 중령인데 이 사람의 동생이 총리다. 총리 자신도 1972년 벤구리온 공항 인질구출에 참여했다. 당시 지휘관이 야알론 국방장관의 전임자였던 바라크다.

〈4번의 문제〉

4. 그는 북한 붕괴와 흡수통일은 현실적으로 가능하지 않다고 말한다. 남한이 지금처럼 북한과 적대하다가는 북한에 급변사태가 생기더라도 북한은 중국에 기댄다는 것이다. 이는 북한 정권과 주민을 구별하지 못하는 판단 부족이다. 그리고 중국의 역할과 영향력을 과도하게 부풀려서 보는 것이다.

진보·좌파 세력은 김정은 정권이 붕괴하고 남한이 신속히 북한을 흡수 통일하는 시나리오를 원치 않는다. 김대중 대통령이 옹호한 3단계 통일방안이나 그가 김정일과 합의한 '낮은 단계의 연방제 통일방안'은 모두 시간이 오래 걸리더라도 '대등통일'을 하자는 것이다. 그들은 한마디로 '독일식 통일'에 반대한다.

그들의 이런 주장에는 순수성이 있을 수도 있다. 단계적인 대등통일을 해야만 혼란과 부작용을 막을 수 있으며 현실적으로도 그런 방법 밖에 없다고 믿는 것이다. 그러나 다른 한편에선 순수성이 의심 받을 수도 있다. 많은 이가 흡수통일이 더 효과적이라는 걸 알면서도 흡수통일이 이뤄질 경우 오랜 이념 전쟁에서 진보·좌파가 보수·우파에게 완패하는 결과가 될 것을 우려하는 것이다. 이는 도덕적이지 못하다. 국익 보다 자신들의 이익을 앞세우는 것이다.

어쨌든 급변사태와 통일과정의 시작이란 문제에서 문재인은 진보·좌파의 대체적인 의견과 보조를 같이 한다. 결국 그도 상당부분 잘못된 판단을 하고 있는 것이다. 붕괴와 흡수통일이라는 것은 독일에서 보듯 현실적으로 일어났고 앞으로도 충분히 일어날 수 있는 것이다.

이것보다 더 논쟁이 될 수 있는 건 중국의 역할 부분이다. 그는 지금처럼 남한이 북한을 지원하지 않아 남북관계가 경색되면 설사 급변사태가 터진다 해도 북한이 남한보다는 중국 쪽에 붙을 것이라고 주장한다. 이는 성급한 우려다. 이 부분은 새로 들어서는 북한 정권의 성격, 남한이 그 정권을 대하는 방법, 북한 주민들의 태도, 중국의 정책 등에 영향을 받을 것이다.

보수·우파의 주장은 김정은 정권은 물론 어떤 정권이라도 지원해선 안 된다는 게 아니다. 김정은 정권이 최악의 우상숭배 정권이므로 이 정권이 붕괴되고 등장하는 새 정권은 어떤 경우에도 김정은 정권보다는 '양질'일 가능성이 매우 높다. 단적으로 김정은 정권보다는 '황병서인민군 총정치국장 정권'이 나을 것이다. 그런 정권에게 남한이 대화와 대폭 지원을 약속하면서 설득에 나서면 새 정권은 남한으로 몸을 돌릴 것이다. 왜냐하면 지원의 규모나 조건에서 중국보다는 남한쪽이 훨씬 유리하기 때문이다. 북한은 자존심이 강한 나라다. 과거 종주국 행세를 했던 중국보다는 같은 핏줄인 남한에게 의존하는 게 명분을 살릴 수 있는 측면도 있다.

설사 새 정권이 중국과 손을 잡는다 해도 북한 주민까지 따라가는 건 아니다. 북한 주민은 지원이 더딘 중국보다 전광석화처럼 빠르게 대규모로 지원을 할 수 있는 남한을 지지할 수 있다. 베를린 장벽이 무너진 후 동독 주민이 바로 그랬다. 물론 이를 위해선 남한이 신속한 홍보로 북한 주민에게 이를 확신시켜주어야 한다. 동독 주민이 보였던 반응을 집중적으로 알린다면 효과적일 것이다.

정권과 주민이 함께 일시적으로 중국을 선호하더라도 이것이 한반도의 통일국면을 결정적으로 좌우하지는 못한다. 중국은 어느 정도의 경제 지원으로 영향력을 발휘할 수는 있다. 하지만 북한에 군대를 진주시키는 것에는 많은 한계가 있다. 중국이 그런 행동을 할 수 있는 건 대체적으로 세가지 경우다. 북한의 핵이 중국에게 급박한 위협이 되거나, 새 정권이 중국군의 진주를 요청하거나 아니면 유엔 안보리가 국제 군대의 파견을 결의했을 때다.

북한에 급변이 발생했을 때 시진핑 주석을 비롯한 중국의 5세대 지도부가 어떤 입장을 취할 것인지도 중요하다. 분명한 건 5세대 지도부는 전임자들에 비해 북한에 대해 매우 실용적이라는 사실이다. 북한에 새 정권이 들어서면 중국은 북한의 개혁·개방과 남북교류가 중국의 국익에 더 이롭다고 판단할 수 있다. 한국과 미국이 중국에게 받아들일 수 있는 조건만 제시하면 새 북한 정권이 남한과 접촉하여 한반도 통일과정을 시작하는 걸 지지할 수도 있는 것이다. 북·중 문제의 해결을 위해서도 북한 급변사태가 절호의 기회이며 독일식의 한반도 통일이 중국의 이익에 부합한다는 판단을 중국 지도부는 내릴 수 있다. 이런 과정에서 중요한 것이 남한 지도자들의 의지다. 역사변혁의 당위성과 방향에 대해 확실한 소신을 가지고 주도적으로 한반도 상황을 이끌겠다는 의지만 있다면 불가능한 것은 없다. 지도자가 그런 의지를 확고히 보일 때 국민도 불안감을 접고 지도자를 중심으로 뭉칠 수 있다.

이런 소신과 지도력에서 문재인은 신뢰를 주지 못하고 있다. 노무현 정권 시절 이래 드러난 것을 보면 그는 국가안보에 대한 의지도, 북한주민의 인권상황에 대한 관심도, 김정은 정권에 대한 문책과 압력도, 금강산 관광 같은 달러 지원에 대한 경계심도 모두 취약하다.

그는 앞으로 생각이 다른 사람들을 폭넓게 만날 필요가 있다. 북한에 대한 중국의 생각이 바뀌고 있다고 진단하는 중국 학자들, 북한 주민의 끔찍한 고통과 중국에 대한 북한주민의 생각을 얘기해 줄 탈북자들, 동독에 대한 흡수통일에 반대했다가 생각이 바뀐 서독 출신 좌파 지식인들, 그리고 왜 대등통일이 불가능하며 흡수통일만이 해법인지를 설명해 줄 수 있는 보수·우파 이론가들을 만나야 한다.

(6) 김현희가 경멸한 개싸움

국가안보 문제에 대해 한국의 적잖은 진보·좌파가 비정상적인 양태를 보인 건 천안함 사건만이 아니다. 북한의 KAL기 테러를 부인하려 했던 '김현희 조작설'도 대표적인 경우다. 천안함 소동이 제1 야당이라는 일반적인 진보·좌파가 저지른 일이라면 '김현희 조작설' 파동은 일부 극단적인 세력이 벌인 것이다. 먼저 내가 2012년 6월 25일 중앙일보에 썼던 칼럼부터 소개한다.

김현희가 경멸한 '개싸움'

현대사에서 잘 알려진 여자 스파이를 꼽자면 마타 하리와 김수임이다. 두 사람은 비극적으로 생을 마감했다. 총살 당한 것이다. 하지만 죽음이 그렇다고 삶까지 비극적인 것은 아니었다. 그들의 삶은 목적이 뚜렷했고 내용이 풍부했다. 그들은 돈이나 신념 또는 사랑에 몸을 던졌다.

마타 하리는 네덜란드 출신 이혼녀였다. 그녀는 파리의 유명한 클럽 물랭 루즈에서 벨리 댄스를 추었다. 그녀는 미모와 고혹적인 몸매로 유럽의 고위층을 유혹했다. 마타 하리는 41세인 1917년 총살됐다. 독일의 돈을 받고 프랑스 군사정보를 빼낸 혐의였다. 일찍 죽었지만 그래도 그녀는 남자와 돈을 누렸다. 남한의 김수임은 일제 때 이화여전을 졸업한 인텔리였다. 그녀는 해방 후 북한 김일성 정권을 위해 스파이로 활동했다. 그녀는 공산주의자 이강국과 남조선노동당을 사랑했다. 김수임도 39세에 총살형으로 죽었다. 채 40년도 안 됐지만 그래도 그녀는 사랑과 신념 속에서 살다 갔다.

대한항공 858기 폭파범 김현희는 어찌 보면 훨씬 불쌍한 스파이다. 그녀는 아무것도 갖지 못했다. 돈도 사랑도 없었다. '남조선 해방'이라는 신념마저 북한의 속임수라는 걸 알게 되었다. 북한은 청춘을 가져가고 청산가리 앰플을 주었다. 1987년 11월 그녀는 앰플을 깨물었지만 살아났다. 그녀는 남한에서 새로운 인생을 시작했다. 강연과 수기手記를 통해 북한의 실상을 알렸다. 인세 8억5,000만원을 내놓으면서 유족에게 용서를 빌었다. 한동안은 모든 게 평화로웠다. 그녀는 그렇게 나머지 인생을 살 수 있으리라 믿었다. 그런데 이번엔 남한이 그녀를 속였다.

이상한 일은 김대중 정권 시절인 2001년부터 시작됐다. 그 해 11월 천주교 정의구현사제단과 인권위원회 신부들이 '김현희 의혹'을 주장하고 나선 것이다. 2003년 노무현 정권이 들어선 후 사태가 커졌다. 아예 김현희는 가짜이며 정보기관이 사건을 조작했다는 주장들이 나온 것이다. 운동권 신부들과 좌파 시민단체에 일부 유족까지 가세했다.

방송사들은 경쟁적으로 의혹을 부풀렸다. 급기야는 취재진이 김현희 집 현관에까지 들이닥쳤다. 바로 6년 전 김정일의 처조카 이한영이 자신의 아파트 현관 앞에서 북한 공작원의 총을 맞은 일이 있었다. 그런데도 방송사는 김현희의 집을 세상에 노출시킨 것이다. 그녀는 얼마나 무서웠을까. 다음날 새벽 김현희는 아들들을 데리고 피신했다.

노무현 정권 내내 김현희는 목숨을 걸고 버텼다. 2008년 이명박 정권이

들어서자 그녀는 반격을 시작했다. 자신을 가짜로 몰아갔던 사람들을 세상에 고발한 것이다. 그녀는 북한 민주화 운동가 이동복씨, 10여 년 전 자신을 처음 인터뷰했던 조갑제 기자 그리고 김성호 국정원장에게 편지를 보냈다. 시민·종교 단체와 방송, 노무현의 정보기관이 자신에게 무슨 일을 했는지 밝힌 것이다. 김현희는 최근 TV조선 대담 프로에 나와 모든 걸 다시 폭로했다.

김현희는 '개싸움'이라는 표현을 썼다. 전두환 정권의 안기부는 폭파 사건을 정확히 조사해 발표했다. 그런 사건을 노무현 정권이 국정원을 시켜 다시 조사하게 했으니 이는 "개싸움을 시킨 것"이라는 것이다. 김현희가 가장 분노하는 건 노무현 정권의 국정원이다. 국정원이 모든 자료를 가지고 있으니 당당하게 대처하면 되는데 오히려 '가짜 몰이'에 편승했다는 것이다. 심지어는 국정원이 자신에게 이민을 가라고 했다고 그녀는 분개했다.

'개싸움'은 국정원만을 가리킨 게 아닐 것이다. 진실의 줄기보다는 의혹의 작은 잎사귀 몇 장을 흔들어댔던 좌파 단체·신부들, 북한에 이용당한 가녀린 여인을 지켜주지는 못할 망정 사는 곳을 공개하고 이민을 종용했던 당국자와 방송사, 지금도 "김현희는 가짜"라고 외치는 운동가들…. 이 모든 무리가 벌였던 미망迷妄의 춤판을 그녀는 '개싸움'이라고 부른 것일 게다. 배신의 덫에 걸렸던 외로운 암사슴 김현희…. 그녀의 가쁜 숨이 대한민국의 신음이다.

한국의 정보기관은 1961년 5·16 쿠데타 후 만들어졌다. 박정희 장군이 주도하던 국가재건최고회의 직속으로 설치됐으며 초대 중앙정보부장은 쿠데타 핵심세력 김종필이었다. 현대사의 굴곡을 거치면서 명칭은 정보부에서 국가안전기획부로, 다시 국가정보원으로 바뀌었다.

그 동안 한국의 정보기관은 국가안보를 위해 공을 많이 세웠다. 정보요원들은 음지에서 일하면서 독침을 맞아 죽기도 하는 등 여러 어려움을 겪었다. 하지만 잘못과 실수도 많았다. 국가안보가 아니라 정권안보를 위해 사건을 조작하고, 국내 정치활동에 개입하고, 정보 활동을 엉성하게 하고, 정보부장을 비롯해 직원들이 불법자금·이권에 개입한 것이다.

그런데 김현희 조작설 사건은 이런 것들과는 완전히 성격이 다르다. 국가안보라는 대의를 생명으로 여겨야 하는 정보기관이 바로 그 존재 이유에 어긋나는 '자기 배반'을 저지른 것이다. 그것도 선배들이 기록한 뛰어난 작전을 진보·좌파 정권의 후배들이 이상한 장난으로 상처를 입힌 것이다. 이런 일은 선진국에서는 유례가 없을 것이다.

정보기관은 국가의 손과 같다. 어둠 속에서 길을 찾아주는 더듬이가 되고 안보를 위협하는 내부와 외부의 암 덩어리를 제거하는 수술 칼도 되어야 한다. 이스라엘은 1948년에 건국됐다. 이스라엘은 이듬해인 1949년 정보부를 만들었다. 유명한 모사드Mossad다. 모사드는 히브리어로 '연구소'라는 뜻이다. 창설 이래 60여년 동안 모사드는 중요하고 비밀스런 임무를 수행했다. 이스라엘과 서방세계에 대한 여러 위협에 대처하고 해외에서 납치된 이스라엘 국민을 구출해온 것이다.

2010년 모사드가 수행하거나 관여한 사건 20여개에 대한 비밀스런 이야기가 세상에 드러났다. 『모사드』라는 책이 나온 것이다. 저자는 미카엘 바르조하르와 니심 미샬이라는 이스라엘인이다. 바르조하르는 모세 다얀 국방장관의 보좌관을 지냈으며 전직 총리와 전직 모사드 국장에 대한 전기를 썼다. 미샬은 TV 정치부기자 출신으로 이스라엘의 역사적인 사건에 대한 책을 저술했다. 『모사드』는 이스라엘 정보기관이 얼마나 결연하고 효과적으로 역할을 수행했는지를 생생하게 기록하고 있다. 일부 실수도 있지만 작전을 수행하다가 미숙한

업무처리로 실패를 기록한 것이다. '김현희 조작설'처럼 정권의 이상한 분위기에 영향을 받아 같은 조직에 칼을 겨눈 사건은 모사드 역사에서는 상상할 수도 없다.

한국 정보기관의 53년 역사에 대해 책을 쓴다면 가장 자랑스런 국가안보 작전은 1987년 대한항공기 폭파범 검거일 것이다. 북한 테러리스트들은 해외에서 암약하고 해외에서 테러를 저질렀으며 해외로 도망쳤다. 한국의 국가안전기획부가 신속하고 치밀하게 움직이지 않았더라면 그들은 무사히 평양으로 돌아갔을 것이다. 지금도 북한 당국은 대한항공 폭파를 시인하지 않고 있다. 그런 판에 당시 폭파범을 잡지 못했으면 사건의 진실은 혼란에 빠졌을 것이다. 미국이 북한을 테러지원국으로 지정하기도 어려웠을 것이다. 해군이 천안함 사건에서 어뢰를 건져 올린 것처럼 안기부가 김현희를 검거했기에 역사는 방향을 틀 수 있었다.

그런데 이렇게 위대하고 자랑스런 작전을 정치적이고 이념적인 이유로 부인하고 왜곡하려는 시도가 일어났던 것이다. 2003년 노무현 대통령 집권 이후 좌파 시민단체와 좌파 가톨릭에 포진한 일부 세력이 '김현희 조작설'을 들고 나온 것이다. 일부 TV방송이 여기에 편승해 혼란을 부채질했다. 그들은 카메라를 들고 김현희가 살고 있는 거주지에 들이닥쳤다. 국가가 보호하는 외국 스파이를 이렇게 위험에 빠뜨렸다면 미국이나 이스라엘에서는 사법적 책임을 졌을 것이다.

더 심각한 건 이런 소동의 배후에 한국의 정보기관이 있었다는 것이다. 김현희를 검거한 기관은 전두환 정권의 안기부였다. 국정원의 전신前身이자 선배다. 안기부가 김현희 작전을 수행한 모든 자료를 국정원이 가지고 있다. 그렇다면 국정원은 '조작설 공세'가 허위임을 규정하고 김현희 작전의 정통성을 지켜냈어야 했다. 국정원의 명예를 위해서도 그렇게 해야 했다. 그런데 거꾸로 갔다. 노무현 정권의 국정원이 '조작설'세력을 어떻게 지원했으며 김현희를 어떻게 압박했는지는 김현희의 상세한 폭로로 다 드러났다.

이명박 정권으로 바뀐 후 2008년 10월 김현희는 이동복 북한 민주화포럼 대표 등에게 장문의 편지를 보냈다. 편지 전문은 『김현희의 전쟁』이란 책에 실려있다. 정보기관의 임무를 잘 아는 사람은 평온한 마음으로 이 편지를 읽을 수가 없다. 국가를 지키라고 국가로부터 칼을 받은 정보기관이 자신들의 자랑스런 역사를 해체하고 망명객을 압박하며 국가를 혼란으로 몰아넣는 데에 그 칼을 사용한 것이다. 이는 하극상이요 배임이며 도덕적인 반란이다. 김현희는 결론부분에 이렇게 적었다.

"국정원은 저를 아무런 힘이 없는 여자라고 살해 협박까지 하면서 계속 괴롭혀 왔습니다. 그리고 그들은 퇴직한 선임자들의 등을 향해 총질을 해대는 비겁함을 보였습니다. 국정원이 '안기부 죽이기' 공연을 했다는 것, 이것이 하극상이 아니고 무엇이겠습니까. 그러고도 그들은 오리발을 감추고 태연하기만 합니다. 정말 국정원은 국가안보를 책임 진 엘리트 집단이 맞는가요. 저는 국정원이 법을 떠나 이미 조직의 도덕률마저 상실하였다고 생각합니다. 아직까지 그들의 불의를 스스로 용기 있게 말하는 자가 나타나지 않았습니다."

모사드가 김현희의 편지를 읽으면 노무현 정권의 국정원을 얼마나 조롱할 것인가. 미국 중앙정보국CIA이 당시 이런 사실을 알았더라면 한국 국정원에 대한 분노와 경멸로 정보협조를 제대로 하지 않았을 것이다. 이런 국정원을 가지고도 국가가 그런대로 버텨왔다는 사실이 그저 신기할 따름이다.

진보·좌파 정권의 국정원에서 이런 일이 일어난 것은 정보부가 정신의 중심을 제대로 잡지 못했기 때문이다. 모든 나라의 정보부는 '국가이념에 따른 국익'을 최고 가치로 삼아 행동한다. 이 가치를 위협하는 세력에 대해선 모든 수단을 동원하여 싸운다. 미국 CIA는 공식과 비공식으로 극단적인 작업을 수행한다. 빈 라덴의 소재를 알아내기 위해 알카에다 요원들을 고문하고, 무인공격기 드론을 이용해 아프가니스탄에서 탈레반을 공격하며, 거액의 달러로 테러조직 정보원들을 매수한다.

고문·암살·매수 같은 것들은 정상적인 국가운용의 세계에서는 용납되지 않는 것이다. 하지만 '국가이념에 따른 국익'이라는 가치를 위해선 불가피하게 채택되는 방법들이다. 이런 걸로 보면 정보부라는 건 종교나 학문의 세계에서 얘기하는 진리 같은 가치와는 거리가 있다. 그런데 국정원은 2008년 엉뚱한 방향으로 캐치프레이즈를 바꾸었다. 당시는 역사적으로 정보기관의 국가적 임무에 많은 경험을 가지고 있는 보수 정권이었는데도 그런 일을 했다. 정보부의 역할에 대해 철학적 고뇌가 없으니 국정원장이 돈 문제로 감옥에 가고 대선개입 댓글이라는 수준 낮은 작전을 벌이는 것이다. 2008년 9월 22일 중앙일보에 실었던 칼럼이다.

정보부가 진리를 추구한다?

국정원이 발표한 새로운 원훈院訓은 '자유와 진리를 향한 무명無名의 헌신'이다. 유감스럽게도 이는 정보기관이 추구해야 할 가치와 어울리지 않는다. 자유라니 무엇으로부터의 자유인가. 정권이 국민의 자유를 탄압할 때 국정원은 정권에 봉기蜂起할 수 있는가. 현실에 맞지 않는 구호다. 그런 게 아니면 국정원이 말하는 자유는 공산주의와 대립하는 자유민주체제를 가리키는 것 같다. 냉전 시절엔 자유와 공산의 대립이 핵심 갈등이었지만 지금 냉전은 사라졌다. 주요국 정보기관은 공산 세력 대신 각양각색의 새로운 위협과 싸운다. 종교·영토·자원·종족, 그리고 경제적 이익을 둘러싼 갈등이다. 이런 21세기에 자유라는 개념이 정보부의 모토로 적합한 것일까.

진리라는 표현은 더 이상하다. 진리는 진실이나 참된 이치, 참된 도리를 말한다. 진리는 학문이나 종교의 영역에서 추구하는 것이지, 정보기관이나 군대 같은 국가적 영역의 가치는 아닐 것이다. 서울대의 상징 문장은 'Veritas lux mea진리는 나의 빛'고 육군 제3사관학교의 모토는 '조국·명예·충용'인 것이다. 미국 육사 웨스트포인트도 '의무·명예·조국' 이다.

역사적으로 정보기관의 가치는 진리가 아니라 국익이었다. 민주주의 확산이 진리처럼 되어 있던 20세기, 미국 CIA에 정작 중요한 것은 민주주의가 아니었다. 1961년 박정희 소장이 쿠데타를 일으켜 장면 총리의 민주 정권을 무너뜨렸을 때 CIA의 한국지부장은 피어 드 실바였다. 실바는 회고록 『서브 로사Sub Rosa-the CIA and the uses of intelligence』에서 이렇게 적었다. "장면은 도덕적 기준에서 보면 모든 것이 훌륭하다. 그러나 그의 신사적이고 온화한 리더십은 한국 정치상황을 통제하지 못했다. 반면 박정희의 리더십은 제퍼슨Jefferson-제3대 미국 대통령적인 민주주의 모델은 결코 아니었다. 그러나 그의 리더십은 진취적·창의적·건설적이었으며 당시에는 확실히 적합한 것이었다." CIA는 장면의 허약한 민주주의보다는 박정희의 실용적 개발독재를 지지했다. 국익이란 가치는 불변이다. 9·11이 터지자 미국은 파키스탄의 무샤라프 독재와 깊숙이 거래했다.

각국의 정보기관은 모토에 이런 세속적 지혜를 담고 있다. 중국의 국가안전부는 '정예 간부들은 당에 충성해야 한다', 영국 보안부SS는 '왕실을 보호하라'다. 국가 핵심에 대한 충성을 강조한 것이다. 가장 일반적인 모토는 국익에 대한 봉사다. 호주 보안정보부ASIO는 '국가안보 위협으로부터 국가와 국민을 보호한다', 캐나다 보안정보국CSIS은 '국가 안보와 국민 안전을 보호하는 데 헌신한다'다. 숨어서 일하는 특성을 담은 것도 있다. 프랑스의 국토감시국DST은 '음지에선 엄격하게, 양지에선 냉철하게'다.

미 CIA 모토엔 진리란 표현이 있다. '진리를 알지니, 진리가 너희를 자유롭게 하리라'다. 그러나 이는 요한복음 구절이며 여기서 진리는 하나님을 가리킨다. 미국은 기독교 국가여서 이런 표현을 잘 쓰는데 지폐엔 '우리는 하나님을 믿는다In God We trust'라는 말도 있다. CIA의 그런 모토는 잘 알려져 있지 않다. CIA도 웹사이트엔 단순·명료하게 '국가의 기관, 정보의 중심'이라고 적는다. 국익과 정보라는 핵심을 찌른 것이다.

새 정권의 국정원이 변신의 의욕을 보이고 있다. 지금의 모토 '정보는 국력이다'는 김대중 정권이 만든 것이므로 국정원은 이것도 바꾸고 싶을 것이다. 그러나 문학적 맛은 없지만, 그리고 제대로 실행되지는 못했지만, 이 모토 자체는 현실에 맞는 얘기다. 정보기관은 국익이 생명이고 그를 위해선 비非진리의 길도 걸어야 한다. 그런 기관이 왜 진리라는 미명美名으로 스스로를 옭아매려 하는가.

이스라엘 모사드와 미국 CIA를 비롯한 선진국의 정보기관은 치열한 투쟁의 역사를 가지고 있다. 물론 실패도 있었다. 모사드는 1997년 9월 팔레스타인 무장조직 하마스의 주요 지도자 중 한 사람을 암살하려다 실패했다. 제거 대상은 41세의 칼레드 마샤알이었는데 그는 요르단 암만에 근거지를 두고 있었다. 모사드는 증거를 남기지 않는 독약으로 그를 죽이기로 하고 위조여권을 가진 요원 8명을 파견했다.

하지만 암살 시도 현장에서 세심한 주의를 기울이지 않아 요원 2명이 요르단 경찰에 붙잡혔다. 마샤알의 귀에 독약을 일부 뿌리는 데 성공했지만 양이 작아 즉사 효과는 없었다. 위조여권은 탄로됐고 요르단은 모사드의 암살작전이라는 걸 알아챘다.

모사드가 치른 대가는 엄청났다. 붙잡힌 요원 2명을 빼오고 외교적으로 사건을 마무리하기 위해 이스라엘에 구금되어있던 하마스 지도자 야신과 요르단 죄수 20명을 석방시켜야 했다. 책 『모사드』는 이사건을 모사드 역사상 최악의 실수로 꼽고 있다.

그러나 그것은 가지에 해당하는 것이고 『모사드』의 줄기는 '작전성공'이다. 책의 부제는 엄연히 '이스라엘 비밀 정보기관의 위대한 작전들'이다. 뛰어난 정보기관은 두 가지를 갖추어야 한다. 국가안보를 위한 확고한 신념과 그것을 실현하는 프로페셔널 능력professionalism이다. 이 점에서 모사드는 역사상 최고 정보기관으로 꼽혀도 손색이 없다.

공식적인 선전포고가 없어도 정보기관들은 항상 '전쟁 중'이다. 국가가 명백한 적의 위협을 받고 있는 나라에서는 더욱 그러하다. 2001년 9·11 테러 이래 미국은 여전히 '테러와의 전쟁'을 수행 중이다. 이라크와 아프가니스탄에서 사실상 대규모의 정규군 전투는 거의 끝났다. 하지만 CIA는 여전히 전투 중이다. CIA는 드론drone이라는 무인 항공기로 탈레반 핵심인물들을 공격한다. 빈 라덴을 찾아내 미군 특수부대의 총구 앞에 바친 조직도 CIA다.

정보기관들은 전쟁을 수행하기 위해 여러 수단을 쓴다. 아니 써야 한다. 납치·고문·독살·저격·폭파·위조, 독재정권 지원… 이런 것들은 대부분 위법이다. 하지만 적의 위협을 제거하기 위해서 불가피하게 이런 방법에 의존해야 한다. 그것은 평상시에 전쟁을 수행해야 하는 정보기관의 숙명이다.

북한의 국가안전보위부나 정찰총국은 남한에 대해 이런 수단을 주저하지 않는다. 그렇다면 이에 대항하기 위해 남한의 정보기관도 각별한 각오를 해야 한다. 그런데 이런 프로페셔널리즘 보다는 핫바지 같은 엉성한 일로 신분을 노출하고 논란을 불렀다. '바보 정보기관'이다.

북한과 싸워야 하는 국정원이 북한과 싸우는 김현희를 공격했다. 적군이 아니라 아군을 공격한 것이다. 도대체 어느 나라 국정원인가. 이런 일을 저지른 노무현의 국정원만이 문제가 아니다. 프로페셔널이란 잣대로 보면 이명박의 국정원도 엉성했다.

국정원의 아마추어리즘을 알 수 있는 게 원훈院訓이다. 이명박 정권의 국정원은 '자유와 진리를 향한 무명無名의 헌신'으로 원훈을 바꿨다. 아니 정보기관은 국가의 생존을 위해 지극히 악독하고 불법적인 방법까지 써야 하는데 무슨 진리 타령인가. 그런 활동이 진리와 무슨 상관인가. 이스라엘의 모사드와 팔레스타인의 정보기관이 죽기로 싸운다면 어느 쪽이 진리인가.

모사드의 좌우명은 이렇다. '지략이 없으면 백성이 망하여도, 모사가 많으면 평안을 누리느니라.'잠언 11장 14절 모사드에게 중요한 것은 평안을 위한 지략이지 진리 따위가 아니다. 실존에 어울리지 않는 원훈을 가지니 국정원은 프로페셔널한 실행능력에서 자꾸 흔들리는 것이다. 그러니 외국의 무기구매단이 투숙한 호텔에 잠입했다가 들키고, 엉성한 사이버 댓글을 달았다가 코너에 몰리고, 부실한 첩보협력자를 고용했다가 재판에서 지는 것이다.

한국의 정보기관은 원훈부터 바꿔야 한다. 보다 실존적인 것으로 바꿔야 한다. 그래야 행동이 실전實戰적이 된다. 그리고 무엇보다도 프로페셔널한 실천 능력을 강화해야 한다. 전투에서 지는 군대가 의미가 없듯이 구체적인 작전에서 실패하고 구멍을 만드는 정보기관은 존재 이유 자체가 도전 받는다.